多媒体课件制作学习辅导

Flash 多媒体课件制作实例教程

主　编　李汉龙　王金宝　韩　婷　王凤英

副主编　杜利明　李　鹏

参　编　张　辉　王　娜

国防工业出版社

·北京·

内 容 简 介

　　本书是作者结合多年的 Flash 多媒体课件制作实践编写的，其内容包括 Flash 软件介绍、Flash 多媒体课件制作基础、Flash 教学课件制作辅助软件介绍、Flash 中文课件制作实例、Flash 数学课件制作实例、利用 Dreamweaver 软件集成、Flash 经典实例素材介绍、Flash 多媒体课件编程制作实例、Flash 多媒体课件实例网站制作及使用共 9 章。书中配备了较多关于 Flash 多媒体课件制作基础的实例，这些实例是学习 Flash 多媒体课件制作必须掌握的基本技能。

　　本书由浅入深，由易到难，可作为在职教师学习 Flash 课件制作的自学用书，同时也可以作为多媒体课件制作培训班学生的培训教材。

图书在版编目(CIP)数据

　　Flash 多媒体课件制作实例教程/李汉龙等主编. —北京：国防工业出版社，2013.1
　　ISBN 978-7-118-08330-9

　　Ⅰ.①F… Ⅱ.①李… Ⅲ.①多媒体课件 – 动画制作软件 – 教材 Ⅳ.①G434

　　中国版本图书馆 CIP 数据核字(2012)第 215486 号

※

国防工业出版社 出版发行
（北京市海淀区紫竹院南路 23 号　邮政编码 100048）
北京奥鑫印刷厂印刷
新华书店经售

*

开本 787×1092　1/16　印张 18¼　字数 456 千字
2013 年 1 月第 1 版第 1 次印刷　印数 1—4000 册　定价 38.00 元(含光盘)

国防书店：(010)88540777　　　发行邮购：(010)88540776
发行传真：(010)88540755　　　发行业务：(010)88540717

前　言

随着信息技术的不断发展,计算机在人们的生活和工作中的作用显得越来越重要,越来越多的工作需要具有计算机的应用技能。Adobe 公司推出的 Flash CS 5.5,使得 Flash 动画制作水平有了本质的飞跃,近期 Adobe 公司又推出了 Flash CS 6.0。

本书是以 Flash CS5.5 为基础,结合作者多年的 Flash 多媒体课件制作实践经验编写的。本书是教育工作者学习 Flash 多媒体课件制作必备的辅导书,其内容包括 Flash 软件介绍、Flash 多媒体课件制作基础、Flash 教学课件制作辅助软件介绍、Flash 中文课件制作实例、Flash 数学课件制作实例、利用 Dreamweaver 软件集成、Flash 经典实例素材介绍、Flash 多媒体课件编程制作实例、Flash 多媒体课件实例网站制作及使用共 9 章。书中配备了较多关于 Flash 多媒体课件制作基础的实例,这些实例是学习 Flash 多媒体课件制作必须掌握的基本技能。

本书从介绍 Flash 软件基本应用开始,重点介绍了利用 Flash 软件制作中文课件和数学课件的基本方法和技能,并通过具体的实例,使读者一步一步地随着作者的思路完成课件的制作,同时在每章后面作出归纳总结。书中所给实例具有技巧性而又道理显然,可使读者思路畅达,所学知识融会贯通,灵活运用,达到事半功倍之效。本书将会成为读者学习多媒体课件制作的良师益友。本书所使用的素材包含文字、图形、图像、音频和视频等,有的为作者自己制作,有的来自于互联网。书中使用这些素材,目的是想给读者提供更为完善的学习资料。

本书是 Flash 多媒体课件制作学习辅导书。本书由浅入深,由易到难,可作为在职教师学习 Flash 课件制作的自学用书,同时也可以作为多媒体课件制作培训班学生的培训教材。

本书第 1 章由杜利明编写;第 2 章、第 8 章由李汉龙编写;第 3 章由张辉编写;第 4 章由韩婷编写;第 5 章、第 7 章由王金宝编写;第 6 章由王凤英编写;第 9 章由李鹏编写。全书由李汉龙统稿,李汉龙、王金宝、韩婷、王凤英审稿。另外,本书的编写和出版得到了国防工业出版社的大力支持,在此表示衷心的感谢!

本书参考了国内外出版的一些教材,见本书所附参考文献,在此表示谢意。由于水平所限,书中不足之处在所难免,恳请读者、同行和专家批评指正。

编　者

目　　录

第1章

1.1 Flash 概 述

Flash 是目前最流行的一种交互式动画设计工具，是由美国 Macromedia 推出的用于矢量图编辑和动画制作的软件，该软件可以将文字、图像、声音等媒体元素有机地融合在一起，以制作出高品质的动画效果，设计人员和开发人员可以创建演示文稿、应用程序和其他允许用户交互的内容。Flash 动画可以包含简单的动画、视频内容、复杂演示文稿和应用程序以及介于它们之间的任何内容。Flash 的版本有很多种，其中常用的有 Flash 8.0，Flash MX，Flash CS 5.0，Flash CS 5.5 等，不过从 Flash 9.0 以后的版本，已经不再属于 Macromedia 公司，因为它已经被 Adobe 公司收购。

Flash 的主要功能是制作动画，目前许多大型网页都使用 Flash 来制作网页动画，一些计算机游戏、电视广告也用 Flash 来制作，此外 Flash 还被广泛应用于教学软件的开发，交互式软件的开发。

1.1.1 Flash 的基本功能

Flash 具有强大的功能，可概况如下：

1. 创建普通动画与交换式动画

普通动画就是传统意义上的动画，即根据视觉暂留原理，由许多的图片按事先设计好的顺序连续、快速地播放。交互动画是指在动画作品播放时支持事件响应和交互功能的一种动画。

2. 强大的图像绘制功能

Flash 具有强大的图形绘制功能，使用 Flash 的用户即使不擅长绘画，也可轻松绘制出翻转、拉伸、擦除、倾斜等艺术效果，如图 1-1 所示。

3. 制作 Flash 游戏

制作 Flash 游戏也是 Flash 的重要功能，如图 1-2 所示为用 Flash 制作的游戏。

图 1-1 使用 Flash 绘制图形

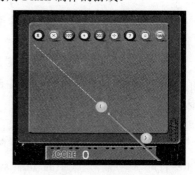

图 1-2 Flash 游戏

1

4．制作电子贺卡

目前静态贺卡已经不能满足人们的要求，每逢过年过节，大家都会给亲朋好友送上一张动感贺卡，既方便又快捷，如图 1-3 所示是一张 Flash 贺卡。

5．制作 MTV

使用 Flash 制作 MTV 已经是很多闪客用来表达自己思想与对歌曲理解的重要手段，同时也是 Flash 作品的一个重要功能，如图 1-4 所示。

图 1-3　Flash 制作的贺卡　　　　　　　　　　　图 1-4　Flash 制作的 MTV

6．制作电子课件

随着计算机技术的发展，多媒体课件作为重要的辅助教学手段在教学实践中得到广泛应用，目前许多多媒体课件就是用 Flash 软件开发的。

1.1.2　Flash 软件的产生和发展情况

Flash 是一种交互式矢量多媒体技术，它的前身是 Futureplash，Macromedia 公司收购了 Future Splash 以后便将其改名为 Flash。Flash 从 2.0 版本开始逐步完善它的脚本语言(Action Script 1.0)，这些语言在早期的 Flash 中能够控制影片播放并且绘制图形，实行人机交互。2005 年 10 月，Macromedia 公司推出了 Flash 8.0，支持视频、矢量、位图和声音等媒体信息的处理。2006 年，Macromedia 公司被 Adobe 公司收购，并推出 Flash CS 3.0，该版本支持全新脚本语言 Action Script3.0。随后推出 Flash CS 4.0 版本，该版本新增了 2D 对象的 3D 转换功能，新增了反向运动、骨骼工具、装饰工具与喷涂刷工具，能够实现基于对象的动画。随后，Adobe 公司发行了 Adobe Flash 5.0，Adobe Flash CS 5.5 等版本。

1.2　Flash 在制作多媒体课件中的应用

随着多媒体技术的迅速发展，多媒体辅助教学课件的应用日趋成熟，教学软件不断丰富，软件的内容灵活多样，制作的教学课件越来越生动。在众多的多媒体教学课件制作工具中，Flash 以其体积小、交互强、传输快等优势，一直深受制作者喜爱。

1. Flash 制作课件的主要特点

(1) 文件体积小、放大缩小不失真。Flash 使用的是矢量图形和流式播放技术。通过使用关键帧和图符可以生成容量较小的动画(.swf)文件，同时对图形的任意缩放不影响画面的质量，而流式播放技术可以实现动画的边播放边下载，适合网络传输和共享。

(2) 动画效果丰富多彩，创作方便快速。Flash 提供了多种基本的动画方案，如补间动画、引导层动画、遮罩动画、逐帧动画等，将它们整合起来就能做出丰富的动画效果，甚至很多动画不用编写一条语句就能实现。

(3) 强大的交互性。交互性是评价一个课件好坏的关键因素，Flash 中的 Action 提供的强大交互功能正好满足教师的需要。

(4) 内容易于修改。在 Flash 中可以把课件制作中需要的内容作为元件存放到库中，如果该元件有需要修改的地方，只要修改此元件即可，场景中调用的该元件自动被更改。

(5) 有非常方便的素材库。Flash 系统自带一些公用素材(图像、按钮、声音、影片片断等)，可以随时使用，真正起到了资源共享。

(6) 强大的兼容性。Flash 动画格式的课件可以被其他类型的课件引用，如可以在 Power Point、Authorware 课件中插入 Flash 课件，在 DreamWeaver 网页制作中插入 Flash 课件。

2. Flash 技术在课件制作中的主要应用形式

(1) 制作课件片头和不易用语言表达的抽象知识。

(2) 制作交互性较强的课件。

(3) 开发网络课件。

1.3 Flash 工作环境及界面介绍

要创建动画，用户首先要了解它的工作环境，了解一些基本的概念，如时间轴、舞台、图层、帧与关键帧。本节主要以 Flash 8.0 与目前最新版本 Flash CS 5.5 为例介绍这方面的情况。

1.3.1 Flash 8.0 工作环境介绍

Flash 8.0 的工作界面如图 1-5 所示，主要有舞台、工具箱、时间轴、属性面板和多个控制面板等几个部分。

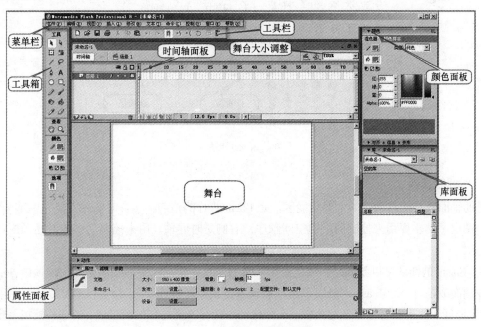

图 1-5 Flash 8.0 软件界面

3

1. 标题栏

与一般 Windows 应用程序一样，标题栏左侧显示当前窗口的应用程序名称和文件名，右侧是程序窗口最小化、还原/最大化、关闭程序按钮。

2. 菜单栏

Flash 8.0 菜单栏由 10 组菜单组成，如图 1-6 所示，它几乎涵盖了除绘图工具之外的绝大部分功能，单击某一个菜单名称就可以展开这个菜单下所包含的各项命令。

图 1-6　Flash 8.0 菜单栏

3. 工具栏

工具栏中放的是最常用的菜单命令，而且是用图标来表示的，便于形象记忆，如图 1-7 所示。

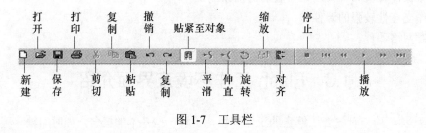

图 1-7　工具栏

4. 工具箱

工具箱提供了各种各样的工具，具体可为 4 个区域：从上到下依次是编辑工具区、查看区、颜色区和选项区，如图 1-8 所示。

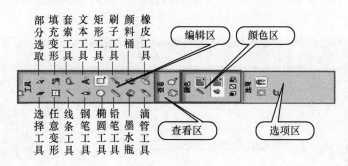

图 1-8　工具箱

5. 时间轴面板

时间轴面板是创建动画的主要功能区，是 Flash 影片的控制中心，时间轴主要由两部分组成，左侧是图层区，主要用来控制图层的空间顺序，右侧是时间轴，用来控制动画的时间顺序，如图 1-9 所示。

(1) Flash 的图层可以看成是叠放在一起的透明胶片，不同帧中的画面就是由该帧中各层上的图形叠加而成的，一个 Flash 动画可以由一层或者是很多层构成。

(2) 时间轴上有很多小格子称为帧，动画就是由拥有不同内容的帧组成，当这些帧按一定的速度连续播放时就会形成动画。

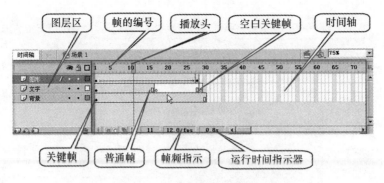

图 1-9　Flash 时间轴面板

Flash 中的帧分为关键帧、空白关键帧、普通帧等几种。在时间轴上以黑色圆点显示的帧叫关键帧，所谓关键帧就是动画环节发生关键性变化的帧，当某一帧被指定为关键帧后，其中的画面内容我们才可以创建或者是修改，以空心圆圈显示的为空白关键帧，它是没有动画内容的关键帧，以白色矩形块显示的帧就为普通帧，这些帧中的画面内容是由 Flash 根据与该帧相邻的前面一个关键帧中的内容自动生成的，画面内容允许创建和修改。

6. 舞台与工作区

如图 1-10 所示中间部分为舞台，舞台的概念和现实中的舞台相似，演员只有登上这个舞台才能让观众看到，舞台的大小取决于动画文件的尺寸，动画四周灰色的区域为工作区，它相当于演出的后台，用于放置一些暂时看不到的对象。

图 1-10　Flash 舞台与工作区

7. 浮动面板

在操作界面的底部和右侧是 Flash 的浮动面板，有了这些面板可以使操作更加快捷，常用的浮动面板有属性面板、颜色面板、库面板。

1.3.2　熟悉 Flash CS 5.5 工作界面

启动 Flash CS 5.5，创建 ActionScript 3.0，就进入了 Flash 的工作界面，如图 1-11 所示。

从图 1-11 中可以看出，FlashCS5.5 的工作界面与 Flash 8.0 的界面元素相似，界面布局却有了很大调整，Flash CS 5.5 提供了自定义工作界面的功能。

Flash 在动画制作中，常用的面板有属性面板、颜色面板和库面板。其中属性面板用来查看和设置所选对象的属性，颜色面板用来设置图形的填充色和线条颜色，库面板用来保存元件、图像、视频等动画素材，如图 1-12～图 1-14 所示。

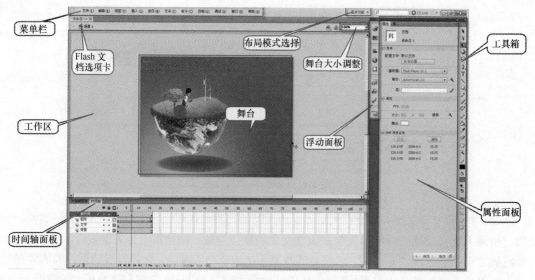

图 1-11　Flash CS 5.5　工作界面

图 1-12　属性面板

图 1-13　颜色面板

图 1-14　库面板

1.3.3　自定义工作界面

Flash 8.0 的操作界面相对比较简单，而 Flash CS 5.5 的操作界面较复杂，浮动面板很多。Flash 提供了自定义工作界面的功能，这样就可以根据自己的操作习惯和工作需要来自由确定操作界面的风格。

(1) 通过布局模式选项进行界面风格的选择。启动 Flash CS 5.5 进入其工作界面后，单击"标题栏"右侧的"布局模式"下拉按钮，可在展开的下拉列表中根据需要选择工作界面的外观模式，如图 1-15 所示。

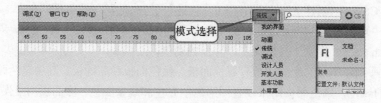

图 1-15　选择传统界面

默认状态是【基本功能】模式，如果对 Flash8.0 的工作界面比较熟悉，只需单击"传统"按钮，界面的布局就会和 Flash 8.0 的界面基本差不多了，如图 1-16 所示。

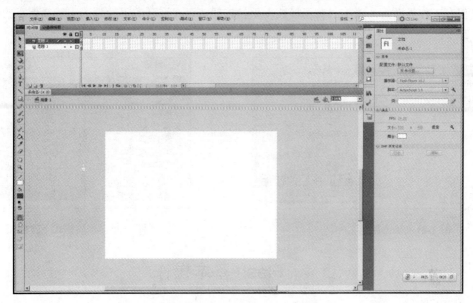

图 1-16　Flash CS 5.5 传统界面

(2) 如果在默认的工作界面中找不到需要的面板，可以通过单击"窗口"菜单选择，如要打开"属性面板"，选中"属性(V)"菜单项，"对号"出现，如图 1-17 所示，则"属性面板"在工作界面出现，其他面板打开方法类似。

(3) 要将不需要的面板关闭，只需单击该面板右上角的按钮，在展开的下拉菜单中选择"关闭"选项即可，若选择"关闭组"选项，可关闭同组的所有面板，如图 1-18 所示。

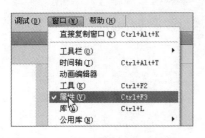

图 1-17　从窗口菜单打开属性面板

图 1-18　关闭面板

(4) 单击右侧面板组右上角的折叠按钮 或展开按钮 可使面板组在图标状态和打开状态之间切换，如图 1-19 和图 1-20 所示。

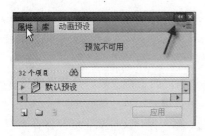

图 1-19　浮动面板折叠按钮位置

图 1-20　浮动面板展开按钮位置

7

(5) 调整好工作界面后，选择"窗口"→"工作区"→"新建工作区"菜单(图 1-21)，在打开的"新建工作区"对话框中输入名称，然后单击"确定"按钮，可保存当前的工作界面。

(6) 保存工作界面后，单击"布局模式"下拉按钮，可在展开的下拉列表中选择保存的界面，如图 1-22 所示。

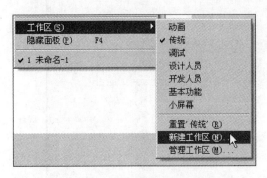

图 1-21　单击新建工作区

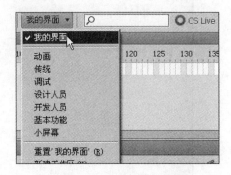

图 1-22　布局模式下拉按钮

1.4　Flash 基本操作

1.4.1　新建、保存、打开、关闭 Flash 文档

1. 新建 Flash 文档

启动 Flash 8.0 软件，单击"文件"→"新建"命令，在"新建文档"对话框中选择"Flash 文档"选项，如图 1-23 所示。

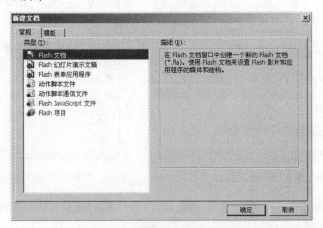

图 1-23　新建 Flash 文档界面

如果使用 Flash CS 5.5，启动 Flash 之后，单击 ActionScript 3.0 或 ActionScript 2.0 都可进入 Flash 工作界面，如图 1-24 所示。

2. 保存文档

新建 Flash 文档后，应及时将其保存，避免因意外丢失当前的工作成果。具体操作步骤如下：

(1) 选择"文件"→"保存"菜单，或按"Ctrl+S"组合键。

(2) 在打开的"另存为"对话框中选择文档保存路径，输入保存文件名，选择保存类型，单击"保存"按钮，即可保存文档，如图 1-25 所示。

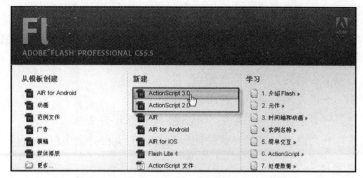

图 1-24　Flash CS 5.5 创建 Flash 文档

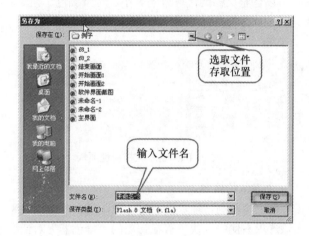

图 1-25　选中保存文档名称与位置

3. 打开文档

Flash 打开文档的方法主要有三种。

(1) 启动 Flash 时，在开始页左侧的"打开最近的项目"下选择最近保存过的文档，如图 1-26 所示。

(2) 在工作界面中选择"文件"→"打开"菜单，或按"Ctrl+O"组合键，在"打开"对话框中选择要打开的文档路径及名称，如图 1-27 所示。

(3) 在目标文档的文件夹中，双击要打开的 Flash 文档(.fla 文档)。

图 1-26　打开最近文档　　　　　　　　　　　　　　　　图 1-27　打开文档对话框

4. 关闭文档

对文档进行保存后，可将暂时不用的文档关闭，以节省系统资源。关闭文档的方法主要有以下几种。

(1) 单击文档选项卡右侧的"关闭"按钮。

(2) 选择"文件"→"关闭"菜单，可关闭当前文档。

(3) 选择"文件"→"全部关闭"菜单，可关闭所有打开的文档。

(4) 选择"文件"→"退出"菜单，可关闭所有打开的文档并退出Flash程序。

1.4.2　设置文档属性

通过属性浮动面板，可以调整文档舞台屏幕的大小、背景颜色、帧频、动画发布设置、脚本语言版本等，Flash 8.0 与Flash CS 5.5的文档属性面板设置内容基本相同。具体属性界面如图1-28与图1-29所示。

图 1-28　Flash 8.0 文档属性面板

下面给出比较重要的几个参数的概念。

(1) 尺寸：尺寸是指舞台的宽和高。播放动画时，位于舞台外面的对象不会被显示。

(2) 背景颜色：单击该选项右侧的色块，可在弹出的"拾色器"对话框中设置舞台的颜色。

(3) 帧频：是指动画的播放速度，单位是"fps"，即每秒播放多少帧。帧频越高，动画播放的速度越快。比较常用的帧频为12、18、24和25。

(4) 标尺单位：如果要在文档中使用标尺，可在该选项右侧的下拉列表中选择标尺的度量单位。

1.4.3　在 Flash 中导入对象

Flash的导入功能可以将外部的图像、声音、视频等文件导入到Flash动画中，Flash 8.0与Flash CS 5.5类似，故下面通过Flash 8.0为例说明对象导入方法。

(1) 执行"文件"→"导入"→"导入到舞台"或"导入到库"，本例中选择导入到舞台，如图 1-30 所示。

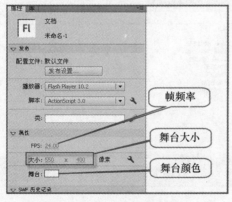

图 1-29　Flash CS 5.5 属性面板

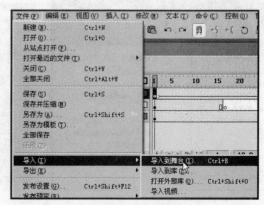

图 1-30　导入菜单

10

(2) 在弹出的选择对话框中选择作为背景的任何一个图片,双击选中图片或选中图片后单击打开按钮,即可将一幅图片导入到舞台上,如图 1-31 所示。

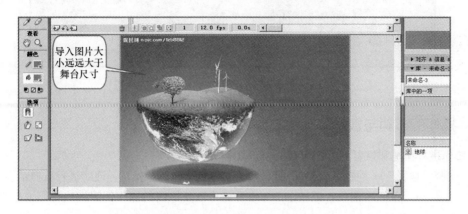

图 1-31　选择图片导入到舞台

导入到舞台的对象一般和舞台尺寸并不匹配,所以多数情况下需要调整对象尺寸与位置,比较简单的方法是修改属性对话框中有关对象的属性进行尺寸调整,然后通过鼠标控制对象位置,Flash 8.0 与 Flash CS 5.5 都提供了"对齐"命令,这让我们在进行界面布局时更加方便。下面通过实例说明:

(1) 单击工具栏"对齐"按钮，弹开对齐面板,如图 1-32 所示。

图 1-32　对齐面板

(2) 选中"相对于舞台"按钮，然后单击"匹配高和宽"按钮，则所选中背景图片的尺寸与舞台大小正好相对,如图 1-33 所示。

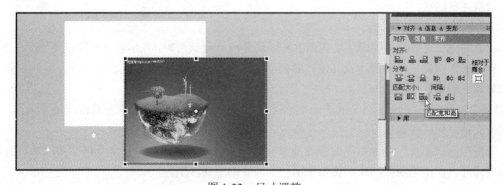

图 1-33　尺寸调整

(3) 单击"左对齐"按钮，然后单击"顶对齐"按钮，则背景图片正好与舞台重合,如图 1-34 所示。

11

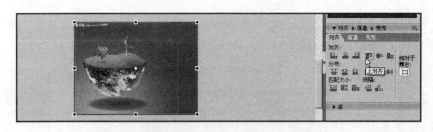

图 1-34　背景与舞台重合

1.4.4　操作的撤消与恢复

对操作进行撤消和恢复的方法主要有以下几种。

(1) 选择"编辑"→"撤消"菜单,或按Ctrl+Z可撤消前一步操作,连续执行可撤消多步操作,选择"编辑"→"重做"菜单,或按Ctrl+Y组合键可恢复撤消的操作,连续执行可恢复多步撤消操作。

(2) 单击主工具栏上的"撤消"按钮 ↰ 可撤消前一步操作,单击主工具栏上的"重做"按钮 ↱ 可恢复撤消的操作。

(3) 利用鼠标选择"窗口"→"其他面板"→"历史记录",可打开历史记录面板,该面板可一次性撤消或恢复多步操作,如图1-35所示。

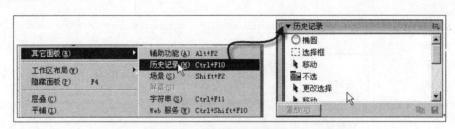

图 1-35　通过历史记录进行撤消与恢复操作

1.4.5　动画的测试、发布与导出

当动画制作完成后,就可以将其发布。但在发布之前,还应注意两个问题:一是动画的效果是否与预期的效果相同;二是动画是否能够流畅地进行播放。要解决这两个问题,需要在发布之前对动画进行测试。

1.动画的测试

动画的测试可以分为编辑环境内测试与编辑环境外测试两种,在编辑环境中的测试是有限的。若要评估影片剪辑、动作脚本或其他重要的动画元素,必须在编辑环境之外进行。下面具体介绍编辑环境外测试方法。

选择"控制"→"测试影片"或选择"控制"→"测试场景"命令,将当前动画或场景输出为.swf格式的文件,同时在测试窗口中打开并播放,测试窗口如图1-36所示。

使用"测试影片"命令可以完整地播放动画,而使用"测试场景"命令仅能播放当前编辑的场景或元件,而不是整个动画,这是使用两个命令的主要区别。

2. 动画发布

使用"发布"命令可以将制作完成的动画发布为独立的作品,以供他人欣赏。下面介绍发布动画的全过程,包括发布设置、发布预览以及发布。

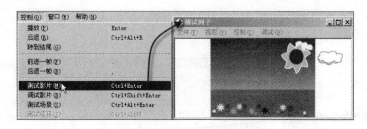

图 1-36　选择测试影片时效果

(1) 在发布动画之前，需要选择"文件"→"发布设置"命令，弹出"发布设置"对话框，如图 1-37 所示，设置动画的发布选项。

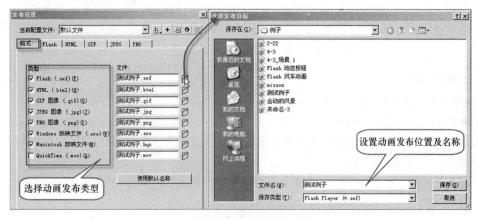

图 1-37　动画发布设置对话框

(2) 单击待发布动画类型的选项卡，设置具体参数，如单击 Flash 标签，弹出 Flash 选项卡，如图 1-38 所示。

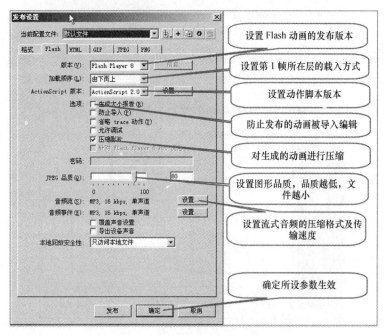

图 1-38　Flash 选项卡参数设置

13

(3) 选择"文件"→"发布"或按 Shift+F12 组合键，如图 1-39 所示，发布设置中所设置的发布类型动画文件出现在目标文件夹中。

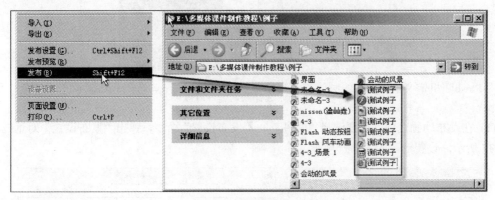

图 1-39　动画的发布

3. 动画的导出

在编辑文件的基础上创建图像或影片，发布功能不是唯一的途径，导出命令也可以完成其中的大部分工作，通过该命令可以将动画导出为导出为 SWF、GIF、JPEG、BMP、PNG、AVI 或 QuickTime 等不同格式的动态或静态图像，这几种格式中，对于课件制作来说，多数情况是导出为 SWF 文件，下面举例说明。

(1)选择"文件"→"导出"→"导出影片"菜单，如图1-40所示。

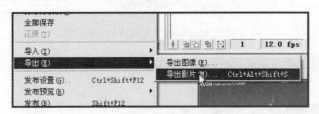

图 1-40　选择导出菜单

(2) 在打开的"导出影片"对话框中选择合适的导出路径，输入导出文件名，选择保存类型为 "Flash影片(*.swf)"，然后单击"保存"按钮，完成导出操作，如图1-41所示。

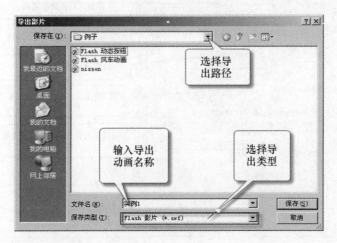

图 1-41　导出对话框

14

1.5　Flash 中图层操作

1.5.1　新建/删除图层

单击图层下方第一个按钮，就可新增一个图层，Flash会给新增的图层一个默认的名字，这个名字是Flash随机定义的，使用的时候推荐用户对该名字重新命名，只需用鼠标双击这个图层名称，就可以进行编辑，如图1-42所示。

当某个图层不需要时，可以很容易地删除一个图层，单击图层面板中第三个按钮即可，如图1-43所示。

1.5.2　创建图层文件夹

利用图层面板的第二个按钮可以创建图层文件夹，并可拖动图层到图层文件夹中，文件夹的重命名方法与图层相似，使用这个文件夹来管理图层可以使界面更加清爽、节约空间，如图1-44所示。

图 1-42　新增图层

图 1-43　删除图层

图 1-44　新建图层文件夹

1.5.3　显示或隐藏图层

在进行动画制作的过程中，为了避免多个图层内容互相干扰，可以对某些图层进行显示或隐藏，这样可以使注意力更集中在当前绘制的图层中，显示或隐藏是单击图层面板中的眼睛图标进行控制，例如要隐藏文字图层，则单击文字图层对应眼睛图标，"错号"出现，如图1-45所示，则该图层被隐藏起来，再次在该图标位置单击鼠标，"错号"消失，则图层又被显示出来。默认状态下所有图层都是被显示的，这里需要注意的是被隐藏的图层图形只有在编辑环境中是有效的，如果把它导出为SWF文件，被隐蔽的图层还会被显示处理。

1.5.4　图层的锁定与解锁

图层的锁定与解锁可通过单击图层面板上的小锁图标实现，当某个图层被锁定之后，该图层就不能进行任何编辑工作。如图1-46所示。

图 1-45　显示或隐藏图层

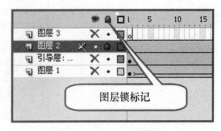

图 1-46　锁定与解锁

1.5.5　创建遮罩层

在Flash的图层中有一个遮罩图层类型，为了得到特殊的显示效果，可以在遮罩层上创建一个任意形状的"视窗"，遮罩层下方的对象可以通过该"视窗"显示出来，而"视窗"之外的对象将不会显示。遮罩层中的图形对象在播放时是看不到的，遮罩层中的内容可以是按钮、影片剪辑、图形、位图、文字等，但不能使用线条，如果一定要用线条，可以将线条转化为"填充"。被遮罩层中的对象只能透过遮罩层中的对象被看到。

创建方法非常简单，首先用鼠标选中要转换的图层，单击鼠标右键，从弹出式菜单中选择"遮罩层"即可，如图1-47所示。

1.5.6　创建引导层

引导层使用户可以自己绘制路径，所以"引导层"中的内容可以用钢笔、铅笔、线条、椭圆工具、矩形工具或画笔工具等绘制出的线段。然后让补间动画、元件、组件或文本块沿着这些路径运动，从而产生自己想要的曲线运动，这在创建比较复杂的Flash动画中是非常有用的。而"被引导层"中的对象是跟着引导线走的，可以使用影片剪辑、图形元件、按钮、文字等，但不能应用形状。具体做法为：选中将要作为引导层的图层，单击鼠标右键，在弹出的菜单中选择"引导层"或"添加传统运动引导层"即可，如图1-48所示。

图 1-47　遮罩层

图 1-48　引导层

1.6　Flash 中帧操作

1.6.1　增加、删除帧

通过在时间轴上选取某个位置，单击鼠标右键，在弹出菜单中选择插入帧、删除帧、插入关键帧、清除关键帧、插入空白关键帧即可，如图1-49所示，也可以通过按快捷键实现，如要插入空白关键帧按F7，插入关键帧时按F6，插入普通帧按F5。

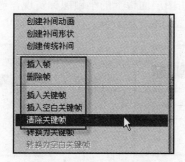

图 1-49　增加/删除帧

16

1.6.2　复制和粘贴帧

为了提高动画的开发速度，经常需要将已完成帧上的内容复制到别的地方，这就要用到对帧的复制和粘贴，下面给出具体操作步骤：

(1) 先选择要复制的一个帧或多个帧。

(2) 在被选定的帧上单击鼠标右键，从快捷菜单中选择"复制帧"命令。

(3) 在需要进行粘贴的位置单击鼠标右键，从快捷菜单中选择 "粘贴帧"命令。

1.6.3　创建补间帧

Flash可以创建两类补间动画，分别是传统补间和新补间，如图1-50所示。传统补间，主要适用于Flash CS 3.0以前的版本，新的补间动画是Flash CS 4.0 开始提出的一种新方法，Flash软件通过补间动画技术，能够自动计算出两帧之间的动画的演变过程，下面首先介绍传统补间动画制作。

传统补间动画分两类，一类是图形形状的补间，形状补间动画是Flash 中非常重要的表现手法之一，在一个关键帧中绘制一个形状，然后在另一个关键帧中更改该形状或绘制另一个形状，Flash 根据二者之间的帧的值或形状来创建的动画被称为"形状补间动画"。形状补间动画可以实现两个图形之间颜色、形状、大小、位置的相互变化，

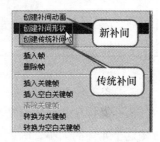

图1-50　创建补间帧

其变形的灵活性介于逐帧动画和动作补间动画二者之间，使用的元素多为用鼠标或压感笔绘制出的形状，如果使用图形元件、按钮、文字，则必先"打散"才能创建变形动画。形状补间动画建好后，时间帧面板的背景色变为淡绿色，在起始帧和结束帧之间有一个长长的箭头。

下面以实例说明创建传统形状补间动画的步骤。

(1) 在第 1 帧用矩形工具画一填充的矩形，如图 1-51 所示。

(2) 在第 20 帧插入关键帧，将矩形调整为三角形，如图 1-52 所示。

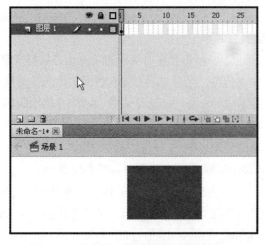

图 1-51　确定第 1 关键帧的图形形状

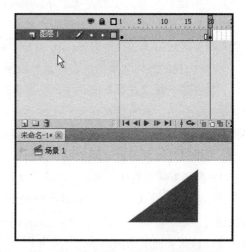

图 1-52　确定第 20 关键帧的图形形状

(3) 在第 1 帧与第 20 帧中间的任何一帧的位置，单击鼠标右键，在弹出的菜单中选择"创建补间形状"后(图 1-53)，在第 1 帧与第 15 帧中间变成带箭头的线，形状补间帧创建成功，拖动播放头在第 1 帧到第 20 帧自己移动，会看到从矩形到三角形的形状变化过程，如图 1-54 所示。

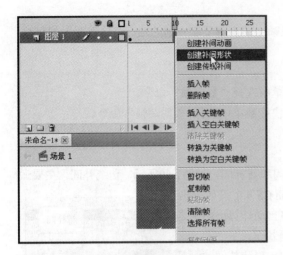

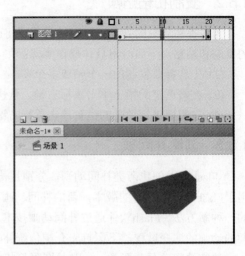

图 1-53　选择创建补间形状　　　　　　　　　图 1-54　第 10 帧处自动形成的补间形状

　　另一类传统补间动画是动作补间，即在一个关键帧上放置一个元件，然后在另一个关键帧改变这个元件的大小、颜色、位置、透明度等，Flash 根据二者之间的帧的值创建的动画被称为动作补间动画。构成动作补间动画的元素是元件，包括影片剪辑、图形元件、按钮、文字、位图、组合等，但不能是形状，只有把形状"组合"或者转换成"元件"后才可以做"动作补间动画"。

　　从Flash CS 4.0开始，引入了一种新补间动画技术，该技术与传统动作补间动画技术相比有如下区别：

　　① 传统补间动画的顺序是，先在时间轴上的不同时间点定好关键帧(每个关键帧都必须是同一个元件)，之后，在关键帧之间选择传统补间，则动画就形成了。这个动画是最简单的点对点平移，就是一个元件从一个点匀速移动到另外一个点。没有速度变化，没有路径偏移(如弧线)，一切效果都需要通过后续的其他方式(如引导线、动画曲线)去调整。

　　② 新出现的补间动画则是在舞台上画出一个元件以后，不需要在时间轴的其他地方再打关键帧，直接在那一层上选择补间动画，会发现那一层变成蓝色，之后只需要先在时间轴上选择需要加关键帧的地方，再直接拖动舞台上的元件，就自动形成一个补间动画了。并且这个补间动画的路径是可以直接显示在舞台上，并且是有调动手柄可以调整动画路径的。

　　下面通过一个新补间动画的制作实例说明该技术的使用方法。

　　(1) 在第 1 帧用矩形工具画一填充的矩形，将该圆形转换为一个元件，如图 1-55 所示。

　　(2) 在第 20 帧插入帧，将播放头放在最后一帧，在选中工具箱中选择工具后，拖动舞台上的图像到另一地方，舞台上出现一些小点，这些小点就是图形运行轨迹，则这个动画便形成了，这里需要注意新补间动画帧形状是实心菱形，这个帧是 Flash 自动加上的，如图 1-56 所示。

　　(3) 在选中选择工具的前提，把鼠标放到轨线上，当鼠标下面出现小弧线时，拖动鼠标即可改变图形运动轨迹，如图 1-57 所示。

　　(4) 在选中选择工具的前提，将播放头放到第 7 帧的位置，拖动图形元件到另一个地方，则在该帧自动创建一新的补间帧，如图 1-58 所示。

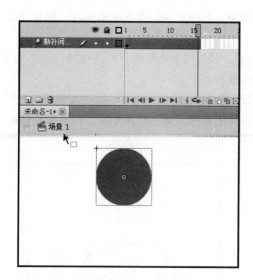

图 1-55　确定第 1 帧元件形状及位置

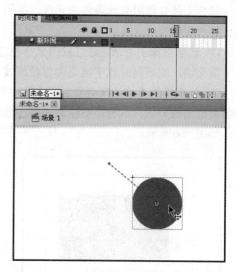

图 1-56　在第 15 帧处拖动元件变换位置

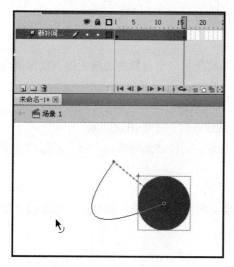

图 1-57　调整动画路径

图 1-58　在第 7 帧处创建新补间帧

1.7　Flash 绘图工具箱的使用

　　图形是组成Flash动画的基本元素，制作动画时，可利用Flash工具箱中提供的绘图工具绘制出动画需要的图形。Flash软件的工具箱为用户提供了许多绘图编辑工具，这些工具不但功能齐全，而且使用非常方便，其中 Flash 8.0与 Flash CS 5.5 的绘图工具箱中包含的绘图工具基本相同，使用方法也相同，不过Flash CS 5.5 比Flash 8.0多出"Deco 工具"、"骨骼工具"与"3D旋转工具"等绘图工具。对于相同的工具，本章还是以Flash 8.0为例进行介绍，对于Flash CS 5.5 新增的工具，在Flash CS 5.5 开发环境中进行介绍。工具箱中的选项区主要是针对工具的调节而设置的，它随着所选工具的不同而显示不同的工具选项设置，但是其中有一些工具是没有调节选项的。

1. 箭头工具

箭头工具专门用来选取各个元件，可用于可选取对象、修改对象、改变图形形状，如移动对象、拉长或缩短线条长度等。

(1) 选取对象的方法。通过双击某一相连线段中任意一段，用来选取所有相连线段，通过单击某一填充物，能够同时选中填充物与轮廓线，如图1-59所示。

(2) 修改形状方法。拖动节点但不选中对象，可以改变线条、轮廓线形状，拖动线段可以改变线条、填充物形状。这里需要注意的是，如果选中要操作的对象，则鼠标移动时，是对象整体拖动，如图1-60所示。

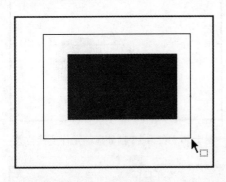

图 1-59　选择对象

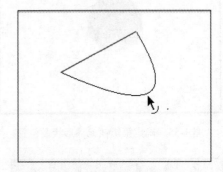

图 1-60　直线变形

(3) 选项设置。单击"对齐对象"按钮，拖动对象，移动至另一个对象的边缘上时，鼠标所在处的圆圈变大，对象自动"重合"。

使用说明：

① 用箭头工具移动对象时，只有鼠标按住对象边缘或线条时，才会出现圆圈。

② 若选中菜单"查看"→"网格"→"对齐网格"命令，则移动到网格线上时，圆圈也会变大。

2. 部分选取工具

部分选取工具可显示图形的所有节点，拖动节点就能对图形任意编辑。移动图形轮廓线上锚点和控制点的位置，修改图形大小和形状，如图1-61所示。

下面给出采用部分选取工具把直线改成 S 形的过程：

(1) 先借助选取工具把直线拉成弧线，如图1-62所示。

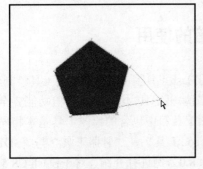

图 1-61　对象变形

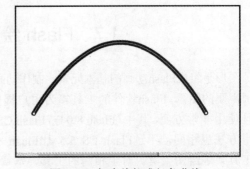

图 1-62　把直线拉成红色曲线

(2) 从工具箱中选取部分选取工具。

(3) 在舞台上，单击弧线，这时弧线两端显示两个空心小圆(叫节点，也叫锚点)，如图 1-63

所示，然后置光标于控制手柄的操作端，光标显示出没有尾巴的空心小箭头，按住鼠标反方向拖动控制手柄，弧线变成 S 形，如图 1-64 所示。

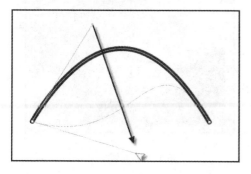

图 1-63　拖动鼠标形成 S 线的过程

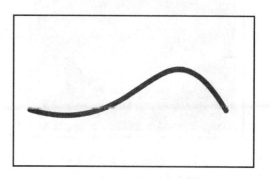

图 1-64　S 型曲线形成

3. 套索工具

套索工具被选取时，其附属选项按钮会出现在选项条中，如图 1-65 所示。使用套索工具可以选择对象的一部分，它选择的区域可以是不规则的，因而相对选择工具更具灵活性。

其中"默认模式"是一种比较随意的自由选择模式。只要按下鼠标在舞台上拖动，就会以黑线显示鼠标移动的轨迹，亦即显示被选中的区域。"套索工具"的"默认模式"常用来处理位图背景。下面以删除荷花的背景为例加以说明。

(1) 将荷花位图打散，首先选择"选取工具"，单击选中已导入舞台上的荷花位图图片，然后单击"修改"菜单，执行"修改"→"分离"命令，将位图打散，如图 1-66 和图 1-67 所示。

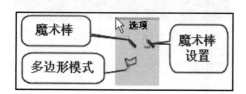

图 1-65　套索工具选项面板

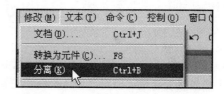

图 1-66　"修改"→"分离"命令位置

(2) 删除背景图案，首先选取"套索工具"的"默认模式"，然后在舞台上从某点开始，一直按住鼠标左键，沿着荷花轮廓线拖动鼠标，当拖动到一定位置(不一定封闭)后松开鼠标，即会以麻粒状显示被选中的区域。按下"Delete"键，删除被选中的区域。重复这个操作，直至除荷花处的全部背景图案被删除。如图 1-68～图 1-71 所示。

图 1-67　将位图打散

图 1-68　鼠标选择待删除图形

图 1-69　选择背景中关 1 库房

图 1-70　删除背景图片

"套索工具"的"魔术棒模式"常用来处理纯色的位图背景，如图 1-72 所示。下面以删除荷花的背景为例来加以说明。

图 1-71　删除背景面图案

图 1-72　黑背景图形

(1) 将荷花位图打散，首先选择"选取工具"，单击选中已导入舞台上的荷花位图图片，然后单击"修改"菜单，执行"修改"→"分离"命令，将位图打散。

(2) 选取"套索工具"的"魔术棒模式"。

(3) 在舞台上纯色背景区单击，即以麻粒状显示被选中的区域，如图 1-73 所示。按 Delete 键，删除被选中的区域，如图 1-74 所示。

图 1-73　采用魔术棒选中黑背景

图 1-74　删除黑背景后的效果

4. 任意变形工具 ⊡

任意变形工具可以实现对象的缩放、对象的切变、对象的旋转等功能，从而轻松实现图形自由的变形。当选择了"任意变形工具"，则工具箱中"选项"区的外观如图 1-75 所示。

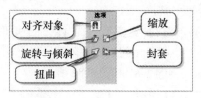

图 1-75　任意变形工具选项面板

下面通过几个例子说明任意变形工具的使用方法。首先给出用任意变形工具缩放对象的操作步骤：

(1) 从工具箱选取任意变形工具。

(2) 单击舞台上要缩放的对象，即显示出"任意变形工具"(由一个矩形和九个控制点组成)，如图 1-76 所示。如果想改变对象的宽度，那么只要把光标置于左边或右边的控制点上，当光标显示左右方向的两个箭头时，按住鼠标左键左右拖动即可，如图 1-77 所示。如果想改变对象的高度，那么只要把光标置于上边或下边的控制点上，当光标显示上下方向的两个箭头时，按住鼠标左键上下拖动即可，如图 1-78 所示。如果想等比例缩放对象，那么只要把光标置于任一只角的控制点上，当光标显示斜方向的两个箭头时，在按住键的同时，按住鼠标左键斜向拖动即可，如图 1-79 所示。

图 1-76　九个控制点位置

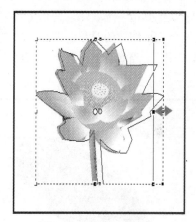

图 1-77　改变对象宽度

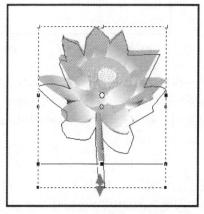

图 1-78　改变对象高度

图 1-79　等比例缩放

23

下面举例说明如何利用任意变形工具切变对象。

(1) 从工具箱中选取任意变形工具。

(2) 单击要缩放的对象，即显示出"任意变形工具"(由一个矩形和九个控制点组成)，如图1-80所示。把光标置于"任意变形工具"四条边的任一边附近，当光标显示为两个平行的反向箭头时，按住鼠标并拖动，可以切变对象，如图1-81和图1-82所示。

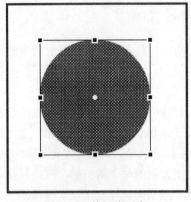
图 1-80　待切变对象

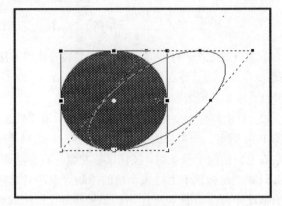
图 1-81　拖拽鼠标

下面举例说明采用任意变形工具旋转对象。

(1) 从工具箱中选取任意变形工具。

(2) 单击要缩放的对象，即显示出"任意变形工具"。把光标置于"任意变形工具"任一只角的控制点附近，当光标显示为一个旋转方向的箭头时，按住鼠标并拖动，可以旋转对象，如图1-83所示。

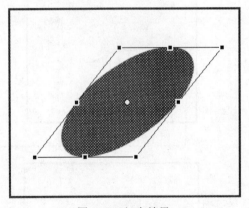
图 1-82　切变结果

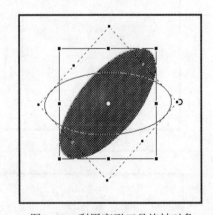
图 1-83　利用变形工具旋转对象

说明：默认情况下，中心控制点落在对象中心。中心控制点是可以移动的，把光标置于中心控制点上，当光标显示一个空心小圆时，按住鼠标左键并拖动，就可改变中心控制点的位置。旋转时，对象总是绕着中心控制点转动。可见，在旋转对象时，中心控制点起到旋转中心(旋转轴)的作用。

5. 填充变形工具

填充变形工具对图形可以进行自由填充，而不拘泥于其他属性。可以根据中心点、角度及范围来调整对象颜色的变化。利用该工具可以实现"线性"渐变色的填充，"放射性"渐变色填充，"位图"填充等功能，下面举例说明。

(1) 利用填充变形工具编辑"线性"渐变色。

① 从工具箱选取填充变形工具。

② 单击"线性"填充色区域，即显示出"线性填充变形工具"(由两根蓝色的平行线和三个白色的控制点组成)，如图 1-84 所示，其中"速度控制点"位于蓝线上呈方形，移动它可改变颜色渐变的快慢。"方向控制点"位于蓝线上呈圆形，移动它可改变颜色渐变方向。"中心控制点"位于平等线间，呈圆形，移动它可改变中心颜色的位置。图 1-85～图 1-87 分别给出了改变这三个控制点后的效果。

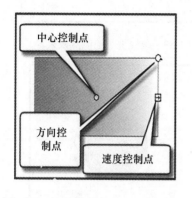

图 1-84　线性填充变形工具控制点

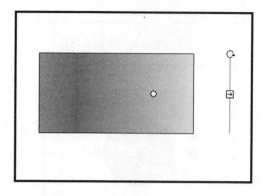

图 1-85　调整线性渐变中心位置

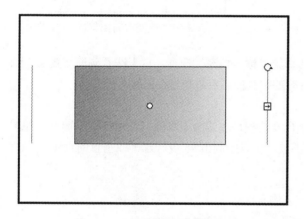

图 1-86　调整线性渐变速度

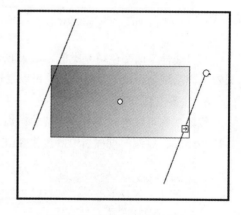

图 1-87　调整线性渐变方向

说明： 当使用颜料桶工具或刷子工具在小区域填充"线性"渐变色时，如果选择了"锁定填充"选项，就很难看出渐变填充色的效果。

(2) 用填充变形工具编辑"放射性"渐变色。

① 工具箱中选取填充变形工具。

② 单击"放射性"填充色区域，即显示出"放射性填充变形工具"。其中"速度控制点"位于圆形边框上，呈方形。移动它可改变颜色渐变的快慢。"大小控制点"位于圆形边框下部，呈圆形。移动它可改变渐变圆的大小。"方向控制点"位于圆形边框下部，呈圆形。移动它可改变颜色渐变方向。"中心控制点"位于圆心，呈圆形。移动它可改变中心颜色的位置，还可改变"方向控制点"的转动中心。各控制点位置如图效果如图 1-88 所示，控制点改变后效果图如图 1-89～图 1-91 所示。

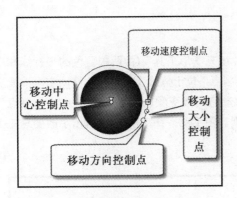

图 1-88　放射性填充控制点位置

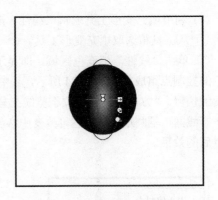

图 1-89　改变大小控制点效果

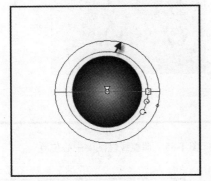

图 1-90　改变速度控制点

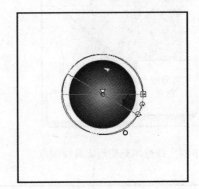

图 1-91　改变方向控制点

与"线性"渐变色填充类似，如果我们选择了"锁定填充"选项，也无法看到渐变效果。如果对填充区域使用填充变形工具，可以发现这时的中心控制点总是落在图形之外。

6. 线条工具

线条工具可以绘制线条，线条的粗细、颜色及造型均在线条工具的属性对话框里调整，如图1-92所示。在绘制的过程当中，按住 Shift 键不放，可以绘制出45度、水平或垂直的直线。

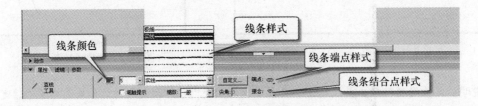

图 1-92　线条工具属性对话框

利用线条工具画线条时，如果选择"对齐对象"选项，就能使原有的线条产生一种吸引力，使新画的线条在操作点上显示一个小圆圈，当新线条离原线条不远时，就会被原线条吸引过去，与原线条相交，如图1-93所示。

7. 矩形工具

矩形工具可以绘制各种矩形图案与正多边形图案，如在绘制的过程中按住 Shift 键可绘制正方形。可以通过单击工具箱中矩形图标下的小黑三角形，来选择画矩形或多角星形图案，如图1-94所示，其属性面板如图1-96和图1-97所示。

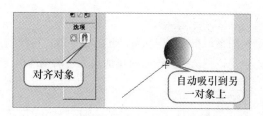

图 1-93　线条工具选项面板及选项效果示意

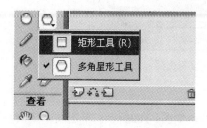

图 1-94　选择绘制矩形或多角星

图 1-95　设置多角星属性

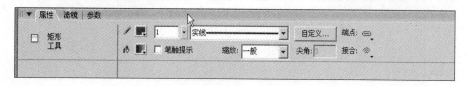

图 1-96　矩形工具属性面板

图 1-97　多角星工具属性面板

下面通过绘制五角星的实例来说明该工具的使用方法。

(1) 单击工具箱选择多角星形工具，如图 1-94 所示。

(2) 单击属性面板选项按钮，打开选项对话框，如图 1-95 所示，样式选择"星形"，边数选择"5"。

(3) 在舞台上拖拽鼠标即可绘制出一个五角星，如图 1-98 所示。

图 1-98　带填充的五角星图案

27

8. 椭圆工具

椭圆工具可绘制各种椭圆图案，在绘制时按住 Shift 键不放，可绘制正圆形，如图1-99所示。在拖动的时候有个小圆标志，也是正圆。而且绘制时可通过下边的属性栏调整圆的边框与填充颜色。

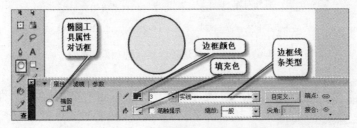

图1-99　通过椭圆工具绘制正圆

9. 文本工具

可用下边的属性框来对文本进行输入和编辑等操作，如图1-100所示，单击文本工具后可在舞台直接输入文字，文字的属性可以通过设置文本属性面板中属性来调整，如图1-101所示。

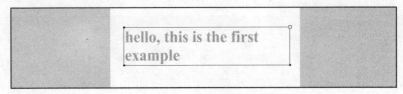

图 1-100　通过文本工具输入文字

图 1-101　文本工具的属性面板

10. 钢笔工具

钢笔工具可绘制直线、曲线，而且可调整路径上的节点。它可以自由创建和编辑矢量图形。单击鼠标左键确定点的位置，连续单击形成直线组成的折线图，点左键不松手可以调整线的造型。钢笔工具的属性面板与线条工具的属性面板相同，这里就不重复介绍，下面通过几个例子说明该工具的使用方法。

(1) 用钢笔工具画直线。

① 从工具箱选取钢笔工具。

② 设置笔触颜色。

③ 在舞台上单击，出现第一个节点，在另一个地方单击，出现第二个节点，两点间就生成一直线段，如图1-102所示。

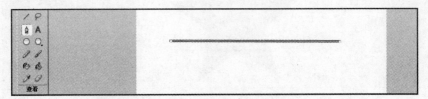

图 1-102　用钢笔工具画直线

(2) 用钢笔工具画弧线。

① 从工具箱选取钢笔工具。

② 设置笔触颜色。

③ 在舞台上单击鼠标左键，出现第一个节点，另一个地方"左键拖动"，出现控制手柄，拉动控制手柄把直线拖成理想的弧线时松开即可，如图1-103、图1-104所示。

图 1-103 用钢笔工具画曲线时拖动鼠标

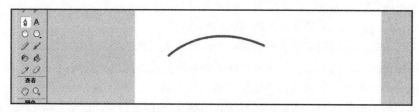

图 1-104 钢笔工具曲线绘制效果

通过钢笔工具可以画出连续的线段与连续的曲线，当需要终止绘画过程时，可以按Ctrl键同时单击空白区即可终止画线操作。在使用该工具绘制的曲线中，节点(或叫锚点)是修改曲线的关键点，有时为了更精确地修改曲线，需要增加或删除节点，把光标移动到曲线上，当光标右下角显示"+"时，单击曲线可增加一个节点。单击曲线，把光标移动到曲线上，当光标右下角显示"-"时，单击曲线可删除一个节点。

11. 刷子工具

刷子工具用于绘制密闭的填充色构成的图形，从本质上说，该工具属于填充上色工具，而不是描线工具，故在绘图时图形颜色跟笔触的颜色无关，故只需设置填充色，设置方法与颜料桶工具颜色设置方法相同，如图1-105所示。

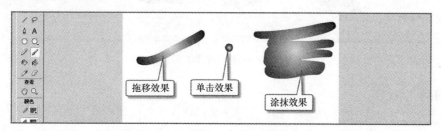

图 1-105 刷子工具绘图效果比较

刷子工具的"属性"面板比颜料桶工具的"属性"面板多了一个"平滑"选项，如图 1-106 所示。

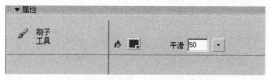

图 1-106 刷子工具属性面板

该面板中平滑参数的变化范围为 0～100，数值越大，画出的图形越平滑，弹性越好。在用刷子绘图时，需设置刷子工具的选项，如图 1-107 所示。

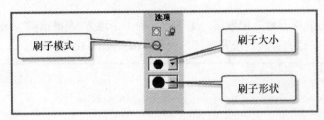

图 1-107　刷子工具选项面板

单击"刷子模式"选项，弹出一个下拉菜单，共列出五种模式，分别是标准绘画、颜料填充、后面绘画、颜料选择、内部绘画，各种模式的含义如下。

标准绘画：画出来的图形将覆盖先画的线条和填充色。

颜料填充：画出来的图形不覆盖先画的线条，只覆盖先画的填充色和空白区域。

后面绘画：画出来的图形不覆盖先画的线条和填充色，只覆盖空白区域。

颜料选择：画出来的图形只覆盖被选中的填充色区域。

内部绘画：画出来的图形只覆盖起始点所在的填充色(或空白)区域。

各种模式的绘图效果如图 1-108 所示。

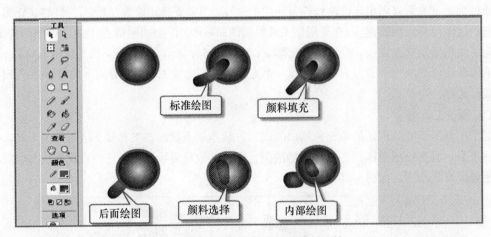

图 1-108　不同刷子模式绘图效果比较

12. 铅笔工具

铅笔工具在导引线中使用最多。调整铅笔工具同样在下边的属性栏里进行调整。当铅笔工具被选取时，其附属选项按钮会出现在选项条中，也可以通过这个来更改铅笔工具的设置。利用铅笔工具画曲线时，工具箱的选项发生了变化，单击选项区的下三角，打开下拉菜单，下拉菜单中显示三个选项模式：伸直、平滑、墨水，如图 1-109 所示。

如果选择"伸直"选项，画出的曲线非常工整。如果选择"平滑"选项，画出的曲线非常平滑，富有弹性。如果选择"墨水"选项，画出的曲线最真实反映了光标走向，最富真实性。不同模式下的绘图效果如图 1-110 所示。

图 1-109　铅笔工具选项面板

30

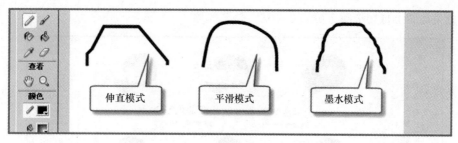

图 1-110　不同铅笔模式下的绘图效果比较

13. 颜色工具

颜色工具是 Flash 绘图当中相当重要的一个工具。里面分为笔触颜色和填充色，可以根据自己的需要对图形进行编辑。更改时只需要单击它们的下拉菜单即可。

14. 缩放工具

缩放工具是用于编辑图形的放大和缩小，配合该工具的选项内容，在所需要放大或缩小的区域画矩形，则矩形内的对象就能按最大可容纳的比例显示，而直接选择单击，则可以放大当前编辑视图；如果在单击时按下"Alt"键，则会缩小当前编辑视图。

15. 手形工具

手形工具用于舞台上的内容超出工作区的时候，使用它可以随意查看所需内容，是一个非常方便实用的工具。

16. 橡皮擦工具

在绘图的过程中，难免会有失误。这就要用到删除图形和线条的知识。如果删除所有图形，只需按组合键"Ctrl+A"选中所有图形，然后按 Delete 键就可删除。如果只是擦除部分图形，就得使用橡皮擦工具。

当选择了橡皮擦工具，工具箱中"选项"区的外观，如图 1-111 所示。其中橡皮擦除模式共有 5 种，如图 1-112 所示，各种模式含义如下：

标准擦除：将擦除橡皮滑过处的线条和填充色。

擦除填充：只擦除橡皮滑过处的填充色，不影响线条。

擦除线条：只擦除橡皮滑过处的线条，不影响填充色。

擦除所选填充：只擦除被选中区域中橡皮滑过处的填充色，不影响线条。

内部擦除：只擦除起始点所在区域中橡皮滑过处的填充色，不影响线条。

水龙头选项可轻松地擦除该区域内连续的填充色。

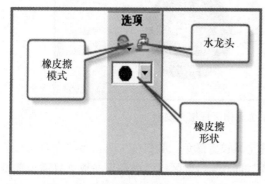

图 1-111　橡皮工具选项面板

图 1-112　橡皮工具擦除模式

擦除效果如图 1-113 所示。

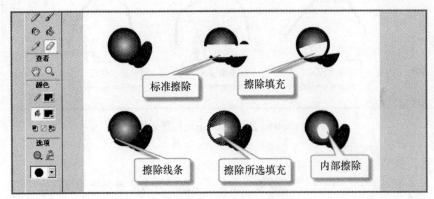

图 1-113　不同擦除模式下的擦除效果

17. 吸管工具

用于从别处获取色块和线段的颜色，常用于获取"线条"属性与获取"填充色"属性，具体操作如下。

(1) 用滴管工具获取"线条"属性。选取滴管工具，将滴管头置于某线条上，当光标显示为"滴管加铅笔"的形状时，单击所用获取线条对象，光标即显示为"墨水瓶"的形状，工具箱中的墨水瓶工具自然被选中，这时，从"属性"面板中可以看到墨水瓶工具已经获取了被单击线条的属性。按照墨水瓶工具的操作方法，将这个笔触属性应用到别的线条上。

(2) 用滴管工具获取"填充色"属性。选取滴管工具，将滴管头置于某填充色或位图上，当光标显示为"滴管加刷子"形状时，单击某填充区域，光标即显示为"颜料桶"的形状，工具箱中的颜料桶工具自然被选中；这时，从"属性"面板中可以看到颜料桶工具已经获取了被单击填充色或位图的属性。用颜料桶工具的操作方法，将这个填充色或位图属性应用到别的填充区域。

18. 颜料桶工具

颜料桶工具能够填充未填色的轮廓(但是不包括外框线)或是改变现有图形的颜色，可根据图形封闭的空隙大小进行选择。

(1) 用颜料桶工具为封闭区域上色。首先从工具箱选取颜料桶工具，然后设置填充色，最后在封闭区域内单击，即可完成填充，如图 1-114 所示。

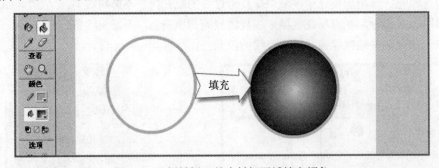

图 1-114　颜料桶工具为封闭区域填充颜色

(2) 在"工具箱"或"属性"面板上为颜料桶工具设置颜色。颜料桶工具仅是一个填充颜色的工具，它跟笔触的颜色无关，因此，在"工具箱"的"颜色"区或"属性"面板上只需设置填充色，如图 1-115 所示。

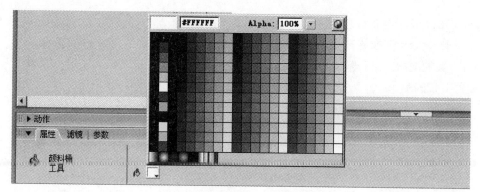

图 1-115　在属性面板为颜料桶选择颜色

（3）在"混色器"面板上为颜料桶工具设置颜色。单击"类型"右边的小三角，弹出"类型"下拉菜单，显示可供选择的类型：无、纯色、线性、放射状和位图，如图 1-116 所示。其中"线性"渐变是一种自左向右的渐变效果，左边的颜色和"左色标"相同，右边的颜色与"右色标"相同，如图 1-117 所示。

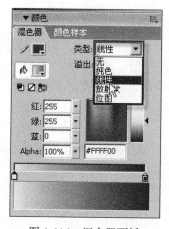

图 1-116　混合器面板

图 1-117　线性效果

"放射状"渐变是一种从里到外的渐变效果，中心的颜色与"左色标"相同，外围的颜色与"右色标"相同。如图 1-118 所示，"位图"填充时，将导入到库中的位图填充到一个封闭区域，如图 1-119 所示。

图 1-118　放射性填充效果

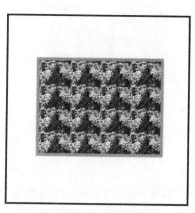

图 1-119　位图填充效果

(4) 渐变填充中"色标"数的设置。"线性"及"放射性"类型面板中间，都显示一个"渐变条"和几个小色标。"渐变条"上至少有左、右两只色标。最多允许增加到15只色标。

"色标"数的增加：将光标指向"渐变条"，当光标下方出现一个"+"时，单击即增加了一个色标，如图1-120所示。

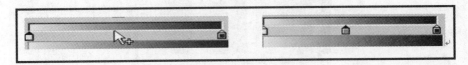

图1-120 增加色标示意

"色标"数的减少： 将光标指向"色标"，按住左键往上外拖出一定距离后松开鼠标即可。

在"线性"及"放射性"类型面板中，增加"渐变条"上色标的目的，是为了产生多色渐变的效果。"色标"颜色的设置方法主要有4种，具体如下：

① 从"颜色样本"面板设置颜色。首先单击要设置颜色的色标，然后单击色标"颜色样本"的下三角，就会弹出"颜色样本"面板，同时光标变成一只"小滴管"，移动"小滴管"至想要的色块，单击即可。

② 通过"红绿蓝"三原色设置颜色。首先单击要设置颜色的"色标"，然后分别在"红"、"绿"、"蓝"后面的小三角上按住鼠标并拖动滑块，边调整边查看颜色效果，直至达到最满意的颜色效果。

③ 通过色相、饱和度及明暗滑块。首先单击要设置颜色的"色标"，然后在"色相/饱和度"窗口中单击，选定颜色基调，在"明暗条"旁拖动滑块上下移动，选定理想颜色即可。

④ 通过"颜色代码"框设置颜色。首先单击要设置颜色的"色标"，然后在"颜色代码"框中直接键入某种颜色的代码，按回车。

(5) 颜色渐变速度的设置。无论是"线性"类型，还是"放射状"类型，都是用来设置颜色渐变效果的。而颜色渐变速度的快慢，则是由色标的位置及相互之间的距离来决定的。因此，可以用鼠标去移动色标的左右位置来达到改变颜色渐变速度的目的。虽然对色标使用同样的颜色，但由于色示位置的改变，从预览窗口所看到的颜色渐变效果是不一样的。如将色标设置为图1-121的样式，则填充效果如图1-122所示。

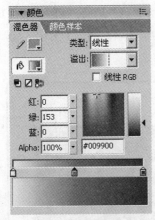

图1-121 在混合器面板设置色标

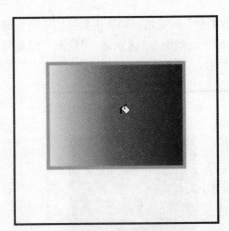

图1-122 填充效果

(6) 颜料桶工具的选项。首先单击颜料桶工具，然后单击"选项"区的"空隙大小"选项，弹出"空隙大小"下拉菜单，如图1-123所示。

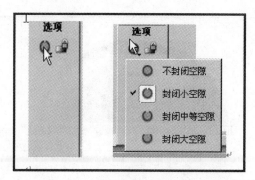

图 1-123　颜料桶空隙大小模式选择

其中"不封闭空隙"是指颜料桶不能填充有空隙的区域;"封闭小空隙"允许颜料桶填充有小空隙的区域;"封闭中等空隙"允许颜料桶填充有中等的区域;"封闭大空隙"允许颜料桶填充有大隙的区域。

19. 墨水瓶工具

墨水瓶工具可以对图形的边线进行填充。如果说在画一个图形的时候没有画外框线,这时就不能用箭头工具直接选择来更改外框线,必须要用墨水瓶工具来对图形的边线填充,如图 1-124 所示。另外墨水瓶工具可以修改线条的属性,如图 1-125 所示。该工具的"属性"面板同线条工具的"属性"面板,故不再重复。

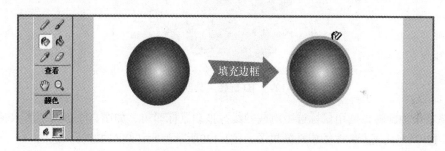

图 1-124　用墨水瓶工具填充图形边框

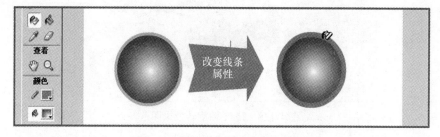

图 1-125　用墨水瓶改变线条属性

20. 3D 工具

3D工具是从Flash CS 4.0 版本之后才引入的,该工具只能对影片剪辑或TLF文本才可以进行,3D工具包括3D旋转和3D位移。

(1) 3D旋转工具的使用方法。如将一图片或文字导入到舞台,或直接从库中拖入到舞台,用3D旋转工具对图片根本不能做任何操作,所以必须首先把它转化为影片剪辑,选中该图片,按F8键,如图1-126所示,在类型中选取影片剪辑。

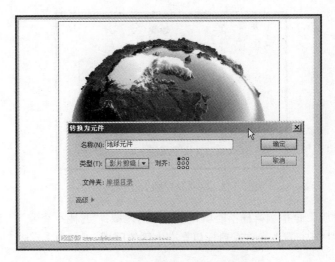

图 1-126　将图形转换为影片剪辑元件

在选中3D旋转工具的前提下，单击要旋转的元件，如图1-127所示。

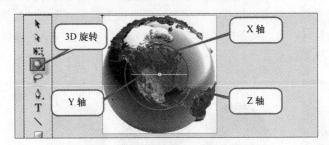

图 1-127　3D 旋转工具的旋转轴

如要绕某个轴旋转，则用鼠标选中对应轴线并拖动鼠标即可，如图1-128所示为绕X轴旋转效果图，图1-129所示为元件绕Y轴旋转效果图，图1-130所示为元件绕Z轴旋转示意图。

图 1-128　绕 X 轴旋转效果图

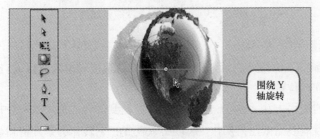

图 1-129　绕 Y 轴旋转效果图

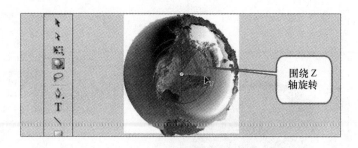

图 1-130　绕 Z 轴旋转效果图

　　在利用3D旋转工具进行旋转时，如不是绕某个坐标轴，而是要绕任意轴旋转，选中黄线拖动即可。在使用该工具时需调整的属性参数主要包括3D定位和查看，透视角度和消失点，如图1-131所示。

图 1-131　3D 旋转工具属性面板

　　透视角度属性会影响应用了 3D 平移或旋转的所有影片剪辑。透视角度不会影响其他影片剪辑。默认透视角度为 55°视角，类似于普通照相机的镜头。透视角值的范围为 1°～180°。

　　FLA 文件的消失点属性控制舞台上 3D 影片剪辑的 Z 轴方向。FLA 文件中所有 3D 影片剪辑的 Z 轴都朝着消失点后退。通过重新定位消失点，可以更改沿 Z 轴平移对象时对象的移动方向。通过调整消失点的位置，可以精确控制舞台上 3D 对象的外观和动画。消失点是一个文档属性，它会影响应用了 Z 轴平移或旋转的所有影片剪辑。消失点不会影响其他影片剪辑。消失点的默认位置是舞台中心。

　　(2) 3D平移工具的使用方法。3D平移工具的使用方法与3D旋转工具使用方法类似，也是能够对影片剪辑对象实现X轴、Y轴和Z轴三个方向的移位，如图1-132所示。

21. Deco 工具

　　Deco工具是一种专门用来绘制随机效果的一种工具，使用该工具可以使许多非常复杂的繁复的重复性工作变得异常简单，单击该按钮，在属性面板的绘制效果里会出现很多填充效果，如图1-133所示。

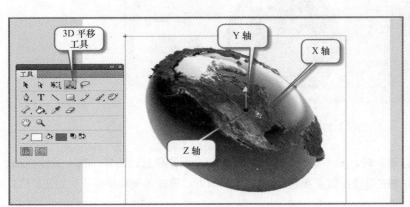

图 1-132　3D 平移工具三个坐标轴位置　　　　　　　图 1-133　Deco 工具属性面板

① 藤蔓式填充。在舞台上单击鼠标，就出现藤蔓情形，当填充到整个屏幕之后，就不会再填充，由图1-134可以看出，这个填充效果是非常随机自然的。

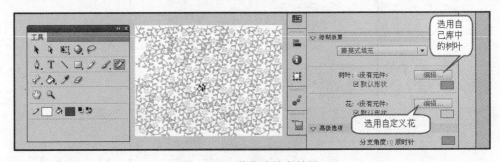

图 1-134　藤蔓式填充效果

如果不喜欢使用默认的叶子和花进行填充，我们可以自定义填充用的树叶与花，如图1-135所示。

如果只想填充一部分，单击鼠标之后再单击一下鼠标，就会停止填充，除了使用默认的填充方式，还可以使用库中的元件进行填充，如图1-135所示。另外，我们还可以选择动画的填充方式，当选中属性面板的动画方案，在舞台上填充时，发现在时间轴上产生很多关键帧，这些帧连续播放，就是整个填充的过程。

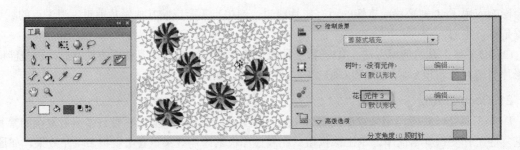

图 1-135　用自定义的花进行填充

② 网格填充。单击鼠标之后就可绘制出网格，如图1-136所示。

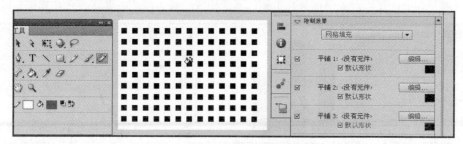

图 1-136　网格填充效果

③ 对称刷子。填充选项可以有四种，分别是跨线反射、跨点反射、旋转和网格平移，如果为跨线反射，填充效果类似于镜面对称，如图1-137所示。

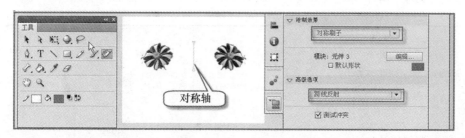

图 1-137　对称刷子跨线反射模式绘图效果

跨点反射所画出的图形是相对于舞台中某一点对称的，如选中旋转，会出现围绕某个中心点的多个实例，如图1-138所示。

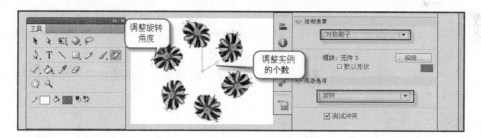

图 1-138　对称刷子旋转模式绘图效果

网格平移可以在舞台上产生网格状填充效果。

④ 3D刷子。当鼠标在舞台上拖动时，能够产生近大远小的3D效果，如图1-139所示。

图 1-139　3D 刷子绘图效果

⑤ 建筑物刷子。使用这种刷子可以很方便地制作建筑物，建筑物列表一共有四种楼，每一种楼都可以调节大小，在舞台上单击并往上拖，就能拖成一栋大楼来，非常方便，如图1-140所示。

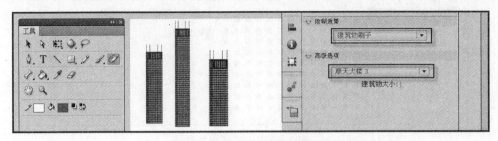

图 1-140　建筑物刷子绘图效果

⑥ 装饰性刷子。该刷子有很多种类，选中某种后在舞台上单击并拖动即可，可以绘制出非常好看的图案，如图1-141所示。

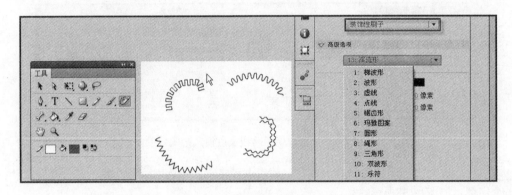

图 1-141　装饰性刷子绘图效果

⑦ 火焰动画。该刷子可以在舞台上制造出火焰燃烧的动画来，单击并在舞台上拖动即可。

⑧ 火焰刷子。该刷子主要是在舞台上制作火焰效果。

除了这些刷子，还有花刷子、树刷子、闪电刷子、粒子系统、烟动画等，使用方法类似，这里就不再介绍了。

22. 骨骼工具

骨骼工具使用元件加骨骼的形式，可以制造机械类转动动画，使用图形加骨骼的方式，制作生物类关节，使用该工具时应该注意下面事项：

(1) 只能对元件和Flash绘制的图形进行骨骼添加。

(2) 不能对组以及组内的元件添加骨骼。

(3) 骨骼链只能在元件之间或图形内进行绘制。

(4) 当物体进行骨骼连接后，相应的物体将会被移至骨架层中，且其变形轴心将变成物体的关节点。

(5) 骨架层中不能进行物体的绘制及粘贴。

(6) 绑定工具只对骨骼链起作用。

骨骼工具的使用也非常简单，如图1-142所示，选中骨骼工具，拖动鼠标从一个元件到另一个元件，两个元件之间便建立了一种联系，其中开始拖动鼠标的元件称为父元件，另一个对称元件称为子元件，当用选择工具选中子元件旋转时，父元件也跟着转动，如图1-143所示。

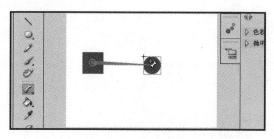

图 1-142　通过骨骼工具为两个元件添加骨骼　　　　　图 1-143　旋转子元件后效果

当用选择工具选择骨架后，可对属性面板进行设置相关参数。总之，骨骼工具简化了原来的元件嵌套方式，而其对图形的控制尤为突出，但毕竟是新添的工具，在使用上还有很多局限，只能进行简单的动作设置。

1.8　元件与库的编辑

1.8.1　元件的编辑

1. 元件的概念及类型

元件是可反复取出使用的图形、按钮或一段小动画，元件中的小动画可独立于主动画进行播放。它是由多个独立的元素合并而成的，因此缩小了文件的存储空间。

元件大致可以分为三种类型，分别是影片剪辑元件、按钮元件、图形元件。其中影片剪辑元件是一段Flash动画，它是主动画的一个组成部分，它可独立于主动画进行播放。按钮元件用于创建动画的交互控制按钮，以响应鼠标事件(如单击、滑过等)。图形元件是可反复使用的图形，可以是只含一帧的静止图片，也可以制作成由多个帧组成的动画。

2. 元件的创建

元件的创建方法主要有以下两种。

(1) 利用菜单命令新建元件，即通过单击菜单"插入"→"新建元件"命令或通过Ctrl+F8组合键新建一个元件，如图1-144所示。

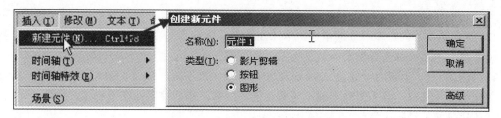

图 1-144　利用菜单创建新元件

(2) 将对象转换为元件，即在对象被选中的状态下，通过单击"修改"→"转换为元件"命令，或单击鼠标右键，在弹出的菜单中选中"转换为元件"，即可将舞台上所选中的图形转换为元件。

1.8.2　库的应用

库存放了编辑动画需要的各种元件，这些元件可以随时调出使用。若将元件调出放到场景中，就生成了该元件的一个实例。在Flash中，对于库的操作非常简单，因为Flash提供了一个库面板，如图1-145所示，可以通过库面板实现对库中元素的管理。

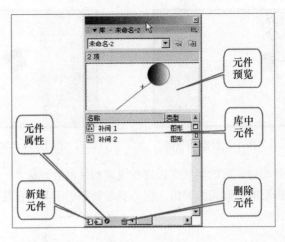

图 1-145　库面板

有了库面板，可以非常容易地调用库中元素，常用的方法是直接通过拖拽的方式将库中元件拖到舞台上，或通过复制和粘贴来复制库资源，另外也可以将文档中的元件复制到库资源中。

1.9　ActionScript 介绍

1.9.1　ActionScript 概念

ActionScript是针对Flash的编程语言，简称AS语言，是一种内嵌在Flash中的语言，又叫做脚本程序，或者叫代码或者叫指令。它是给计算机下的命令，这些指令通过内部的解析，让计算机执行任务。ActionScript 可以实现交互性、流程管理、元件控制、数据管理以及其他功能。

1.9.2　Flash AS 2.0 与 AS 3.0 的区别

(1) 虚拟机不同，在编译阶段，AS 2.0 采用的是 AVM1(ActionScript Vitual Machine)，而 AS 3.0 采用的是 AVM2。新一代虚拟机采用了 OOP 思想，在执行速度比 AVM1 快了 10 倍，还提供了异常处理。

(2) 事件机制不同，AS 3.0 的事件机制采用的是监听的方式，和 AS 2.0 的 onClipEvent 不同，AS 3.0 里所有的事件都需要触发器、监听器、执行器三种结构。

(3) AS 3.0 引入封装性，这是 AS 3.0 与 AS 2.0 最大的不同，AS 3.0 引入了封装的概念，使得程序安全性大大提高，各个对象之间的关系也通过封装，访问控制而得以确定，避免了不可靠的访问给程序带来的意外产生。

(4) XML 的使用不同，现在 AS 3.0 程序员可以很轻松、自豪地说，我们是使用 XML 人群中最快乐的人。AS 2.0 时代对 XML 的存取仍然需要解析，而 AS 3.0 则创新的将 XML 也视作一个对象，存取 XML 就像存取普通对象的属性一样方便，用语法就可以，无疑大大提高了效率。

(5) AS 3.0 采用容器的概念思想，告别了 AS 2.0 的一个 MovieClip 打天下的局面。

1.9.3　使用 AS2.0 编程

Flash 中通过动作面板输入 ActionScript 语句，通过鼠标选择菜单"窗口"→"动作"命令，或通过快捷键 F9 可打开动作面板，如图 1-146 所示。

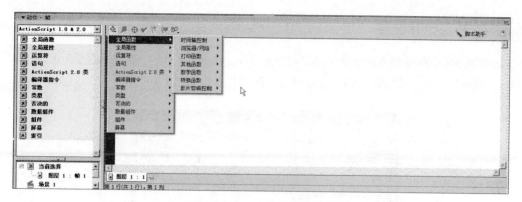

图 1-146　Flash 中的动作面板

　　Actions 2.0 语句中,动画控制语句是动画编辑中较常用的主要有 goto、stop、play、stopAllSounds 语句。其中 goto 指转到指定帧并播放,play 是指开始播放影片,stop 表示停止播放影片,stopAllSounds 是停止播放所有声音。利用这些控制函数,可以在制作课件时实现同一场景中帧的跳转以及多场景的切换,AS 代码可以写在某个帧上,也可以写在某个按钮或影片剪辑等元件上,下面通过在动画第 15 帧的位置增加一条停止影片播放的语句,来说明这些动画控制语句的使用方法。

　　(1) 定位到某一帧,单击鼠标右键选择打开动作面板。

　　(2) 单击加号图标,在弹出的菜单中选择"全局函数"→"时间轴控制"→"stop"命令,如图 1-147 所示,则在动画面板中增加了一行代码,如图 1-148 所示。

图 1-147　在动作面板中选择添加 stop 控制命令

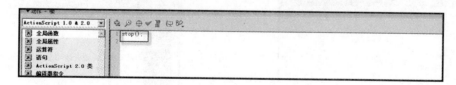

图 1-148　添加完一条指令的代码

当控制语句插入到帧中时,帧上方出现的字母为 a,如图 1-149 所示。

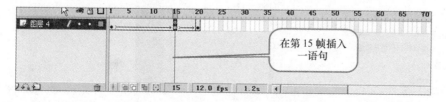

图 1-149　插入控制语句后时间轴变化

1.9.4 使用 AS3.0 编程

Flash CS 5.5 中可以很方便地使用动作面板添加 ActionScript 代码。要打开动作面板，单击"窗口"→"动作"命令，或者按"F9"键，打开后的动作面板如图 1-150 所示。

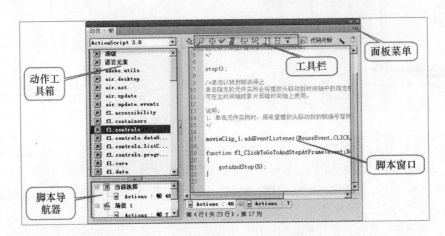

图 1-150　Flash CS 5.5 动作面板

其中脚本窗口是用于输入代码的地方，动作工具箱，可以通过双击或者拖动的方式将其中的 ActionScript 元素添加到脚本窗口中。脚本导航器有两个功能，一是通过单击其中的项目，可以将与该项目相关的代码显示在脚本窗口中，二是通过双击其中的项目，对该项目的代码进行固定操作。

下面通过在动画第 25 帧的位置增加一条停止影片播放的语句，来说明这些动画控制语句的添加代码的过程。

(1) 定位 Action 图层的第 25 帧，点右键选择打开动作面板。

(2) 单击代码片段，弹出代码片段窗体，如图 1-151 所示。

(3) 双击"在此帧处停止"，则相应的代码就被插入到脚本窗口中，如图 1-152 所示。

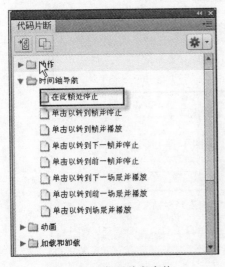

图 1-151　代码片段窗体

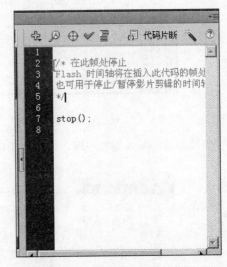

图 1-152　脚本窗口添加的代码

添加脚本代码的帧上方出现了字母 a，如图 1-153 所示。

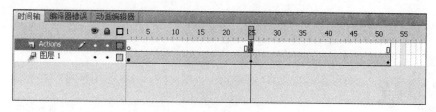

图 1-153　代码片段窗体

1.9.5　关于 Flash 编程语言版本选择的思考

Flash 编程语言从 AS 1.0、AS 2.0 一直到 AS 3.0，程序的开发方式及能够实现的功能都发生了很大的变化，尤其从 AS 2.0 发展到 AS 3.0，跨度非常大，对熟悉 AS 2.0 的用户来说，感觉非常不适应。那么，到底采用哪种语言比较合适呢？

编者认为，如果是 Flash 的初学者，或者使用 Flash 主要从事界面设计、动画设计或者希望开发一些具有互动的小游戏，或用来制作一些课件，这些简短的程序，AS 2.0 完全可以胜任，而且学起来也比 AS 3.0 要容易得多。如果主要从事程序开发或者期望开发复杂的 Flash 游戏等大型的项目，那么毫无疑问 AS 3.0 是首选。AS 3.0 的可重用性、开发效率、性能都比 AS 2.0 强，而且AS 3.0 语法对其他主流面向对象程序语言开发者来说更加熟悉，对于有一定面向对象编程基础的人员来说，学习 AS 3.0 也会更加容易些。

总的来说，具体选择哪个版本进行开发，应该从所解决问题及开发者的基础出发，以实用为本，如果能用 AS 2.0 实现的功能就可以用 AS 2.0 迅速解决，没有必要一味地追求高版本、高技术，毕竟解决问题才是最重要的。

1.10　本 章 小 结

本章对 Flash 编程软件进行了详细的介绍，通过对 Flash 各版本的发展过程及特点进行了分析，最后选取目前用户使用较多的版本 Flash 8.0 与目前较新的版本 Flash CS 5.5 为例分别进行了介绍，具体包括：Flash 工作环境界面介绍，Flash 文档的新建、保存、打开、关闭等基本操作，Flash 文档的属性设置方法，Flash 对象的导入，影片的测试、动画的发布、动画的导出方法，Flash 中图层的概念及常用操作方法，Flash 中帧的概念及操作方法，Flash 常用工具及新增的高级工具的使用方法，Flash 中元件及库的编辑方法，Flash 脚本编程语言 ActionScript 的不同版本特点及简单使用方法等。

第❷章

Flash 多媒体课件制作基础

2.1 文本编辑

文本是课件的组成中一个很重要的部分。相对于一些专业的文本编辑软件，Flash 软件中的文本创建要简单许多，换言之，Flash 软件的文本编辑功能较弱。但是，Flash 软件的主要优势在于其制作出的动画占用空间小，且使用 Flash 软件完全能够做出各种各样的文字效果，便于网络传输，可反复编辑和利用，是课件制作的最佳选择。本章实例使用中文版 Adobe Flash Professional CS 5.5 制作。

2.1.1 文本的输入与修改

在输入文本时，文本框有两种状态：无宽度限制状态和有宽度限制状态。无宽度限制文本框：输入文字时，先选择文本工具 "T"，在工作区中单击，此时文本框的右上角有一个小圆圈，文本框随文字的输入而加长。如图 2-1 所示。

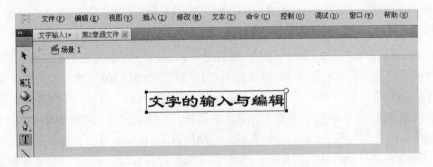

图 2-1　文字的输入

有宽度限制文本框：输入文字时，先选择文本工具 "T"，在工作区中单击并拖动出现一个文本框，此时文本框的右上角有一个小正方形，在该文本框中输入的文字会根据文本框的宽度自动换行。使用鼠标拖动小正方形可以调整文本框的宽度。如图 2-2 所示。

选择工具箱中的文本工具 "T"，在工作区中单击鼠标，就可以在插入点闪动的位置输入文本，文本输入完以后，在文本框外的任意位置单击鼠标，即可结束文本的输入。对于已经输入完的文本，再进行编辑的方法是：选择工具箱中的文本工具 "T"，单击文本框中要编辑的文字，此时文本框即变成可编辑状态，就可以编辑其中的文字了。另外，在文本输入状态下，还可以输入希腊字母及一些常用的数学符号。

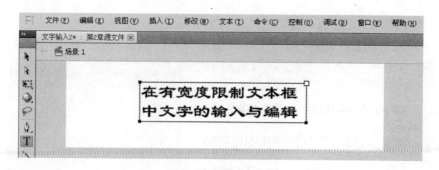

图 2-2　有宽度的文本框

2.1.2　文本属性的设置

在文本工具选择后，文本属性设置选项将出现在舞台中的"属性"面板中，如图 2-3 所示。在"属性"面板中可以设置文本的属性，包括静态文本、动态文本、输入文本等选项。

图 2-3　文本属性设置

下面介绍"属性"面板中各选项的含义和使用功能。

静态文本：顾名思义，它是一种普通文本，在动画运行中是不可以编辑和修改的。

动态文本：用来显示动态更新的文本，如动态显示日期和时间、天气预报信息等。

输入文本：在播放动画时供浏览者输入的文本。如姓名、年龄、邮件地址等，以便实现与浏览者的互动，收集反馈信息等。

系列：设置文字的字体。在 Flash 软件中，隶书字体显示效果不错。

样式：设置文字的样式。

大小：可以在其后直接输入文字大小值；也可以选择文本菜单下的"大小"命令来改变当前文本的大小。

间距：对文本间距起微调作用，可使文本排列更为紧密。

颜色：设置和改变当前编辑文字的颜色。

段落格式：设置和改变当前文本相对于舞台的缩进、文本间的行距以及右边距、左边距等。

2.1.3　文本类型的设置

在窗口菜单下，单击"属性"可以调出属性面板。单击属性面板中的文本类型下拉按钮，可以选择下拉列表中的三种文本类型。属性面板中的参数也会随着不同的选择而有所变化。

静态文本：选择静态文本类型后，在工作区单击可以直接输入文本内容。对于静态文本类型，可以对文本进行各种设置，如图 2-4 所示。

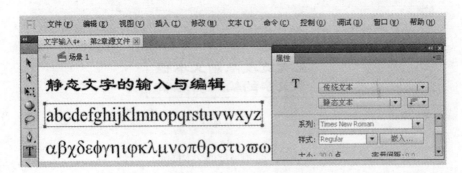

图 2-4　静态文本属性设置

　　动态文本：选择动态文本类型后，输入的文字相当于变量，可以随时调用和修改。动态文本经常用于网站信息的更新和替换，如图 2-5 所示。

图 2-5　动态文本属性设置

　　动态文本的格式设置和静态文本的设置基本相同。下面重点介绍动态文本"属性"面板与静态文本"属性"面板中的不同设置。

　　将文本呈现为 HTML 格式，需要单击图 2-6 中所示按钮。Flash 显示动态文本时保持超文本类型，包括文本类型、超链接和其他与 HTML 相关的格式。如图 2-6 所示，单击右边的小方框可以在文本周围显示边框。

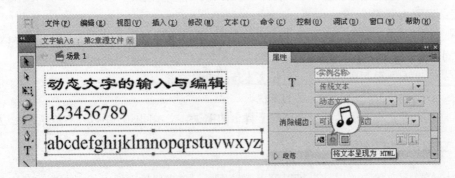

图 2-6　动态文本 HTML 格式设置

　　输入文本：选择输入文本类型后，使用文本工具可以在工作区中绘制表单，播放动画时，用户可以直接在表单中输入文字，如图 2-7 所示。

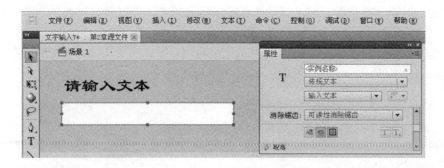

图 2-7　输入文本设置

2.1.4　文本超链接的设置

在 Flash 软件的文字编辑中，一般可以通过两种方式给文本添加超链接：一种是给选定文本块中的特定文字添加超链接，选中要添加超链接的文本块，在"属性"面板中的 URL 链接文本框中输入需要的链接即可。另一种是给整个文本框添加超链接，直接在"属性"面板中的 URL 链接文本框中输入需要的链接即可。下面通过实例说明设置超链接的方法。

(1) 新建一个文件或打开光盘中的原文件"文本的超链接.fla"，如图 2-8 所示。

(2) 选择工具箱中的选择工具，选中文字"文本的超链接"，如图 2-9 所示。

图 2-8　新建文本的超链接

图 2-9　选中文字"文本的超链接"

(3) 在文本"属性"面板中的"链接"文本框中输入"www.163.com"，如图 2-10 所示。

(4) 在文本框外单击鼠标，结束操作，此时文字"文本的超链接"下面出现一条实线，如图 2-11 所示。

图 2-10　输入链接网址

图 2-11　"文本的超链接"下面的实线

(5) 按 Ctrl+Enter 组合键，测试影片，当鼠标移动到文字上时会呈现小手形状，如图 2-12 所示。

(6) 在鼠标呈现小手形状时，如果计算机已经联网，单击文字"文本的超链接"就会打开 "www.163.com"所表示的网站"网易"，如图 2-13 所示。

图 2-12　"文本的超链接"上的小手形状

图 2-13　"网易"网站首页

2.1.5　文本编辑实例

实例 2.1　输入数学公式：$y=ax^2+bx+c$。

制作思路：关键是怎样输入上标。先输入 $y=ax+bx+c$，然后再输入上标 2。具体步骤如下。

(1) 新建文件，并进行文档设置。

① 新建文件：选择"文件"→"新建"命令，弹出"新建文档"对话框，选择新建文件类型，如图 2-14 所示。单击"确定"按钮，新建一个空白文档，并选择"文件"→"另存为"命令，将文件另存为实例 2.1，如图 2-15 所示。

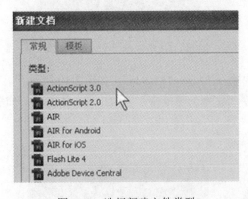

图 2-14　选择新建文件类型

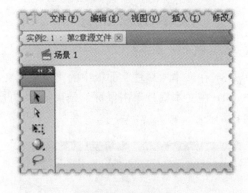

图 2-15　实例 2.1

② 选择"修改"→"文档"命令，弹出"文档设置"对话框，设置宽度、高度数值分别为 400、300，如图 2-16 所示。单击"确定"按钮，修改文档。

(2) 设置文本属性面板和输入文本 $y=ax+bx+c$。

① 在工具箱中选择文本工具"T"，选择"窗口"→"属性"命令，在属性面板中设置文本的相关属性，如图 2-17 所示。

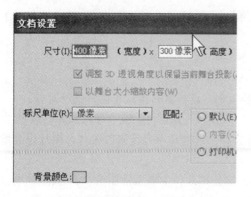

图2-16　设置宽度、高度

图2-17　设置文本的相关属性

② 设置完毕后，在舞台中单击鼠标，出现文本框，然后在文本框中输入"$y=ax+bx+c$"。由于2是上标，需要单独输入。

(3) 输入上标2。

① 将光标移到如图2-18所示的位置，选择"文本"→"样式"→"上标"命令。

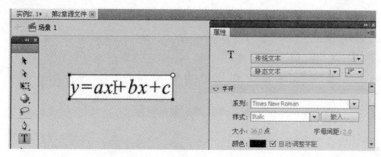

图2-18　输入"$y=ax+bx+c$"

② 输入2，并选中数字2，结果如图2-19所示。

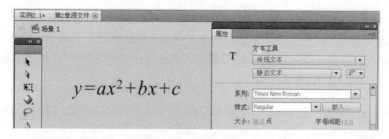

图2-19　输入上标2

(4) 保存文件。

按Ctrl+S组合键保存文件。

实例2.2　常用数学符号与数学公式的输入。

制作思路： 关键是怎样以文本的形式在Flash舞台中输入符号。虽然可以在Word字处理软件中，通过公式编辑器输入符号，再复制粘贴到Flash舞台中，但是粘贴过来的符号已经不再是文本形式的文字，修改很不方便，而且也常常出错，低版本的Flash软件中还常常显示为乱码。实际上，通过键盘直接在Flash舞台中输入符号，一直是难题，特别是数学公式，输入往往很费事。目前也没有专门作为Flash软件插件的公式编辑器。一般来讲，各种字母和数字用Times New Roman字体(字母为斜体),各种运算符号(包括特殊的符号如∑)用 Symbol 字体。分数的话划一条直线,上下插入两个文本框。字号大小自己调节到合适就可以。

解决"数学公式的输入"这个问题的方法通常如下。

(1) 将想要输入的数学公式在 Word 文档中打出。

(2) 用截图工具选取这段数学式子,将这段公式截下来,这样就转换成了图片的一部分。

(3) 导入图片。在 Flash 文档中"文件"→"导入"→"导入到舞台"或"导入到库"命令(也可将图片转换成图片元件),图片不会失真,公式保持原样。缺点是不方便修改公式,图片也会增加 flash 文件的大小。

下面重点介绍另外一种方法。基本思路:在 Word 字处理软件中输入常用数学符号(不使用公式编辑器),然后复制粘贴到 Flash 舞台中,最后在 Flash 中做字体符号备用,如图 2-20 所示。

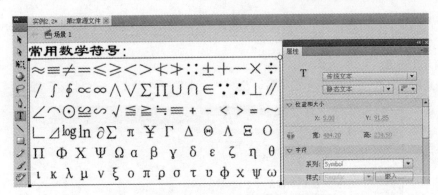

图 2-20　常用数学符号

有了这些符号备用,下面输入高斯公式:

$$\iiint_{\Omega}\left(\frac{\partial P}{\partial x}+\frac{\partial Q}{\partial y}+\frac{\partial R}{\partial z}\right)\mathrm{d}V = \oiint_{\Sigma}P\mathrm{d}y\mathrm{d}z + Q\mathrm{d}z\mathrm{d}x + R\mathrm{d}x\mathrm{d}y$$

(1) 新建文件并复制粘贴备用符号。

① 新建文件。选择"文件"→"新建"命令,弹出"新建文档"对话框,选择新建文件类型,单击"确定"按钮,新建一个空白文档,并选择"文件"→"另存为"命令,将文件另存为"实例 2.2 高斯公式",如图 2-21 所示。

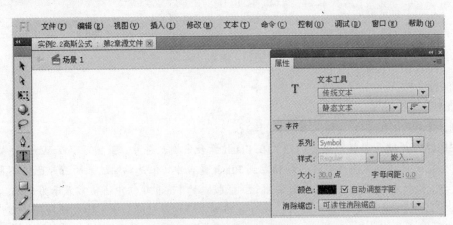

图 2-21　实例 2.2 高斯公式

② 从刚才准备的数学符号中挑选出∫、∑、∂、Ω 四个符号复制粘贴到舞台上，如图 2-22 所示。

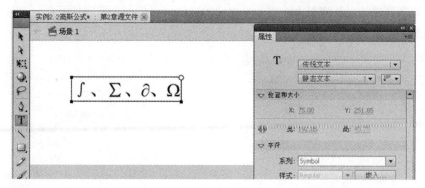

图 2-22　数学符号输入

(2) 将以上四个符号分别做成四个元件备用。

① 如图 2-23 所示，选择"修改"→"分离"命令，得到如图 2-24 所示的结果。

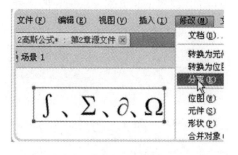

图 2-23　选择"修改"→"分离"命令

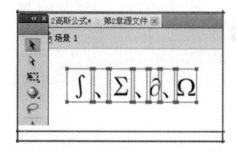

图 2-24　分离数学符号

②将∫、∑、∂、Ω 四个符号分别做成元件。如图 2-25 所示，在舞台中单击∫，选中它，选择"修改"→"转换为元件"命令，得到如图 2-26 所示的结果。在名称处输入积分号，然后单击"确定"按钮。这样符号∫就做成了元件保存在库里了。用同样的方法依次将另外三个符号都做成元件。同时注意用工具箱中的任意变形工具或者修改元件属性把∑、Ω两个元件缩小一点。

图 2-25　选择"修改"→"转换为元件"命令

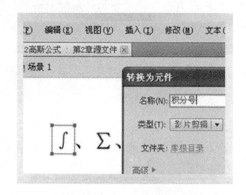

图 2-26　在名称处输入积分号

(3) 输入高斯公式。

① 如图 2-27 所示，删除舞台上的其他符号，选择"窗口"→"库"命令，打开"库"面板，再从"库"中拖出 2 个积分号，排列好它们。使用工具箱中的索套工具将它们全部选中，选择"修

改"→"组合"命令，将 3 个积分号组合在一起。如图 2-28 所示，用上面的方法可以将它们转化为元件，并修改属性让元件变得大一些。用相同的方法，再把两个积分号组合在一起，并在中间画一个小圆圈，同时将它们也转化为元件。

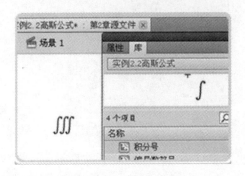

图 2-27　三个积分号

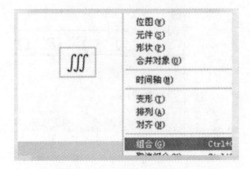

图 2-28　三个积分号的组合

② 如图 2-29 所示，拼出 P 对 x 求偏导的符号。同样拼出 Q 对 y 和 R 对 z 求偏导的符号，并将它们相加，如图 2-30 所示。

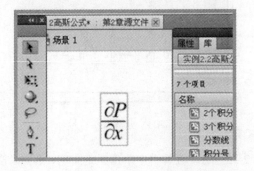

图 2-29　拼出 P 对 x 求导的符号

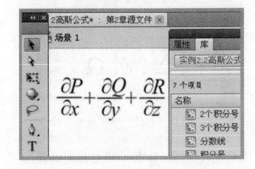

图 2-30　三个相加的偏导符号

③ 利用上面的元件组装出高斯公式。在组装的时候，要注意字母大小的协调性，下标应该小一些，同时有的字符需要另外从键盘输入，输入时需要选择字符的字体。此外，还需要从键盘输入 dV、Pdydz、Qdzdx、Rdxdy 等符号。最后组装完毕，如图 2-31 所示。

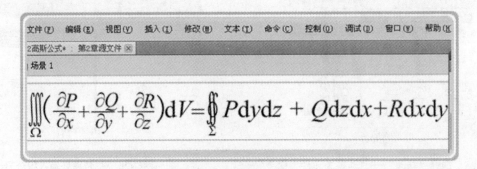

图 2-31　组装出高斯公式

(4) 保存文件。

按 Ctrl+S 组合键保存文件。至此，高斯公式制作完毕。

54

2.2　图形编辑

要做好 Flash 多媒体课件，图形是必不可少的元素。Flash 工作环境为用户提供了各种绘图工具和着色工具，使用这些工具，可以绘制精准的线条、几何图形、路径甚至任意形状的图形，并可以为它们填充各种颜色。如果绘图水平很一般，也可以从软件外部导入其他的图形，通过 Flash 软件进行简单的修改和编辑，就可以使用。实际应用时，常常从外部导入课件的背景图。

2.2.1　基本绘图

1. 绘制直线

(1) 新建文件。选择"文件"→"新建"命令，弹出"新建文档"对话框，选择新建文件类型，单击"确定"按钮，新建一个空白文档，并选择"文件"→"另存为"命令，将文件另存为"绘制直线"。这时在时间轴已经存在一层，即"背景层"。

(2) 单击时间轴上的"新建图层"按钮，创建一个新层，命名为"直线"如图 2-32 所示。

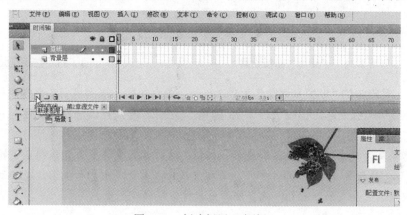

图 2-32　创建新层"直线"

(3) 选取工具箱中的"线条工具"，在舞台上按住鼠标不放，拖动时会有一条直线跟随鼠标移动，然后释放鼠标，就可以绘制出一条直线，按 Ctrl+S 组合键保存文件。如图 2-33 所示。

注意：拖动鼠标的同时按住 Shift 键，则沿 45°方向、水平方向和竖直方向三个方向中的一个方向画直线。

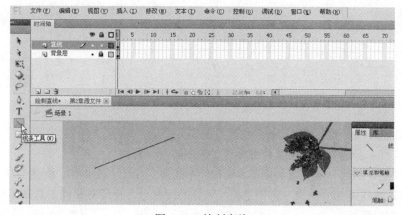

图 2-33　绘制直线

2. 绘制 30°角

(1) 打开前面制作的"绘制直线.fla"文件。

(2) 选取第一个箭头"选择工具",选中直线。

(3) 选择"窗口"→"变形"命令,弹出"变形"面板。如图 2-34 所示,选择"旋转"选项,并输入旋转角 30,单击"重制选区和变形"按钮,这时就产生了相交成 30°角的两条直线,如图 2-35 所示。

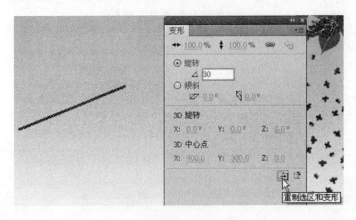

图 2-34　"变形"面板设置　　　　　　　　图 2-35　直线交成 30 度角

(4) 选择工具箱中的"贴紧至对象"工具,拖动一条直线的一端到另一条直线的一端,此时两条直线在端点处吸附在一起,形成了一个 30°的角,如图 2-36 所示。选择"文件"→"保存"命令将其保存。

注意: 如果反复单击"重制选区和变形"按钮,这时就产生许多条直线相交成的图形,最终把周角 12 等分,每份是 30°角。推广一下,若把直线换成其他图形,如椭圆、花瓣形状图形等,反复单击"重制选区和变形"按钮,就会制作出各种各样的花图案。

图 2-36　绘制 30°角

3. 绘制矩形及椭圆

(1) 新建文件。新建文档,将文件另存为"绘制矩形及椭圆"。

(2) 绘制矩形。新建一层并取名矩形,选取矩形工具,拖出一个矩形,如图 2-37 所示,矩形由蓝色区域和轮廓线两部分构成。它们是相互独立的两部分,使用颜料桶工具及墨水瓶工具可以改变它们的颜色和形状。

图 2-37　绘制矩形

(3) 选取矩形工具后，选择"窗口"→"属性"命令，打开矩形工具属性面板。设置属性，在"矩形边角半径"中输入 30，在舞台中可以画出圆角矩形，如图 2-38 所示。画矩形的同时按住 Shift 键不放可画出正方形。

图 2-38　画出圆角矩形

(4) 绘制椭圆。新建一层并取名为"椭圆"，选取椭圆工具，拖出一个椭圆，如图 2-39 所示。椭圆也是由两部分组成的。画椭圆的同时按住 Shift 键不放就可以画出圆。

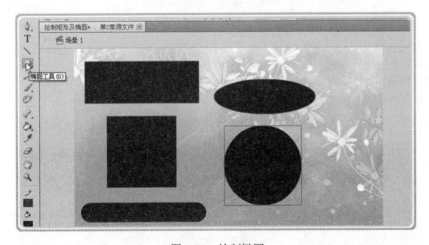

图 2-39　绘制椭圆

4. 装饰性绘画

借助 Deco(装饰性绘画)工具，可以将创建的图形形状转换成复杂的几何图案。选择 Deco(装饰性绘画)工具后，可以从属性面板中选择效果。其中包含下列 13 种效果。

(1) 藤蔓式填充。使用此效果，可以用藤蔓式图案填充舞台、元件或封闭区域，如图 2-40 所示。

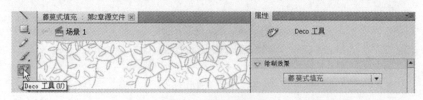

图 2-40　藤蔓式填充

(2) 网格填充。使用此效果，可以用库中的元件填充舞台、元件或封闭区域。将网格填充绘制到舞台后，如果移动填充元件或调整其大小，则网格填充将随着移动或改变大小。

(3) 对称刷子。使用此效果，可以围绕中心点对称排列元件。在舞台上绘制元件时，将显示一组手柄。可以使用手柄通过增加元件数、添加对称内容或者编辑和修改效果的方式来控制对称效果。

(4) 3D 刷子。使用此效果，可以在舞台上对某个元件的多个实例涂色，使其具有 3D 透视效果。

(5) 建筑物刷子。使用此效果，可以在舞台上绘制建筑物。建筑物的外观取决于建筑物属性的设置。

(6) 装饰性刷子。使用此效果，可以在舞台上绘制装饰线。

(7) 火焰动画。使用此效果，可以创建程式化的逐帧火焰动画。

(8) 火焰刷子。使用此效果，可以在时间轴的当前帧中的舞台上绘制火焰。

(9) 花刷子。使用此效果，可以在时间轴的当前帧中的舞台上绘制程式化的花。

(10) 闪电刷子。使用此效果，不仅可以创建闪电，而且还可以创建具有动画效果的闪电。

(11) 粒子系统。使用此效果，可以创建烟、火、水、气泡及其他效果的粒子动画。

(12) 烟动画。使用此效果，可以创建程式化的逐帧烟动画。

(13) 树刷子。使用此效果，可以快速创建树状插图。

Deco(装饰性绘画)工具的使用方法：

(1) 在工具面板中选择"Deco 工具"。

(2) 在选择 Deco 工具后，可以从属性面板中选择效果。

(3) 在舞台上进行绘画。

下面简单介绍一下"花刷子"的使用

(1) 新建文档，另存为"花刷子的应用.fla"，如图 2-41 所示。

图 2-41　新建文档"花刷子的应用.fla"

(2) 在选择 Deco 工具后，可以从属性面板中选择效果"花刷子"，高级选项选择"园林花"，其他选项默认即可，如图 2-42 所示。

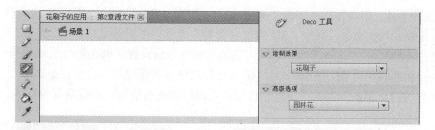

图 2-42　设置 Deco 工具属性

(3) 按住鼠标左键在舞台上拖动绘画，就会画出"园林花"装饰的图案，如图 2-43 所示。

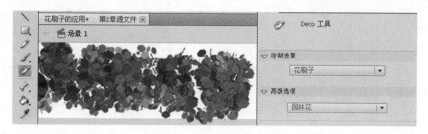

图 2-43　"园林花"装饰的图案

5. 3D 旋转和 3D 位移

在早期的 Flash 软件版本中不能进行 3D 图形与动画的操作，需要利用第三方软件才能完成。Flash CS 4.0 以上版本增加了 3D 功能，可以使用"3D 旋转工具"和"3D 平移工具"使 2D 对象沿着 X、Y、Z 轴进行三维的旋转和移动。通过组合使用这些工具，可以做出逼真的三维透视效果。需要注意的是，3D 工具只能在 AS 3.0 的文档中使用，而且只能对影片剪辑实例对象进行操作，同时必须发布成 Flash Player10 以上的版本。

1) 3D 旋转工具

使用"3D 旋转工具"时，首先确认建立的文档为 AS3.0 的，然后才可以在 3D 空间中旋转影片剪辑实例。当使用"3D 旋转工具"选择影片剪辑实例后，在影片剪辑实例对象上会出现 3D 旋转空间，如图 2-44 所示。将光标移至红色的线时会变为带有 x 的形状，拖动鼠标可以沿 X 轴旋转；将光标移至绿色的线时会变为带有 y 的形状，拖动鼠标可以沿 Y 轴旋转；将光标移至蓝色的线时会变为带有 z 的形状，拖动鼠标可以沿 Z 轴旋转；将光标移至橙色的线时变形为黑色无把的箭头形状，拖动鼠标可以同时沿 X 轴和 Y 轴旋转。

图 2-44　使用"3D 旋转工具"选择的对象

如果需要精确控制影片剪辑实例的 3D 旋转，则需要使用"变形"面板进行控制。选定影片剪辑实例以后，在"变形"面板中将出现 3D 旋转与 3D 中心点位置的相关选项，如图 2-45 所示。在"3D 旋转"选项中可以通过设置 X、Y、Z 的参数，改变影片剪辑实例各个旋转轴的方向；在"3D 中心点"选项中可以通过设置 X、Y、Z 的参数，改变影片剪辑实例中心点的位置。

"3D 旋转工具"的属性面板如图 2-46 所示，可以在"属性"面板中设置影片剪辑实例的 3D 位置、透视角度、消失点等。其中"3D 定位和查看"选项中可以通过设置 X、Y、Z 的参数，改变实例在舞台上的位置；"透视角度"选项可以通过输入数值设置实例在舞台的外观视角，此效果与可以更改视角的照相机镜头缩放类似；"消失点"选项可以通过输入数值控制舞台上 3D 影片剪辑实例的 Z 轴方向，单击下方的"重置"按钮，可以将改变的消失点参数恢复为默认。

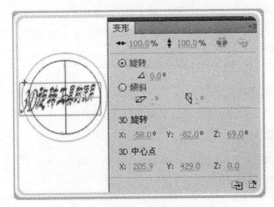

图 2-45　"变形"面板的 3D 选项

图 2-46　"3D 旋转工具"的属性面板

2) 3D 平移工具

　　"3D 平移工具"用于将影片剪辑实例在 X、Y、Z 轴方向上进行平移。如果工具面板中没有显示"3D 平移工具"，可以在"3D 旋转工具"处按住鼠标不动，在弹出的下拉列表中选择"3D 平移工具"即可。选择"3D 平移工具"后，在舞台中影片剪辑实例上单击，此时对象将出现 3D 平移轴线上，如图 2-47 所示。

　　"3D 平移工具"的使用方法与"3D 旋转工具"类似，只需将鼠标放置到需要平移的轴线上拖动鼠标，即可将实例在 X、Y、Z 轴方向上平移。将光标放置到轴线中心的黑色实心点时，光标变为黑色无把的箭头形状，此时拖动鼠标则可以改变影片剪辑实例 3D 中心的位置，如图 2-48 所示。

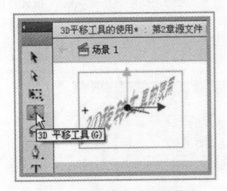

图 2-47　"3D 平移工具"的使用

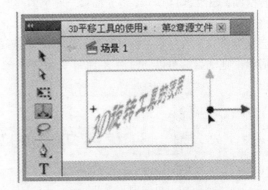

图 2-48　改变 3D 中心的位置

2.2.2　图形的编辑和修改

　　一次绘图很难使工作达到最满意的程度，总是需要不断地修改，才能使其尽可能接近期望值。下面介绍如何编辑和修改已经制作完成的图形或动画元件。

1. 图形的选取与移动

在 Flash 软件中提供的选取工具有箭头"选择工具"和"索套工具"两种，其中箭头"选择工具"还可以用于移动对象

1）箭头"选择工具"的使用

（1）打开曾经编辑过的"绘制 30 度角.fla"，使用工具箱中的箭头"选择工具"拖出一个矩形选区框，使其包围所选内容。

（2）当鼠标变为如图 2-49 所示的指针形状时，可以对线条进行操作，单击可选中其中的一条边，如图 2-50 所示。

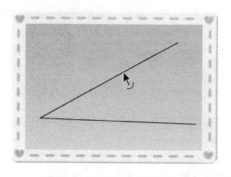

图 2-49　可以对线条进行操作

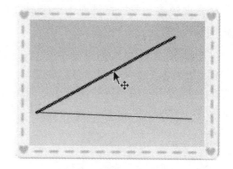

图 2-50　单击选中一条边

（3）双击其中一条边，则可以选取与之相连的所有直线。

2）"索套工具"的使用

（1）选取工具箱中的"索套工具"，鼠标指针会变成索套的形状，如图 2-51 所示。

（2）在舞台上按下鼠标左键并进行拖动，所显示的轨迹就是鼠标移动的轨迹，轨迹的闭合区域即为所选择区域，如图 2-52 所示，即使轨迹不闭合，Flash 软件会自动连接首末两点使其成为闭合区域。

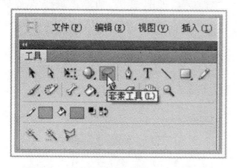

图 2-51　选取工具箱中的"索套工具"

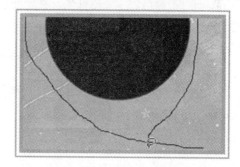

图 2-52　"索套工具"的使用

3）移动对象

（1）选取元件并拖动鼠标到达目标地。若按住 Shift 键拖动，可沿水平方向和竖直方向移动；按住 Alt 键拖动，可复制出新的元件，并将其拖到目标位置。

（2）选取元件后，使用方向键可一次移动一个像素单位，按住 Shift 键的同时用方向键一次可移动 10 像素单位。

（3）使用"窗口"→"信息"打开信息面板，输入其坐标可以精确定位。如图 2-53 所示。默认单位为像素，也可以通过"修改"→"文档"打开文档设置面板，设置不同的标尺单位，如图 2-54 所示。

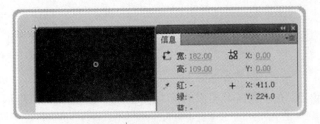

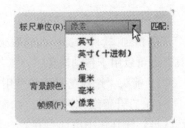

图 2-53　信息面板设置　　　　　　　　图 2-54　设置不同标尺单位

2. 编辑图形边框

当选取线条后鼠标指针变为十字箭头形状，表示可以进行移动、旋转、缩放等操作。下面以编辑圆形边框为例进行说明。

(1) 新建文档"选取圆形边框.fla"，选取"椭圆工具"，在舞台上画一个圆形，如图 2-55 所示。

(2) 用箭头"选择工具"双击图形打开绘制对象，选取圆形外框，将其向右边拖动，这样就将圆形的外框和它的填充色粉离开了，如图 2-56 所示。

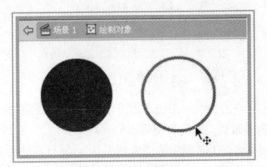

图 2-55　画一个圆形　　　　　　　　图 2-56　分离圆形边框

(3) 通过"窗口"→"属性"打开属性面板，选择"虚线"，如图 2-57 所示，最终效果如图 2-58 所示。

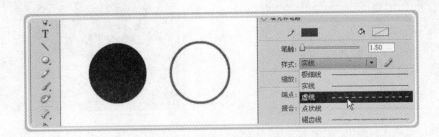

图 2-57　"虚线"属性面板设置

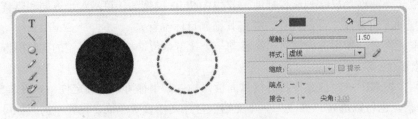

图 2-58　"虚线"圆形效果

(4) 继续选定圆形外框，在打开的属性面板中"笔触颜色"处，单击鼠标选取一种颜色，圆形线框的颜色也相应改变，如图 2-59 所示。

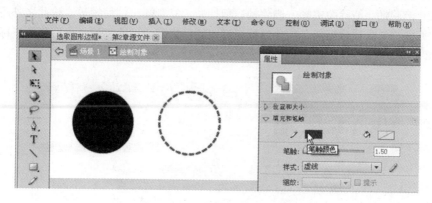

图 2-59　圆形外框颜色各改变

3. 理解"图层"的概念

大多数情况下，在创建一个新的元件的时候，都会在新的一层上制作。在不同层中制作元件的好处在于：即使两个元件相互交叠，也不会影响元件本身的形状等属性。"图层"是动画制作中一个很重要的概念，它就像是一张一张地叠在一起的透明塑料纸。创作动画所要的元件就绘制在这些透明的纸上，透过最上层的纸可以看到下层纸上绘制的元件，编辑其中一张纸上的元件，不会影响其他层中的元件。可以根据动画的需要无限制的增加层，这不会增加动画文件的大小，但层的数量增加会要求机器的内存有所增大。另外，上方图层的内容会遮挡下方图层的内容。下面通过具体实例进行说明。

如图 2-60 所示，文件中共有三层，从上到下依次为椭圆、矩形和背景层，层的编辑窗口位于时间轴左侧。单击"新建图层"按钮可以添加图层。

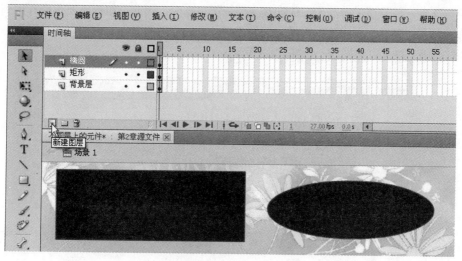

图 2-60　不同层上的元件

4. 理解"帧"的概念

"帧"是动画创作的基本元素之一，Flash 动画的制作就是对时间轴中的"帧"的编辑和制作。对于只有一层的 Flash 动画，可以简单地将"帧"理解为分别在各个时刻播放的内容。在"时间轴"

面板中看到的方格就是"帧"，每个方格就是一帧。帧有多种类型，如关键帧、空白关键帧等。"帧"的相关操作主要有：插入帧、插入关键帧、插入空白关键帧、转换为关键帧、转换为空白关键帧、选择所有帧、清除帧、清除关键帧、删除帧、剪切帧、复制帧、粘贴帧等。除此之外还会经常用到移动帧，即选择单帧或多帧后，按住鼠标左键将它们拖到合适的位置，然后释放鼠标即可移动所选帧，如图 2-61 所示。

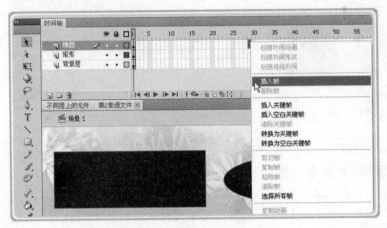

图 2-61　"帧"的相关操作

2.2.3　高级绘图

掌握了绘图的基本知识后，可以进行高级绘图，即通过基本绘图方法，绘制和编辑出难度较大的图形或元件。

1. 符号与实体

当创作一件 Flash 动画作品时，有一些素材要反复的使用，如果使用一次就重新做一次，不但使工作变得繁杂，而且还使得制作出的动画文件变得很庞大。因此，很有必要将所有用到的动画素材制作成符号，存储于"库"中，使它们变成可以重复使用的元件，它们可以是图形、按钮、影片剪辑、声音、文字、位图等，如图 2-62 所示。

图 2-62　可以重复使用的元件

将符号放在舞台上，称为实体。一个符号可以创建多个实体，而符号在"库"中只存储一次，因此使用符号可以缩减文件大小。符号就相当于演员，一个演员可以扮演多个不同的角色，实体就相当于角色。用一个符号创建实体后，就使得这个符号与实体之间建立了联系，改变符号，实体也发生相应的改变；删除符号，实体也同时删除。每个符号都拥有独立的时间轴、舞台和层，当创建一个新符号时，需要根据它的用途确定它的行为属性，属性分为三类，即影片剪辑、按钮、图形。影片剪辑的时间轴不依赖于主电影的时间轴；按钮符号在时间轴中只有四帧；图形符号可以是图形，也可以包含一段动画，但要注意，图形符号的时间轴与动画的主时间轴同步。

2. 创建图形符号

创建符号一般有两种方法：第一种方法是先新建一个空的符号，然后再向符号里添加内容，内容可以是使用基本工具绘制的图形，也可以是从外部导入的素材。第二种方法是把舞台上现有的元件转换成符号。

1）新建"空的符号"的三种方式

（1）单击"插入"→"新建元件"，如图 2-63 所示，打开"创建新元件"窗口，选择"图形"，如图 2-64 所示，单击"确定"按钮，一个新的图形空符号创建完毕。

图 2-63　单击"插入"→"新建元件"

图 2-64　创建图形元件 1

（2）单击符号库左下角的"新建元件"按钮，如图 2-65 所示，打开"创建新元件"窗口，选择"图形"，如图 2-64 所示，单击"确定"按钮，一个新的图形空符号创建完毕。

图 2-65　单击库左下角的"新建元件"

图 2-66　创建图形元件 2

（3）单击符号库右上角的按钮弹出下拉菜单，选择"新建元件"，如图 2-67 所示，打开"创建新元件"窗口，选择"图形"，如图 2-68 所示，单击"确定"按钮，一个新的图形空符号创建完毕。

图 2-67　单击库右上角的按钮弹出下拉菜单

图 2-68　创建图形元件 3

2）将舞台上现有的元件转换成符号

(1) 在舞台上选取一个或多个元件，如图 2-69 所示，然后选择菜单栏中的"修改"→"转换为元件"命令，打开"转换为元件"窗口，并选择类型为"图形"，如图 2-70 所示。

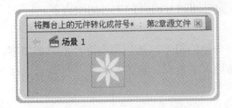

图 2-69　选取舞台上一个元件　　　　　　图 2-70　打开"转换为元件"面板

(2) 单击"确定"按钮，一个图形符号"元件 1"已经建立在"库"中了，如图 2-71 所示。

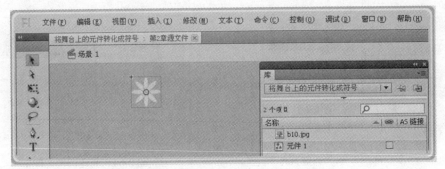

图 2-71　建立在"库"中图形符号"元件 1"

(3) 按 Ctrl+S 组合键保存文件。

3. 创建实体

符号通常是保存在"库"中的元件。有了符号，就可以创建符号的实体。实际上，一个大实体可能需要用到许多的符号，同样一个符号也可能会产生多个实体。打开上面介绍的"将舞台上的元件转换成符号.fla"文件，已经制作好的一朵花的符号"元件 1"如图 2-71 所示。下面为这个符号创建实体。

(1) 单击"新建图层"按钮，在"花"层之上新建一层，命名为"实体花"如图 2-72 所示。

图 2-72　新建图层"实体花"

(2) 选择"库"中"元件 1"符号，并将它拖到舞台上，这样就产生了"花"的实体，一共拖了五次，产生了"花"的 5 个小实体，用这 5 个小实体组成一个大实体"实体花"，如图 2-73 所示。

66

图 2-73　建立大实体"实体花"

(3) 通过"文件"→"保存"或按 Ctrl+S 组合键保存文件。

4. 创建按钮符号

按钮是 Flash 动画中一种不可缺少的组件。为了使用按钮，首先需要学会借助 Flash 软件创建按钮。下面将用创建圆形按钮的简单例子介绍按钮的制作。

(1) 新建文档"圆形按钮.fla"，并在"图层 1"中导入一幅背景图。单击"插入"→"新建元件"命令，打开"创建新元件"窗口，"名称"方框中输入"圆形按钮"，"类型"选择"按钮"，如图 2-74 所示。

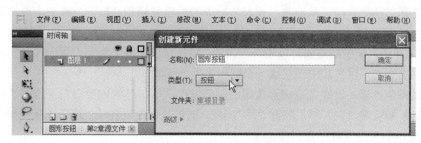

图 2-74　创建新元件圆形按钮

(2) 单击"确定"按钮后，软件自动打开"按钮编辑窗口"。如图 2-75 所示，在"圆形按钮"编辑的时间轴上，可以看到和按钮状态相对应的四帧：弹起、指针、按下、单击。创建按钮，需要完成这四帧或其中某些帧的设计。在"弹起"帧中，需要设计按钮正常状态下的显示形状；在"指针"帧中，需要设计鼠标移动到按钮上时的显示形状；在"按下"帧中，需要设计鼠标在按钮上按下时的显示形状；在"单击"帧中，需要定义按钮的有效按下区域。

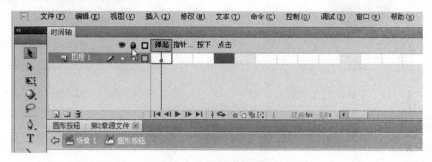

图 2-75　按钮编辑窗口

(3) 确认"弹起"帧处于选中状态，然后用椭圆工具在舞台上画一个圆形，如图 2-76 所示。在时间轴窗口中用鼠标右键单击"指针"对应的帧，然后选择"插入关键帧"，如图 2-77 所示，从而将"弹起"状态的内容复制到"指针"帧中，此时舞台上的对象处于选中状态，使用"颜料桶工具"将颜色变为红色，并通过其属性面板将其宽和高调到 100，从而比"弹起"帧上的圆形大一些。

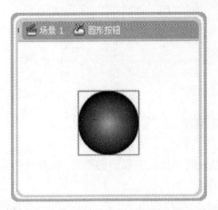

图 2-76　舞台上绘制按钮的"弹起"帧状态

图 2-77　在"指针"帧上"插入关键帧"

(4) 用鼠标右键单击时间轴窗口中的"弹起"帧，然后选择"复制帧"，在"按下"帧上单击鼠标右键，选择"粘贴"帧，从而将"弹起"帧中的对象复制到"按下"帧上，再将其颜色变为黑色，如图 2-78 所示。

(5) 对于"单击"帧中的对象可以不必再设置，默认情况下就是圆形对象所在范围为鼠标按下的有效区域。当然也可以在其中任意画一个图作为有效区域。

通过上面操作步骤，已经完成圆形按钮的制作过程。单击时间轴窗口左下方的"场景 1"将窗口切换到影片编辑窗口中，然后打开"库"，将"圆形按钮"组件从"库"中拖到舞台上。如图 2-79 所示，按 Ctrl+S 组合键保存文件。

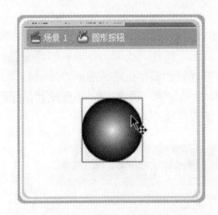

图 2-78　"按下"帧上的黑色圆形

图 2-79 从"库"中拖到舞台上的圆形按钮

5. 绘制长方体

长方体是最基本的几何体之一，它由 3 对全等的矩形组成。可以先绘制出一个面，然后采用复制、粘贴的方式制作另一面，再用线将它们连起来，最后填上颜色即可。

(1) 选择"文件"→"新建"命令，打开新建文档窗口，"新建文档类型"选择 ActionScript 3.0，并将其另保存为"绘制长方体.fla"。

(2) 在工具箱中选取矩形工具，笔触颜色选择黑色，填充颜色为无色。在舞台上拖动鼠标，画出如图 2-80 所示的矩形。

(3) 添加图层 2，然后再选取图层 1，将图层 1 上的矩形复制粘贴到图层 2，选中图层 2，然后按住 Shift 键的同时，敲打上方向键和右方向键，两个矩形的位置如图 2-81 所示。

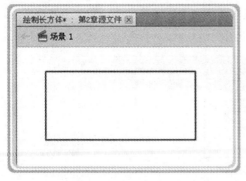

图 2-80　绘制矩形

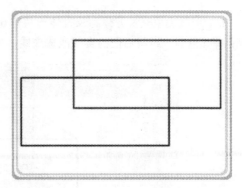

图 2-81　绘制两个矩形

(4) 增加图层 3，选择直线工具，然后选取工具箱中的贴紧至对象工具。在图层 3 中把鼠标放在一个角的顶点上，然后按下鼠标左键拖动到对应顶点上，直到产生一个小圆圈时放开鼠标，这样第一条直线就画出来了，如图 2-82 所示。同理，把另外几条线都连上，形成长方体的框架，如图 2-83 所示的图形。

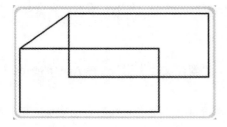

图 2-82　两个矩形连一条直线

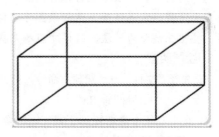

图 2-83　两个矩形连上所有线

(5) 长方体框架完成后，接下来需要给长方体各个面填充颜色，但是只有前后两个面可以填充上颜色，其他四个面不能填充颜色，因为它们的边不在同一个图层，解决方法是合并图层，即按住 Shift 键，选中图层 1～图层 3，然后单击"修改"→"合并对象"命令，单击"联合"按钮，如图 2-84 所示。

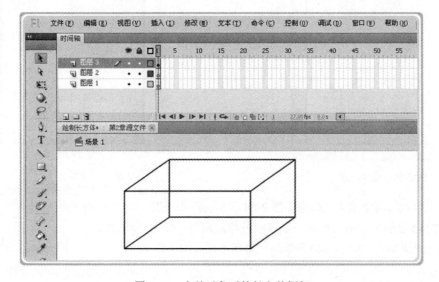

图 2-84　合并对象后的长方体框架

(6) 用颜色填充长方体。长方体一共有 6 个面，只需要填充上、下两个底面和一个侧面即可。填充完颜色后，再将后面的实线改成虚线，如图 2-85 所示。

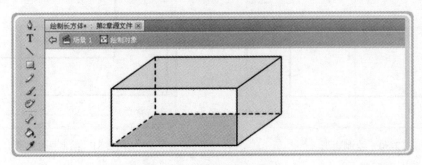

图 2-85　完成后的长方体

(7) 删除图层 1 和图层 2，完成作品，单击"文件"→"保存"命令将文件保存。

注意： 本例中，开始制作时我们建立了两个图层，而在填充颜色时又除掉了这两个图层，这样做的作用是：在一层中进行操作，容易出错，也不利于修改。因此在绘制过程中新建三个层，这样层次清楚，容易修改。这种绘图方法同样适用于其他图形的绘制。绘制完成后，需要填充颜色时，要把三层合为一层，这样才能填充颜色。

6. 绘制圆锥

(1) 选择"文件"→"新建"命令，打开新建文档窗口，"新建文档类型"选择 ActionScript3.0，并将其另存为"绘制圆锥.fla"。

(2) 在工具箱中选取矩形工具，笔触颜色选择黑色，填充颜色为无色。在舞台上拖动鼠标，画出如图 2-86 所示的矩形。

(3) 画出一条竖直线将矩形平均分成两半。具体操作：用箭头工具双击打开矩形绘制对象，选取直线工具，按住 Shift 键，同时向下拖动鼠标画出一条竖线，然后按住 Shift 键同时选取三条竖线，选择"修改"→"对齐"命令，单击"按宽度均匀分布"按钮，如图 2-87 所示。

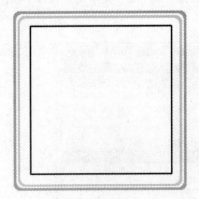
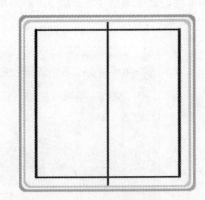

图 2-86　绘制矩形　　　　　　　　　　　　图 2-87　平分矩形成两半

(4) 连接中点与两个顶点，画出如图 2-88 所示的两条线段。按住 Shift 键的同时选取多余的线段，然后按 Del 键删除，最后得到一个等腰三角形图形，如图 2-89 所示。

(5) 画一个无填充色的椭圆拼在等腰三角形下面，如图 2-90 所示。填充圆锥颜色后如图 2-91 所示。

(6) 完成作品，单击"文件"→"保存"命令将文件保存。

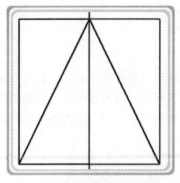

图 2-88 画出两条线段

图 2-89 画出等腰三角形

图 2-90 无填充色的椭圆拼在等腰三角形下面

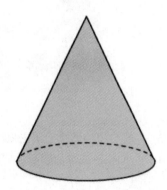

图 2-91 填充颜色的圆锥

2.2.4 图形编辑实例

实例 2.3 外部图形的导入.

制作思路： 导入所需的图形，并进行处理。具体步骤如下。

(1) 选择"文件"→"新建"命令，打开新建文档窗口，"新建文档类型"选择 ActionScript3.0，并将其另存为"导入外部图形.fla"。

(2) 选择"文件"→"导入"→"导入到舞台"命令，弹出"导入"对话框，在其中选定要导入的文件，如图 2-92 所示，单击"打开"按钮将文件导入到舞台。

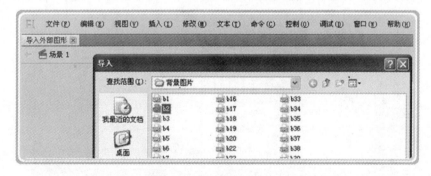

图 2-92 导入外部图形文件

图形导入到舞台以后，可以修改图形的属性和编辑图形，包括改变图形大小、设置图形的透明度等。

(3) 完成作品，单击"文件"→"保存"命令将文件保存。

注意：外部其他文件的导入方法也类似。

实例 2.4 图形属性的设置.

制作思路：设置导入图形的属性，并进行处理，将其转换为影片剪辑元件。具体步骤如下。

(1) 打开上面建立的"导入外部图形.fla"文件，将其另存为"图形属性的设置.fla"文件。

(2) 选择"窗口"→"属性"命令，打开属性面板，将宽改为 800，高改为 600，如图 2-93 所示。

图 2-93　图形属性的设置

(3) 在舞台中的图形上单击鼠标左键选中图形，选择"修改"→"转换为元件"命令，打开"转换为元件"面板，类型选择影片剪辑，如图 2-94 所示，然后单击"确定"按钮，将图形转换为一个影片剪辑元件。

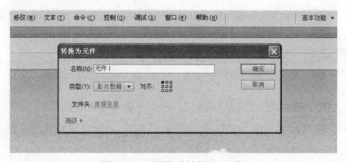

图 2-94　将图形转换为元件

(4) 打开属性面板，通过其中的"色彩效果"选项可以设置图形的亮度、色调、高级等，如图 2-95 所示。

图 2-95　通过"色彩效果"选项设置图形的亮度、色调、高级等

(5) 完成作品，单击"文件"→"保存"命令将文件保存。

2.3 创 建 动 画

在制作 Flash 多媒体课件的过程中，动画制作是必不可少的步骤。Flash 工作环境为用户提供了各种绘图工具和着色工具，用于帮助制作者创建各种各样的动画。就是因为有了动画效果，才使得使用 Flash 软件制作的多媒体课件形象更生动，交互功能更强大，演示效果更好。

2.3.1 动画的分类

Flash 动画类型主要有将连续动作分解的"帧—帧"动画和由 Flash 软件自动形成中间动作的"过渡"动画两种，版本较高的 Flash 软件通常还会提供一些简单三维动画处理和制作的工具。

"帧—帧"动画采用的原理实际上就是先把动画中的分解动作一帧一帧地制作出来，然后再把这些独立的帧按先后顺序连续播放就形成了动画。"帧—帧"动画适用于非常复杂的动画，每一帧都由制作者确定，而不是 Flash 软件通过计算机直接得到。相比"过渡"动画，"帧—帧"动画的文件字节数要大很多。利用 Flash 软件制作"帧—帧"动画和其他动画软件的制作方法基本相同，因此，"帧—帧"动画不是 Flash 软件制作动画的特点。

"过渡"动画是 Flash 软件不同于其他传统动画制作软件的根本所在，"过渡"动画的出现使得不会绘制图形的人员也可以成为动画制作高手。"过渡"动画的制作原理不同于"帧—帧"动画。它是制作好若干关键帧的画面，由 Flash 软件通过计算机生成关键帧之间的各个帧，使画面从一个关键帧过渡到另一个关键帧，并且 Flash 软件提供了多种动画过渡效果。在 Flash 软件的"过渡"动画制作中包含两种主要形式，即运动过渡动画和形状过渡动画，在中文版 Adobe Flash Professional CS 5.5 中，还把"过渡"动画分为传统补间动画和补间动画，传统补间动画指低版本 Flash 软件中的"过渡"动画，而补间动画作为中文版 Adobe Flash Professional CS 5.5 软件的一个新功能，特别适合于由对象的连续运动或变形构成的动画，其功能强大，易于创建。使用 Adobe Flash Professional CS 5.5 软件还可以制作骨骼动画和简单的 3D 动画。除此之外，遮罩动画也是 Flash 软件的基本动画方式之一。

2.3.2 帧并帧动画

"帧—帧"动画就是将连续的不同内容的帧顺序播放形成动画。在制作过程中，通过对帧上的内容进行修改，对时间轴进行编辑，形成动画效果。通常情况下，在 Flash 软件工作区中只能看到一帧画面，在制作"帧—帧"动画时不方便对整个影片中对象的定位和安排，这时就需要用到洋葱皮工具。洋葱皮工具在时间轴的右侧下方，由"帧居中"按钮、"绘图纸外观"模式按钮、"绘图纸外观轮廓"模式按钮、"编辑多个帧"按钮和"修改绘图纸标记"按钮组成，使用这些工具可以同时显示或编辑多个帧的内容，如图 2-96 所示。

洋葱皮工具显示的帧，可以通过在时间标尺和帧号上显示的括号来调节。当鼠标指针移到左边括号时会出现开始绘图纸外观的提示，这时拖动括号就可以扩大或缩小要显示的帧，同样的道理可以移动右边的括号。利用洋葱皮工具对在一个层上制作"帧—帧"动画提供了方便。下面举例说明利用洋葱皮工具制作"帧—帧"动画。

(1) 新建文档"立方体的运动.fla"，并在图层 1 中导入一幅立方体图。经过修改并将立方体转化为图形元件，如图 2-97 所示。

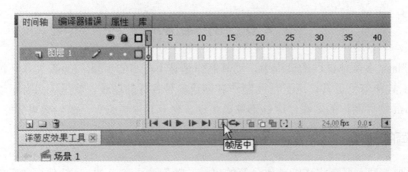

图 2-96　洋葱皮工具

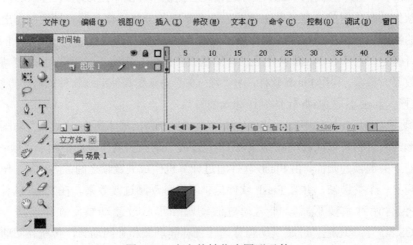

图 2-97　立方体转化为图形元件

(2) 从第 1 帧到第 12 帧之间插入关键帧，由于所有关键帧都同时在图层 1 中，因此此时只能看见一个关键帧中的小立方体，不方便调整立方体的位置来做动画，如图 2-98 所示。

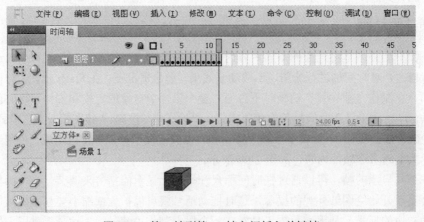

图 2-98　第 1 帧到第 12 帧之间插入关键帧

(3) 单击"绘图纸外观"模式按钮，打开洋葱皮工具，并在"修改标记"中选择"标记整个范围"，如图 2-99 所示。

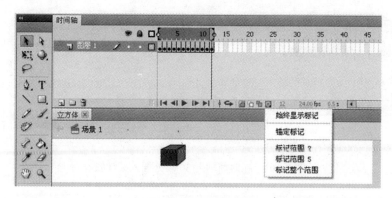

图 2-99 启用洋葱皮工具

(4) 从第 1 帧开始调整小立方体的位置直到第 12 帧为止，如图 2-100 所示。

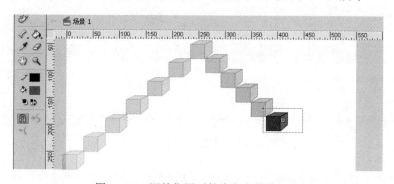

图 2-100 调整位置后的小立方体的位置

(5) 完成作品，单击"文件"→"保存"命令将文件保存。

2.3.3 移动渐变动画

移动渐变动画是 Flash "过渡" 动画的一种，它可以使一个对象在画面中移动、改变其大小、改变其形状、改变其颜色、使其旋转、产生淡入淡出效果、动态切换画面等。这些变化可以独立运行，也可以合成复杂的动画。要使图形、图像、文本和群组产生移动渐变动画，必须先把它们转换成符号的实例。

1. 线段运动

(1) 选择"文件"→"新建"命令，打开新建文档窗口，"新建文档类型"选择 ActionScript 3.0，并将其另存为"线段运动.fla"。

(2) 选择"线条工具"在第 1 帧的舞台上画一小线段，并选中它，选择"修改"→"转换为元件"命令，类型选择影片剪辑，然后单击确定，将小线段转换为影片剪辑，在时间轴上第 30 帧处单击鼠标右键，如图 2-101 所示，选择"插入关键帧"命令。

(3) 选中第 30 帧，同时按住 Shift 键和右方向键，将第 30 帧上的线条移动到舞台的右边，然后再选中第 1 帧，单击鼠标右键，选择"创建传统补间"命令，如图 2-102 所示。

(4) 完成作品，单击"文件"→"保存"命令将文件保存。

2. 小球沿着曲线运动

(1) 选择"文件"→"新建"命令，打开新建文档窗口，"新建文档类型"选择 ActionScript3.0，并将其另存为"小球沿着曲线运动.fla"。

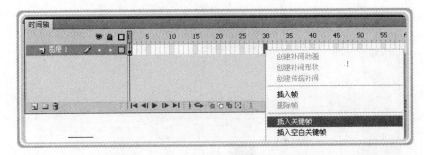

图 2-101　在时间轴上 30 帧处插入关键帧

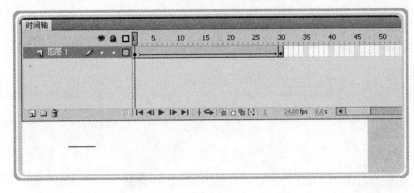

图 2-102　创建线条的运动动画

(2) 选择椭圆工具，在第 1 帧的舞台上画一小球，并选中它，选择"修改"→"转换为元件"命令，类型选择影片剪辑，然后单击"确定"按钮，将小球转换为影片剪辑，在时间轴上第 60 帧处单击鼠标右键，选择"插入帧"，然后在图层 1 上单击鼠标右键，选择"添加传统运动引导层"，然后在引导层中画一椭圆曲线，并用橡皮工具擦除一部分，然后将小球拖到曲线的端点处，并让小球中心点吸附在曲线端点上，在第 1 层的第 60 帧处单击鼠标右键插入关键帧，然后将小球沿着曲线拖到另一端点处，拖动过程中保持小球一直吸附在曲线上，如图 2-103 所示。

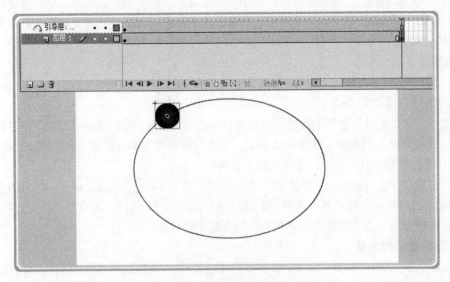

图 2-103　吸附在曲线上的小球

(3) 在第 1 层的第 1 帧上单击鼠标右键，选择"创建传统补间"命令，同时新建图层 3，在其中画一个与引导线大小差不多的椭圆，如图 2-104 所示。演示动画时，引导线是看不见的，因此，此处又画了一个椭圆。

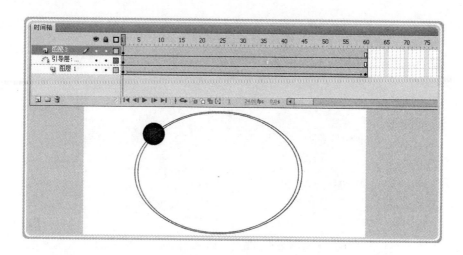

图 2-104　给小球创建传统补间

(4) 完成作品，单击"文件"→"保存"命令将文件保存。

2.3.4　形状渐变动画

形状渐变，它的侧重点在于形的变化，就是说对象必须是一个图形。如果要对文本、组或者符号进行形状渐变，需要先将其分离打散转换为图形，然后才可以进行形状渐变。下面介绍形状渐变动画的制作过程。

1. 椭圆的形状渐变

(1) 选择"文件"→"新建"命令，打开新建文档窗口，"新建文档类型"选择 ActionScript3.0，并将其另存为"椭圆的形状渐变.fla"。

(2) 选择椭圆工具，在第 1 帧的舞台边上画出多个实心椭圆，不要边框线，如图 2-105 所示。

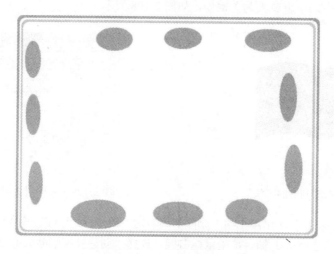

图 2-105　在舞台边上画出许多小的实心椭圆

(3) 在第 60 帧上插入空白关键帧，然后使用椭圆工具在舞台正中间画一个大的椭圆，不要边框线。然后选中第 1 帧，单击鼠标右键，在下拉菜单中选择"创建补间形状"命令，如图 2-106 所示。

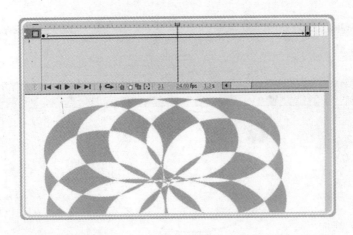

图 2-106　创建多个小椭圆与大椭圆之间的形状渐变动画

(4) 完成作品，单击"文件"→"保存"命令将文件保存。

2. 通过添加形状提示点来创建形状渐变动画

通过添加形状提示，可以做出模拟翻页、折叠等形状渐变动画的效果，这在多媒体课件制作中很重要。下面制作一个带翻页效果的动画，学会后可以举一反三，将它运用到多媒体课件实际制作之中。

(1) 选择"文件"→"新建"命令，打开新建文档窗口，"新建文档类型"选择 ActionScript3.0，并将其另存为"翻页动画.fla"。

(2) 选择矩形工具在第 1 帧的舞台边上画出一个矩形，包含边框线，并将它平均分成大小相等的两个矩形，并用鼠标拖动边框，形成书的形状，如图 2-107 所示。

(3) 新建一个图层 2，把图层 1 第 1 帧的书复制，然后选中图层 2 第 1 帧，选择"编辑"→"粘贴到当前位置"命令，即将书粘贴到图层 2 第 1 帧，位置不动，并在图层 1 和图层 2 的第 40 帧处插入帧，同时将图层 2 第 20 帧变为关键帧，如图 2-108 所示。

图 2-107　绘制书的形状

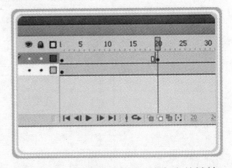

图 2-108　将图层 2 第 20 帧变为关键帧

(4) 锁住第 1 层。在第 2 层第 1 帧上删除书的右边，第 20 帧上删除书的左边。同时将左右图形颜色选择浅黑色。选中第 1 帧，单击鼠标右键，选择"创建补间形状"命令，此时测试动画，发现不是所要的效果。

(5) 选中第 2 层第 1 帧，单击"修改"→"形状"→"添加形状提示"命令，或者按 Shift+Ctrl+H 组合键，按一次添加一个提示，此处一共添加 4 个提示，并用鼠标将它们拖到适当位置，如图 2-109 所示。

(6) 选中第 2 层第 20 帧，调整相应的渐变提示点，此时字母将变成绿色，如图 2-110 所示，测试得到所要的书翻页效果。

图 2-109　添加 4 个提示点的书

图 2-110　调整 4 个提示点变绿色

(7) 完成作品，单击"文件"→"保存"命令将文件保存。

2.3.5　遮罩动画

遮罩动画是通过遮罩层来实现的，透过遮罩层内的图形看到其下面一层的内容，而不可以透过遮罩层内的无图形处看到其下面的内容。遮罩层上绘制的图形或输入的文字，相当于挖掉相应形状的洞，而通过这些洞就可以看见下面图层的内容。在遮罩层内绘制的单色图形、渐变图形、点阵图、透明区域、线条和文字等，都会形成挖空区域。下面介绍遮罩动画的制作过程。

1. 滚动字幕

(1) 选择"文件"→"新建"命令，打开新建文档窗口，"新建文档类型"选择 ActionScript3.0，并将其另存为"滚动字幕.fla"，先做被遮罩层，使用文本工具输入一段文字，确保文字行数尽量多些，然后将其制作成符号，如图 2-111 所示。

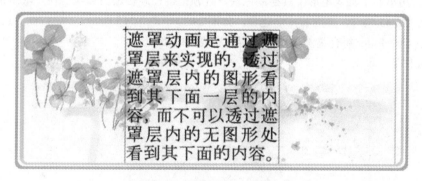

图 2-111　输入文字，做成符号

(2) 单击 50 帧，在 50 帧上插入关键帧，按 Shift 加向上方向键将文本实体移动到上面，就是让它垂直上升，选中第 1 帧，单击鼠标右键，选择"创建传统补间"创建移动渐变动画。

(3) 在这层上添加一层，用矩形工具在舞台上画一个矩形，去掉外框，放在舞台中心，矩形框的宽不能小于文本的宽度；长大约有四行字的高度即可。

(4) 设置矩形框所在层为遮罩层，用鼠标右键单击此层，从弹出的菜单中选择"遮罩层"，此时可以看到相关的两层已被锁住。

(5) 按 Ctrl+Enter 组合键，生成 swf 文件，测试动画，可以看到文本自下而上滚动的效果，文本只在矩形区域内显示。最后，保存文件，完成制作。

2. 通过半径画圆

(1) 选择"文件"→"新建"命令，打开新建文档窗口，"新建文档类型"选择 ActionScript3.0，并将其另存为"通过半径画圆.fla"，并在图层 1 中导入一张背景图。

(2) 新建图层 2，用直线工具在第 1 帧对应的舞台上画一线段，选中线段，将它转变为符号。编辑直线的中心，选中直线，单击任意变形工具，此时直线中心出现一个空心小圆圈，拖住小圆圈，让它吸附在线段的左端。并设置线段的 X 轴和 Y 轴值，X 为 200，Y 为 200。

(3) 在第 45 帧插入关键帧，创立移动渐变动画，参数设置如图 2-112 所示。

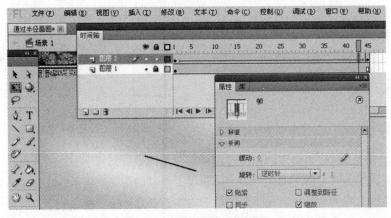

图 2-112　半径画圆参数设置

(4) 新建一层，用圆形工具绘制一个圆，并设置它的中心坐标与线段的中心坐标相同。它的高度即直径刚好是线段长度的 2 倍。

(5) 再新建一层，用鼠标右键单击该层，在弹出的菜单中选择"遮罩层"，使此层成为遮罩层，并解除锁定。用笔刷工具或矩形工具绘制色块，逐帧把半径旋转过的弧线遮住，就是说需要创建 45 个关键帧，第 45 帧时，圆周被完全遮住，如图 2-113～图 2-115 所示。

(6) 按下 Ctrl+Enter 组合键测试动画，得到所要的效果。

(7) 完成作品，单击"文件"→"保存"命令将文件保存。

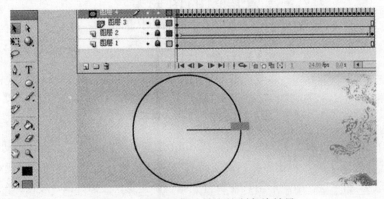

图 2-113　遮罩层第 1 帧上绘制色块效果

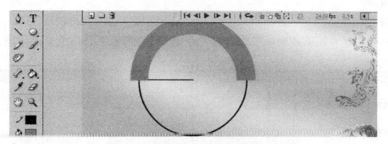

图 2-114　遮罩层第 23 帧上绘制色块效果

图 2-115　遮罩层第 45 帧上绘制色块效果

2.3.6　利用 Adobe Flash Professional CS 5.5 软件新功能创建动画

上面介绍的动画属于传统补间动画，是在低版本 Flash 软件中经常制作和编辑的动画。在 Adobe Flash Professional CS 5.5 软件中，除了可以制作传统补间动画，还可以利用其新功能制作补间动画、骨骼动画和简单的 3D 动画。

1. 补间动画

补间动画是通过为一个帧中的对象属性指定一个值，并为另一个帧中的该相同属性指定另一个值来自动创建的动画。Flash 软件通过计算这两个帧之间该属性的值，得出对象运动或变化的路径及状态，播放头的放映呈现出来形成的动画，就是补间动画。

可以使用补间动画的对象有四种：文字字段、影片剪辑、图形和按钮元件。这些对象的大部分属性均可进行补间，其中包括坐标、长宽、角度、3D 旋转、颜色、滤镜等。在补间动画制作中需要理解三个新的概念。

1) 补间范围

补间范围就是补间动画的范围，在时间轴上表示为补间动画持续了多少帧，如图 2-116 所示。补间范围可以作为一个对象进行选择，如从时间轴中的一个位置拖到另一个位置。在每个补间范围中，只能对舞台上的一个对象进行动画处理。此对象称为补间范围的目标对象。

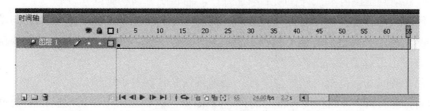

图 1-116　补间范围示意图

2) 属性关键帧

属性关键帧是在补间范围中为补间目标对象定义不同属性值的帧，如图 2-117 所示。第 22 帧、第 43 帧和第 50 帧都是补间动画的属性关键帧，在这三个帧中都可以改变补间动画的实例属性。

图 2-117　属性关键帧示意图

3) 运动路径

如果补间对象在补间过程中要改变其舞台位置，则补间范围具有与之关联的运动路径，如图 2-118 所示。此运动路径显示补间对象在舞台上移动时所经过的轨迹。可以使用部分选取、转换锚点、删除锚点和任意变形等工具以及选择"修改"菜单上的命令编辑舞台上的运动路径。如果不是对位置进行补间，则舞台上不显示运动路径。

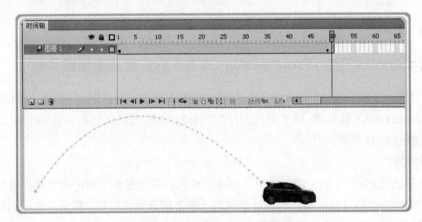

图 2-118　运动路径示意图

需要注意的是，补间动画和传统补间动画是不同的。两种补间，各有优劣。它们各有其自己的特点，两者之间的差异主要有以下几点。

① 只可以使用补间动画来为 3D 对象创建动画效果。

② 传统补间动画使用两个关键帧，而补间动画只有一个关键帧，其他为属性关键帧。

③ 传统补间动画只能应用简单的缓动效果，而补间动画在动画编辑器中可以进行复杂而强大的缓动编辑。

④ 在补间动画范围内不允许在帧上添加程序，而传统补间动画则允许。

⑤ 补间动画和传统补间动画都只允许对特定类型的对象进行补间。在应用补间动画创建补间时，需要将所有不允许的对象类型转换为影片剪辑，而应用传统补间时不一定非要全部转换为影片剪辑，有时也可以转换为图形元件。

⑥ 若要在补间动画范围内选择单个帧，必须按住 Ctrl 键并单击帧。

⑦ 利用传统补间，可以在两种不同的色彩效果(如色调和透明度)间创建动画。补间动画可以对每个补间应用一种色彩效果。

⑧ 对于补间动画，无法交换元件或设置属性关键帧中显示的图形元件的帧数。应用了这些技术的动画要求使用传统补间。

下面通过一个"小汽车刹车动画"具体实例来介绍补间动画的制作。

(1) 选择"文件"→"新建"命令，打开新建文档窗口，"新建文档类型"选择 ActionScript 3.0，并将其另存为"小汽车刹车动画.fla"，并在图层 1 中导入一张背景图。锁住图层 1，新建图层 2，并在图层 2 中导入一幅小汽车图，同时将它做成电影剪辑，如图 2-119 所示。

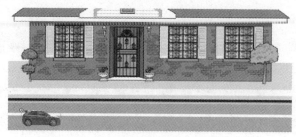

图 2-119　背景图和做成电影剪辑的小汽车

(2) 选中小汽车影片剪辑。在影片剪辑上单击鼠标右键，从弹出的下拉菜单中选择"创建补间动画"命令。这样 Flash 软件就为小汽车影片剪辑创建了一段补间动画，如图 2-120 所示。

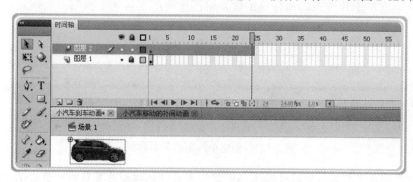

图 2-120　创建小汽车影片剪辑的补间动画

注意：如果原始对象只存在于一个关键帧中(后面没有帧)，则补间范围的长度等于 1s 的持续时间；如果帧速率是每秒 24 帧，则范围包含 24 帧；如果帧速率不足每秒 5 帧，则范围长度为 5 帧；如果原始对象存在于多个连续的帧中，则补间范围将包含该原始对象占用的帧数。

(3) 延长补间动画的时间。汽车从屏幕左侧运动到右侧，24 帧的时间长度太短，需要延长到 80 帧。要改变补间动画的时间长度，只需要将鼠标移到补间范围的右侧并拖动即可。同时在背景图层上插入帧，使其和汽车图层等长，如图 2-121 所示。

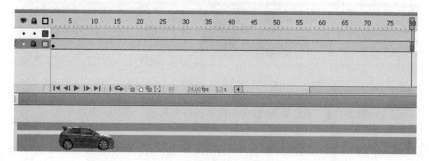

图 2-121　延长补间范围和背景图层的长度到 80 帧

(4) 让小汽车运动起来。选中补间范围，将播放头移动到第 50 帧处，在舞台上选中小汽车，并向右拖动小汽车影片剪辑，Flash 软件会自动插入一个属性关键帧，如图 2-122 所示。这样就形成了一段位置属性改变的补间动画。

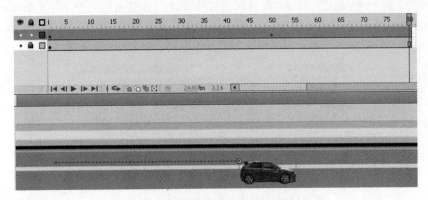

图 2-122　创建小汽车运动的补间动画

(5) 制作小汽车由于刹车而向前倾斜的效果。选中补间范围，将播放头移动到第 57 帧处。选中舞台上的小汽车影片剪辑，按住 Alt 键并用任意变形工具使小汽车向右倾斜，如图 2-123 所示。

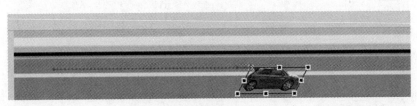

图 2-123　创建小汽车刹车示意图

注意：使用任意变形工具的同时按住 Alt 键，用鼠标拖拽影片剪辑的一条边框，会以对边为基准倾斜。如果不按 Alt 键，则会以中心点为基准倾斜。本例中按住 Alt 键执行倾斜操作，为的是汽车轮子保持不动，使得动画效果看起来更加逼真。

(6) Flash 软件会自动把小汽车前倾的过程分布到第 57 帧之前的所有帧上，这并不是想要的效果。前 50 帧是小汽车匀速行驶的动画，不应该前倾。将播放头移动到第 50 帧处，用任意变形工具调整小汽车的倾斜度，使小汽车恢复到最初的形状，如图 2-124 所示。

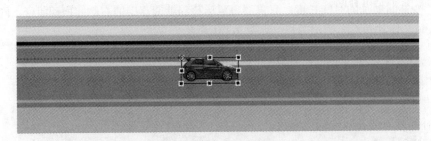

图 2-124　调整第 50 帧上小汽车的倾斜程度，使其恢复原样

(7) 按住键盘上的 Ctrl 键，用鼠标右键单击第 50 帧，在弹出的菜单中选择"复制属性"命令，复制补间对象在该帧上的位置等属性，如图 2-125 所示。

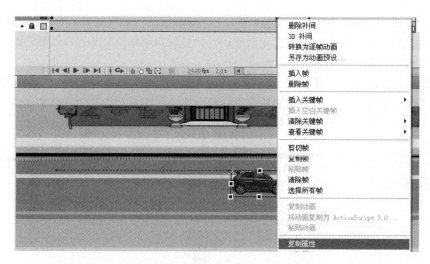

图 2-125　复制第 50 帧上补间的属性

注意：按住 Ctrl 键的同时用鼠标单击补间动画上的某帧，将会选中该帧。此后就可以操作这一帧了，例如拖动该帧改变位置以及右键单击这一帧，在弹出菜单中选择相关的命令等。

（8）按住 Ctrl 键，选择第 60 帧，然后单击鼠标右键，在弹出的菜单中选择"粘贴属性"命令，将复制的属性粘贴到该帧。至此，动画制作完成，保存文件即可，如图 2-126 所示。

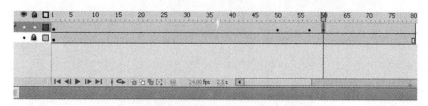

图 2-126　在第 60 帧上粘贴补间属性

创建补间动画还需要注意以下几点：

① 补间图层中的补间范围只能包含一个元件实例，元件实例称为补间范围的目标实例。将第二个元件添加到补间范围将会替换补间中的原始元件。将其他元件从库拖到时间轴中的补间范围上，可更改补间的目标对象。另外，可以从补间图层删除元件而不必删除或断开补间。这样，以后可以将其他元件实例添加到补间中。

② 如果对象不是可补间的对象类型，或者同一图层上选择了多个对象，将显示一个对话框，通过其可将所选内容转换成影片剪辑元件以继续创建补间动画。

③ 如果补间对象是图层上的唯一一项，则 Flash 软件将包含该对象的图层转换为补间图层。如果图层上存在其他对象，则 Flah 软件会插入图层以保存原始对象的堆叠顺序，并将补间对象放在自己的图层上。

④ 如果图层是常规图层，它将成为补间图层；如果是引导、遮罩或被遮罩图层，它将成为补间引导、补间遮罩或补间被遮罩图层。

2. 骨骼动画

骨骼动画也称为反向运动动画，是一种使用骨骼的关节结构对一个对象或彼此间相关的一组对象进行动画处理的方法。创建骨骼动画的对象分为两种，一种是元件上的实例对象，另一种是图形形状。首先使用工具面板中的骨骼工具在元件实例或形状上创建出对象的骨骼，然后移动其中一个骨骼，与这个骨骼相连的其他骨骼也随之移动。通过这些骨骼的移动即可创建出骨骼动画。使用骨骼动画进行动画处理时，只需指定对象的开始位置和结束位置即可，然后通过反向运动，即可轻松地创建出骨骼的运动。

在 Adobe Flash Professional CS 5.5 中可以对元件实例创建骨骼动画，元件实例可以是影片剪辑、图形和按钮，如果是文本，则需要将文本转换为实例。如果创建基于元件实例的骨骼，可以使用骨骼工具。下面以"矩形与小球的联动"为例说明骨骼动画制作步骤。

(1) 选择"文件"→"新建"命令，打开新建文档窗口，"新建文档类型"选择 ActionScript3.0，并将其另存为"矩形与小球的联动.fla"，并在图层 1 中导入一张背景图。锁住图层 1，新建图层 2，并在图层 2 中绘制矩形和小球图同时将它们转换为电影剪辑元件，如图 2-127 所示。

图 2-127　绘制矩形与小球

(2) 同时选中矩形和小球，单击"修改"→"时间轴"→"分散到图层"命令，将它们分散到不同的图层。使用任意变形工具，将影片剪辑的中心调整至如图 2-128 所示的位置。对于中心点的调整在骨骼动画中是一个很重要的步骤，创建的骨骼动画会依据设置的中心点为中心运动。

图 2-128　调整元件的中心点

(3) 在工具栏中选择骨骼工具，从第一个矩形的中心点单击并拖动到第一个小球的中心点，创建骨骼，释放鼠标，骨骼创建完成，用同样的方式在其他矩形和小球之间创建骨骼，最后矩形和小球通过骨骼连接起来，如图 2-129 所示。这时时间轴上会自动创建骨架图层，被骨骼连接的影片剪辑自动剪切到骨架图层之中。

图 2-129　通过骨骼连接的矩形和小球

86

(4) 删除无用的图层，这样骨骼就创建好了。在骨架图层的第 40 帧处单击鼠标右键，选择"插入姿势"命令，插入关键帧，使动画播放到最后，回到初始效果，以便于循环播放。将背景层也延续到第 40 帧。

(5) 将播放头调整到第 9 帧，选取工具箱中箭头选择工具，当鼠标指针移动到对象位置上时会变成实心小箭头加小骨头的图标形状，单击第一个小球，添加的骨骼出现变色，如图 2-130 所示。

图 2-130　选中第一个小球上的骨骼

(6) 向上拖动第一个小球，则后面的矩形和小球会随着第一个小球进行运动，如图 2-131 所示。

图 2-131　移动第一个小球的骨骼

(7) 在调整后面的矩形和小球的时候，第一个小球也会相应移动，使用这种方法，调整第 9 帧上的对象到如图 2-132 所示的位置。

图 2-132　调整骨骼的位置一

注意：当创建好骨骼后，选择工具只能拖动改变对象在骨骼中的相应运动位置，若要调整对象的单独位置，则需要任意变形工具来完成，也可以使用任意变形工具修正不合适的中心位置。

(8) 调整第 18 帧上的对象位置，如图 2-133 所示。

图 2-133　调整骨骼的位置二

(9) 调整第 27 帧上的对象位置，如图 2-134 所示。

图 2-134　调整骨骼的位置三

(10) 测试动画，一个矩形与小球联动的动画就制作完成了。

(11) 单击"文件"→"保存"命令将文件保存。

3. 简单的 3D 动画

Adobe Flash Professional CS 5.5 没有 3Dmax 等 3D 软件强大的建模工具，但是在 Adobe Flash Professional CS 5.5 中提供了一个 Z 轴的概念，那么在 Flash 软件这个开发环境下就从原来的 2D 环境拓展到一个有限的 3D 环境。说到有限是有原因的，因为虽然有 Z 轴但是所有的结构还是建立在图层这个基础之上的，那么就存在上下层的关系，而图层本身是基于 2D 的，这就遇到一个问题，当一个 3D 模型转动的时候它原有的上下层关系发生变化，而 Adobe Flash Professional CS 5.5 并没有建模工具，所谓的模型也是用几个面拼凑出来的，因此使用 Adobe Flash Professional CS 5.5 提供的"3D 旋转"和"3D 平移"工具，使 2D 对象沿着 X、Y、Z 轴进行三维的旋转和移动，做出来的仅仅是真实三维效果的一种逼真的模拟，因此认为它只能做简单的 3D 动画，实际上应该是 3D 动画的模拟。下面举例说明，用 6 张同样尺寸的图片来构建一个正方体。

(1) 选择"文件"→"新建"命令，打开新建文档窗口，"新建文档类型"选择 ActionScript3.0，并将其另存为"花的正方体.fla"，并在图层 1 中导入一张背景图。锁住图层 1，新建图层 2，并在图层 2 中导入 6 张尺寸大小为 100 像素的小正方形花的图片，同时将它们转换为电影剪辑元件，如图 2-135 所示。

图 2-135　转换为电影剪辑元件的 6 张图片

(2) 将这 6 张图片对应的影片剪辑放入一个名为"box"的电影剪辑中，每一张图片都是这个"box"立方体的一个面。

(3) 然后分别对这 6 张图片的电影剪辑进行坐标设置(X，Y，Z)轴。将图片 1 的设置成(0，0，0)，图片 2 为(0，0，100)，如图 2-136 所示。

(4) 图片 3 利用"3D 旋转"工具将其 Y 轴旋转 90°设置成(0，0，0)。

(5) 同样图片 4 利用"3D"旋转工具将其 Y 轴旋转 90°设置为(100，0，0)。

(6) 图片 5 利用"3D"旋转工具将其 X 轴旋转 90°成(0，0，0)。

(7) 图片 6 利用"3D 旋转"工具将其 X 轴旋转 90°成(0，100，0)，这样一个简单的立方体模型就算做好了，如图 2-137 所示。

(8) 将 "box" 这个电影剪辑拖入主场景时间轴中第 1 桢，在时间轴的第 50 桢插入桢并且创建补件动画。

图 2-136　设置图片 1 和图片 2 的位置

图 2-137　设置图片 3～图 6 的位置

(9) 单击最后一桢也就是 50 桢，在动画编辑器里面调整对应的属性就可以得到想要的效果，这里调整 Y 轴的旋转角度为 360°，即旋转一周得到动画 3D-box。单击 "文件" → "保存" 命令将文件保存。

2.3.7　创建动画实例

实例 2.5　模拟下雨效果。

制作思路：综合利用传统补间动画，模拟出下雨的效果。具体步骤如下。

(1) 选择 "文件" → "新建" 命令，打开新建文档窗口，"新建文档类型" 选择 ActionScript3.0，并将其另存为 "模拟下雨效果.fla"，并在图层 1 中导入一张背景图，新建图层 2，如图 2-138 所示。

图 2-138　图层 1 上导入背景图并新建图层 2

(2) 锁住背景图层 1，单击 "插入" → "新建元件" 命令，打开创建新元件窗口，将名称命名为 "下雨"，类型选择 "影片剪辑"。单击 "确定" 按钮，进入 "下雨" 影片剪辑编辑界面。

(3) 选择工具栏中的 "线条工具"，在舞台上方画一小竖线，并用箭头选择工具选取它，然后，单击 "修改" → "组合" 命令，将线条形状组合成实体。

(4) 在时间轴第 30 帧处插入关键帧，按住 Shift+↓ 组合键，将小线条移动到下方。

(5) 在时间轴上单击选中第 1 帧，单击鼠标右键，在弹出的菜单中选择 "创建传统补间" 命令，建立从第 1 帧到第 30 帧的线条从上到下的移动渐变动画，用来模拟 "下雨"。

(6) 锁住影片剪辑图层 1，新建一个图层 2，在第 30 帧上单击鼠标右键，选择 "插入空白关键帧" 命令，选择工具栏中的 "椭圆工具"，在舞台上小线条下画一系列同心椭圆，并选中第 30 帧，单击 "修改" → "组合" 命令，将这一系列同心椭圆组合起来，并调整此组合的中心对准小线条下方正中心。

(7) 在时间轴第 70 帧处插入关键帧，让刚才组合的一系列同形圆延续到第 70 帧上。

(8) 选中第 30 帧，用任意变形工具将舞台上的系列同心圆组合调整到尽可能小，然后单击鼠标右键，在弹出的菜单中选择"创建传统补间"命令，建立第 30 帧～第 70 帧的同心圆组合的传统补间动画，用来模拟"下雨形成的水面波纹"，如图 2-139 所示。

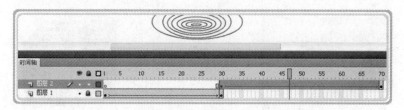

图 2-139　建立从第 30 帧到第 70 帧的同心圆组合的传统补间动画

(9) 单击左上方的场景 1，退出"下雨"影片剪辑，回到舞台主场景中，单击"窗口"→"库"命令，打开"库"面板，在库中将刚才制作的"下雨"影片剪辑用鼠标将其拖到主场景中，拖一次模拟下一滴雨，多拖几次，并调整雨滴使其刚好掉在水面上形成波纹。

(10) 测试效果如图 2-140 所示。完成作品，保存文件。

图 2-140　雨滴掉在水面上形成的波纹

实例 2.6　图片的形状渐变遮罩效果。

制作思路：综合利用形状渐变动画和遮罩动画，制作出一种图片的特殊效果。具体步骤如下。

(1) 打开前面制作的"椭圆的形状渐变.fla"文件。将其另存为"形状渐变遮罩效果.fla"。

(2) 新建图层 2，并将它拖到图层 1 之下，在其中导入一幅背景图。调整好图片和形状渐变动画的位置。

(3) 在形状渐变动画层(即背景层上的图层 1)上单击鼠标右键，选中"遮罩层"，即将形状渐变动画层遮罩背景层。演示效果如图 2-141 所示。

(4) 完成制作，保存文件。

图 2-141　形状渐变动画遮罩效果

2.4　交　互　控　制

要对 Flash 多媒体课件进行交互控制，一定要用到 Flash 软件中的的 ActionScript 代码。ActionScript 是一种编程语言，用来编写 Adobe Flash 电影和应用程序。

ActionScript 3.0 是一种强大的面向对象编程语言，ActionScript 3.0 的脚本编写功能超越了 ActionScript 的早期版本，它旨在方便创建拥有大型数据集和面向对象的可重用代码库的复杂的应用程序。ActionScript 3.0 代码的执行速度比旧版本 ActionScript 代码快 10 倍以上。需要注意的是：在 Flash CS 5.5 中，使用 ActionScript 3.0 书写代码的方式只有两种，一是利用"动作"面板，在时间轴上书写代码；二是在外部类文件中书写代码，也就是说不将代码直接书写在 fla 文件之中。在 Flash CS 5.5 中，动作脚本 ActionScript3.0 的代码不能再加在影片剪辑和按钮之上。同时，只有 Flash CS 3.0、Flash CS 4.0、Flash CS 5.0 和 Flash CS 6.0 以上版本支持 ActionScript 3.0，其他版本均不支持 ActionScript 3.0。

2.4.1　按钮动作

"动作"面板是用来输入 ActionScript 代码的面板。选择"窗口"→"动作"命令或按 F9 键，可以打开"动作"面板，如图 2-142 所示。"动作"面板由三个窗口构成：动作编辑区(可以在其中输入和编辑 ActionScrip 代码)、动作工具箱(按类别对 ActionScrip 代码进行分组)和脚本导航器(可以快速地在 Flash 文档中的脚本间导航)。

图 2-142　"动作"面板的分区

下面通过具体实例"按钮动作.fla"学习如何在按钮中加入 ActionScript 代码。

(1) 选择"文件"→"新建"命令，打开新建文档窗口，"新建文档类型"选择 ActionScript2.0(ActionScript3.0 不允许在按钮和电影剪辑上加入 ActionScript 代码)，并将其另存为"按钮动作.fla"。

(2) 参照上面"形状渐变遮罩效果.fla"文件在图层 1 和图层 2 中制作一个"形状渐变遮罩效果"，新建一个图层取名"按钮"，准备放置按钮，如图 2-143 所示。

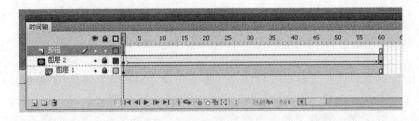

图 2-143　新建一个按钮图层

(3) 选择"窗口"→"公用库"→"按钮"命令，打开公用按钮库面板，从库中选择两个按钮拖到舞台上，一个是播放按钮，另一个是暂停按钮，并把它们放到适当位置，以防相互遮挡。

(4) 选中播放按钮，选择"窗口"→"动作"命令，打开"动作"面板，在"动作工具箱"上方选择 ActionScript1.0&2.0(ActionScript3.0 的代码不能加在影片剪辑和按钮之上)，在"动作工具箱"中选择"全局函数"→"影片剪辑控制"命令，双击"on"，在右边动作编辑区中选择"release"，并在后面大括号中输入 play( )，如图 2-144 所示。

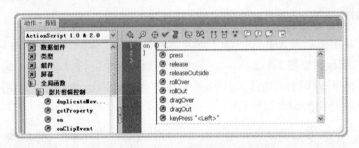

图 2-144　在按钮中加入动作代码

(5) 用同样的方法在"暂停"按钮上加入代码"on (release) {stop( );}"，测试得到想要的效果，当单击"暂停"按钮时，动画暂停播放，再单击"播放"按钮，动画继续播放，如图 2-145 所示。

图 2-145　动画演示效果

(6) 完成制作，保存文件。

注意：按钮事件中除了 release 外，还有其他几种事件，如 press、rollOver、dragOver 等。

2.4.2　帧动作

本节介绍如何在帧上添加动作，让电影播放到某一帧的时候执行给它分配的动作。给帧上添加动作的方法基本上和给按钮添加动作方法相同，但要注意，添加动作的帧必须是关键帧。下面以前面介绍过的"通过半径画圆.fla"为例加以说明。

(1) 打开文件"通过半径画圆.fla",并将其另存为"给帧上添加动作.fla"文件。然后新建一层,命名 as,用来存放 ActionScript 动作语言。

(2) 用鼠标选中 AS 层第 20 帧,单击鼠标右键,插入一个空白关键帧。单击"窗口"→"动作"命令,打开动作面板,在动作编辑区中输入"gotoAndPlay(1)",这时帧上会出现一个小写字母"a",如图 2-146 所示。

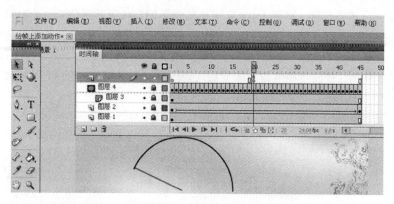

图 2-146　在第 20 帧上添加代码"gotoAndPlay(1)"

(3) 按 Ctrl+Enter 组合键测试动画,发现当快画到半圆时,就不再往下画了,而是又从头开始播放。这是因为在第 20 帧上添加了动作命令"gotoAndPlay(1)",从而使动画返回第 1 帧播放。

(4) 完成制作,按 Ctrl+S 组合键保存文件。

下面再来看通过给某一帧定义标签名字的方法达到上面提到的同样的效果。

(1) 打开刚才保存的文件"给帧上添加动作.fla",并将其另存为"给标签帧上添加动作.fla"。

(2) 用鼠标选中 AS 层第 10 帧,单击右键,插入一个空白关键帧。单击"窗口"→"属性"命令,打开属性面板,在标签名称后输入"aaa",这时帧上会出现三个小写字母"aaa",如图 2-147所示。

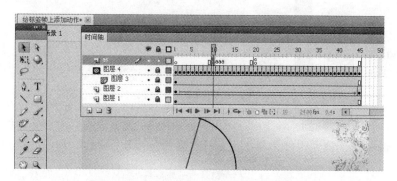

图 2-147　在第 10 帧上添加代码"aaa"标签

(2) 单击第 20 帧,按 F9 键打开动作窗口面板,修改命令如下:gotoAndPlay("aaa")。

(3) 测试动画可发现,当快画完半个圆时,动画返回到第 10 帧开始播放,如果把命令"gotoAndPlay("aaa")"改为"gotoAndPlay(10)",效果是一样的,此时,应把帧标签换为数字标签。

(4) 完成制作,按 Ctrl+S 组合键保存文件。

注意:在 Flash 多媒体课件中,往往既包含按钮动作又包含帧动作。按钮动作和帧动作是相互关联的,二者形成一个有机整体。但要注意的是,ActionScript3.0 的动作代码已经不允许加在按钮和电影剪辑上了。如果要在按钮和电影剪辑上添加动作代码，必须使用 ActionScript2.0 以下版本。

2.4.3　电影剪辑动作

电影剪辑在 Flash 动画中的独立性最强，Flash 动画本身就是电影，电影剪辑又称为电影里的电影，可以嵌套电影剪辑，它的播放不受主时间轴的影响。电影剪辑可以有自己的名称，从而可以通过 ActionScript 进行控制。但要注意：在电影剪辑上编写代码必须使用 ActionScript 2.0 以下版本，ActionScript 3.0 的动作代码已经不允许加在按钮和电影剪辑上了。下面举例说明。

(1) 选择"文件"→"新建"命令，打开新建文档窗口，"新建文档类型"选择 ActionScript 2.0 (ActionScript 3.0 不允许在按钮和电影剪辑上加入 ActionScript 代码)，并将其另存为"电影剪辑上添加动作.fla"。

(2) 在图层 1 中导入一幅背景图，锁住图层 1，新建图层 2。单击"插入"→"新建元件"命令，打开创建新元件的窗口。将名称命名为"dianying"，类型选择"影片剪辑"，如图 2-148 所示。

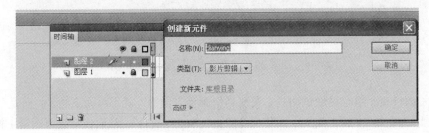

图 2-148　创建电影剪辑元件

(3) 单击"确定"按钮后，进入影片剪辑编辑状态。在影片剪辑中画一朵花，如图 2-149 所示。

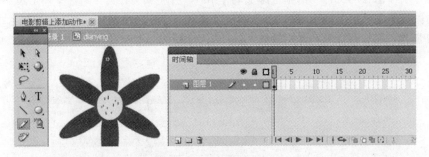

图 2-149　编辑电影剪辑

(4) 单击"场景 1"，回到主场景中，单击"窗口"→"库"命令，打开库面板，并从库中将刚才创建的"dianying"拖到舞台上(实际上是放在第 2 层的第 1 帧上)，如图 2-150 所示。

图 2-150　将库中的电影剪辑拖到舞台上

（5）选中"dianying"实例，打开"动作"面板，输入代码"on (press) {startDrag(this，true);} on (release) {stopDrag( );}，"测试可以得到想要的效果，花可以通过鼠标拖动。完成制作，保存文件。

另外，也可以通过在帧上添加代码来实现上面的效果，实际上，在 ActionScript 3.0 中就是通过在帧上添加代码来实现的，因为在 ActionScript 3.0 中不允许在按钮和电影剪辑上添加代码。

（1）打开上面创建的"电影剪辑上添加动作.fla"文件，将其另存为"帧上添加动作实现电影剪辑上添加动作的效果.fla"，鼠标右键单击舞台上"花"，在弹出的菜单中选择"动作"命令，打开"动作"面板，删除其中的代码。

（2）新建一个图层，命名为"actions"，选择第 1 帧，打开"动作"面板，在"动作"面板中输入代码"dianying.onPress=function( ){startDrag(this);};dianying.onRelease=function( ){stopDrag( );};"，如图 2-151 所示。

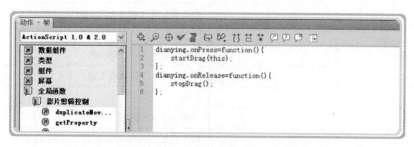

图 2-151 "动作"面板中为实例添加可以被拖动的代码

（3）测试可以得到与上面同样的效果，花可以通过鼠标拖动。完成制作，保存文件。

2.4.4 ActionScript 基本语句

ActionScript 的基本语句比较多，而且 ActionScript 1.0、ActionScript 2.0 和 ActionScript 3.0 的基本语句也有所不同,特别是 ActionScript 3.0 不能与 ActionScript 1.0 和 ActionScript 2.0 混合使用。因此，下面主要介绍 ActionScript 1.0、ActionScript 2.0 的基本语句和 ActionScript 3.0 的三种类型的循环语句即 for、while、do…while 。实际上，用 Flash 软件制作多媒体课件，有 ActionScript 1.0 和 ActionScript 2.0 就够用了。

1. ActionScript1.0、ActionScript2.0 基本语句

Goto	跳转到指定的帧
Play	播放
Stop	停止播放
ToggleHighQuality	在高、低画质之间进行切换
StopAllSounds	停止所有播放的声音
GetURL	用浏览器浏览指定页面
FScommand	发送 FScommand 命令
LoadMovie	导入电影剪辑
UnloadMovie	卸载电影剪辑
TellTarget	指定 ActionScript 命令生效的目标
IfFrameLoaded	帧是否被载入
On (MouseEvent)	鼠标事件

2. ActionScript1.0、ActionScript2.0 的扩展命令

Break	跳出循环
Call	调用指定帧
Comment	注释
Continue	继续执行循环
Delete	删除执行循环
Do...while	Do...while 循环
DuplicateMovieClip	复制 MovieClip
Else	否则(与 If 连用)
Else if	否则如果(与 If 连用)
Evaluate	调用自定义的函数(function)
For	For 循环
For...in	列举对象中的子体(Child)
Function	用于声明一个函数或创建一个无名函数并返回
If	如果
_FrameIsLoaded	动画中下载的帧数
Include	调入外部的 ActionScript 程序文件(.asp)
LoadVariables	引入外部文件中的变量值
OnClipEvent	电影剪辑的触发事件
RemoveMovieClip	删除指定的 Movie clip
Return	获取函数返回的值
Set variable	设定变量值
SetProperty	设定属性值
StartDrag	开始拖动
StopDrag	停止拖动
Trace	跟踪调试
Var	声明局部变量
While	当……成立时执行……(while 循环语句)
With	对……对象(Object)执行……
SwapDepths	交换两个电影剪辑(MC)的深度

3. ActionScript1.0、ActionScript2.0 常用命令的语法结构

(1) do...while(循环语句)的语法结构：

```
do{
statement;
}while(condition)
```

stament 表示等待执行的命令语句；condition 表示执行语句的条件。

(2) for 循环语句的语法结构：

```
for (init;condition;next) {
statement;
}
```

init(初始值)指后面的循环开始的约定值得表达式，通常是一个赋值的表达式。

condition(条件)：作为是否进行循环的条件，如果条件不成立，则退出循环。

next(下一步)：预定后面循环的步长值，每循环一次，初始值的改变量，通常是递减(--)或递增(++)。举例如下：

```
var  sum=0
for ( var  i=1;i<100; i++){
sum=sum+1
      }
```

(3) if，if...else/else if 判断语句的语法结构：

```
If(condition){
Statement;
};
```

condition(条件)：表示要执行 if 语句的判定条件，如果条件为真，则执行 statement 中的命令语句。else 及 else if 都是 if 语句的延伸及扩展。else 里的命令表示 if 条件不成立时执行事件的命令。else if 里的命令表示 if 条件为假，且 else if 语句的条件为真时执行的事件程序。

4. ActionScript3.0 常用循环命令的语法结构

(1) for 循环语句的语法结构(必需在 ActionScript 3.0 的文件中运行)。for 循环语句由两个主要部分组成，即首部(header)和循环体(body)。首部包含初始化(initialization)、测试(test)和循环更新(update)三个部分。首部的每个部分是以分号隔离的，而循环体包含循环语句重复执行的代码。

初始化：必须对每个 for 循环语句进行设置或初始化。初始化语句在循环开始之前只运行一次。它对迭代变量(iteration variable)进行声明和赋值。迭代变量是循环语句开始计数的起始点。它通常以 i 命名，使用的数据类型为 int。迭代变量与任何其他变量一样，必须在对它赋值之前对它进行声明。不要忘记使用 var 关键字并且为它指派一个数据类型。迭代变量的数据类型取决于 for 循环语句的测试和更新部分。int、uint 和 number 均是能够用于 for 循环语句的有效数据类型。如果在一个单一的函数中使用多个 for 循环语句，则迭代变量通常命名为 i、j、k，以此类推。下面是 for 循环语句的初始化的范例。

```
for(var  i: int=0; …){…}
for(var  i: int=0; …){…}
for(var  i: int=9; …){…}
for(var  j: int=1000; …){…}
for(var  k: uint=1250; …){…}
for(var  l: number=3.14; …){…}
```

测试：每个 for 循环语句需要一个终止点。可以使用条件表达式来确定一个循环语句何时停止执行。在每次循环之前必须对测试条件表达式进行求值。当该测试求值为 false 时，循环语句将停止执行并且退出。可以使用比较运算符来定义测试表达式：

```
for  (…; i<10; …){…}
for  (…; i<=10; …){…}
for  (…; i>10; …){…}
for  (…; i>=10; …){…}
```

当在测试表达式中使用一个数字时，则循环语句将执行相应的已知次数。也可以使用在不同条件下数值能够改变的变量：

```
for  (…; i<array.length; …){…}
for  (…; i<totalUsers; …){…}
```

更新：当更新迭代变量时，for 循环语句能够使用递增运算符++进行递增计数，使用递减运算符"--"进行递减计数，或使用算术复合赋值运算符"+="，"-="、"*="、"/="或"%="以任何数值进行计数。下面是 for 循环的更新语句(update statement)的范例：

```
for(…;…;  i++){…}
for(…;…;  i--){…}
for(…;…;  i+=5){…}
for(…;…;  i-=7){…}
for(…;…;  i*=2){…}
for(…;…;  i/=10){…}
for(…;…;  i%=3){…}
```

循环体：{ }中的代码被称为循环体。循环体中的所有代码在每次循环过程中均被执行一次。希望重复执行的代码就是应该放置于循环体中的代码。

```
for(…;…;…;){
    trace{ "hello, how  are  you" };
}
```

可以进行各种不同的计算，使用迭代变量完成某一任务，调用其他函数，基于数组执行循环操作。需要注意的是：循环体中的代码不应该改变迭代变量的值。循环首部中的更新语句应该是唯一能够改变迭代变量值的语句。例如：

```
for(var i:int=0;i<10;i++){
trace(i);
}
//output
0
1
2
3
4
5
6
7
8
9
```

下面的 for 循环语句也能够跟踪迭代变量。这一次相应的更新语句对迭代变量进行递减操作。当 i 不大于 10 时，循环将停止执行。例如：

```
for(var i:int=20;i>10;i--){
    trace(i);
}
//output
```

```
20
19
18
17
16
15
14
13
12
11
```

此外，下面的 for 循环语句也能够跟踪迭代变量。这一次相应的更新语句对迭代变量进行递增操作，使用的步长为 5。当 i 不小于 20 时，循环将停止执行。例如：

```
for(var i:int=0;i<20;i+=5){
    trace(i);
}
    //output
    0
    5
    10
    15
```

与 for 循环语句相关的语句包括 for…in 和 for each…in 循环语句。这些循环语句均可以用于重复执行数据集合，如 Object、Array 和 XMLList。 如需了解更多关于它们的信息，请阅读 ActionScript 3.0 Reference 中的 for…in and for each…in。

. (2) while 循环语句的语法结构(必需在 ActionScript3.0 的文件中运行)。当确切知道循环语句要执行的次数时，可以使用 for 循环语句。否则，将会发生什么情况呢？此外，如果希望在某一条件满足时而不是根据设置的次数来确定是否发生事件，将会发生什么情况？在这些情形下，应该使用 while 循环语句。只要相应的条件表达式的值为 true，这一类型的循环语句将会继续执行。

与 for 循环语句不同，while 循环语句在其首部不包含迭代变量或更新语句。只能在 while 循环语句的首部编写一个条件表达式。必须非常细心地建立 while 循环语句的循环体，循环体中的代码必须最终导致相应的条件表达式的值变为 false，否则 while 循环语句将永远不会停止执行，从而进入无限循环状态。例如：

```
var i:int = 0;
while (i < 12) {
 trace(i);
 i++;
 }
//output
0
1
```

```
2
3
4
5
6
7
8
9
10
11
```

(3) do...while 循环语句的语法结构。do...while 循环是一种 while 循环，它能保证至少执行一次代码块，这种循环方式能在执行代码主体以后才检查条件。也就是说即使条件不满足，它也会生成输出结果。例如：

```
var i:int = 1;
do{
trace(i); i++;
} while (i < 5);
//output
1
2
3
4
```

(4) break 和 continue 语句的语法结构。有时候需要改变循环语句的流程，也许在对一个数组进行循环时就发现所要寻找的数据，或者也许应用程序中的某些条件已经改变，因此没有必要进行循环操作。在这些情形下，ActionScript 3.0 将使用 break 和 continue 语句。

break 语句能够立即停止循环操作。break 语句之后的循环体中的代码将不再执行。即使循环语句中的条件表达为 true，break 语句也能停止相应的循环操作。下面的代码给出用于退出循环的 break 语句。尽管该循环设置的条件是当 i 不大于 23 时循环执行，但当 i 等于 13 时，相应的 break 语句将导致其停止循环。例如：

```
for(var i:int=1; i<23; i+=4){
if(i==13){
break;
}
trace(i);
}
//output
1
5
9
```

continue 语句能够暂停循环体的执行，实施循环的更新，然后重新启动循环体中的代码。下面的代码给出用于跳出循环语句的一个重复操作的 continue 语句。注意，数字 13 没有出现在输出结果中。当 i=13 时，continue 语句导致循环操作暂停，在进行相应的更新之后使得 i=17，然后循环操作继续进行。

```
for(var i:int=1; i<23; i+=4){
if(i==13){
continue;
}
trace(i);
}
//output
1
5
9
17
21
```

2.4.5　交互控制应用实例

实例 2.7　下拉菜单的制作。

制作思路：综合利用 ActionScript1.0、ActionScript2.0 语言，在按钮上添加代码实现下拉菜单的效果。具体步骤如下。

(1) 选择"文件"→"新建"命令，打开新建文档窗口，"新建文档类型"选择 ActionScript2.0(ActionScript3.0 不允许在按钮和电影剪辑上加入 ActionScript 代码)，并将其另存为"下拉菜单制作.fla"，在其中导入一幅背景图。锁住第 1 层，新建第 2 层。

(2) 创建四个按钮符号，分别是"第一章"，"第一节"，"第二节"，"第三节"，并将它们位置排成如图 2-152 所示。

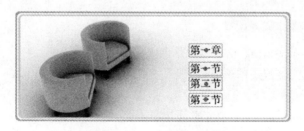

图 2-152　排列 4 个按钮的位置

(3) 同时选中这四个按钮，单击"修改"→"转换为元件"命令，打开"转换为元件"窗口，名称改为"菜单"，类型选择"影片剪辑"。单击"确定"按钮以后即将这 4 个按钮的组合转换成了电影剪辑，双击它进入"菜单"编辑窗口，并给按钮画上长方形边框，如图 2-153 所示。

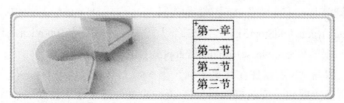

图 2-153　将按钮组合转换为电影剪辑的编辑状态

(4) 选中第1帧～第5帧，单击鼠标右键，选择"转换为关键帧"命令，在第1帧上将其他按钮删除，只留下"第一章"按钮，类似，第3帧上只留下"第一节"按钮，第4帧上只留下"第二节"按钮，第5帧上只留下"第三节"按钮。

(5) 锁住图层1，新建图层2，然后用长方形工具画一个长方形，大小刚好与刚才的四个按钮组合一样大，选中它，单击"修改"→"转换为元件"命令，打开"转换为元件"窗口，名称改为"透明按钮"，类型选择"按钮"。单击"确定"按钮以后即将这个长方形转换成了按钮元件，双击它进入"透明按钮"编辑状态，在"单击"帧上插入关键帧，并将"弹起"帧上的长方形删除，透明按钮制作完毕，如图2-154所示。

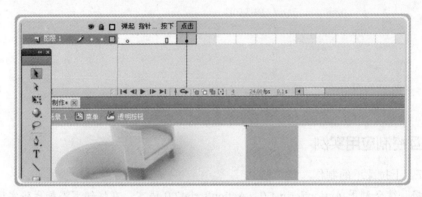

图 2-154　制作透明按钮

(6) 单击"菜单"电影剪辑，返回到电影剪辑编辑窗口，选中"透明按钮"，按F9键打开"动作"窗口，在其中输入代码"on(rollOut){gotoAndStop(1);}"，关闭"动作"窗口，回到"菜单"电影剪辑编辑窗口，并将图层2拖到图层1之下，如图2-155所示。

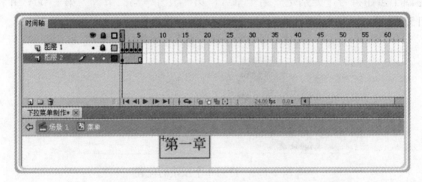

图 2-155　在透明按钮上添加动作代码

(7) 锁住图层2，解锁图层1，选中"第一章"按钮，按F9键打开"动作"窗口，在其中输入代码"on(release){gotoAndStop(2);}"，关闭"动作"窗口，回到"菜单"电影剪辑编辑窗口，选中第2帧，在第2帧舞台上，"第一章"按钮中添加代码"on(release){gotoAndStop(2);}"，"第一节"按钮上添加代码"on(release){gotoAndStop(3);}"，"第二节"按钮中添加代码"on(release){gotoAndStop(4);}"，"第三节"按钮中添加代码"on(release){gotoAndStop(5);}"。

(8) 新建一层，取名AS层，并在其第1帧～第5帧上都添加代码"stop();"。

(9) 测试得到所要的效果。完成制作后，按Ctrl+S组合键保存文件。

实例2.8　多媒体课件模板制作。

制作思路：综合利用 ActionScript 1.0、ActionScript 2.0 语言，在帧和按钮上添加代码编程来实现多媒体课件模板的效果。整个动画分为四层，即背景层、按钮层、文本层、代码层。具体步骤如下。

(1) 选择"文件"→"新建"命令，打开新建文档窗口，"新建文档类型"选择 ActionScript 2.0 (ActionScript 3.0 不允许在按钮和电影剪辑上加入 ActionScript 代码)，并将其另存为"解析几何多媒体课件.fla"，在其中导入一幅背景图，锁住第 1 层；新建第 2 层，命名为"按钮"层；新建第 3 层，命名为"文本"层；新建第四层，命名为"代码"层。并将它们都延伸到 20 帧，如图 2-156 所示。

图 2-156　新建文件，加入 4 个图层，并将它们延伸到 20 帧上

(2) 前 4 帧留下作为编辑课件封面的时间段，因此，在 4 个层的第 5 帧上都加上一个空白关键帧。课件封面将安排课件"封面背景图片"、"开始学习"按钮、课件标题"解析几何第一章"，如图 2-157 所示。其中"封面背景图片"放在背景层，"开始学习"按钮放在按钮层，课件标题"解析几何第一章"放在文本层。

图 2-157　课件封面制作

(3) 选中"开始学习"按钮，按 F9 打开动作面板，在其中输入代码"on(release){gotoAndStop(5);}"。

(4) 在代码层第 1 帧中加入如下代码：

```
stop();
fscommand("fullscreen", "true");
fscommand("showmenu", "false");
fscommand("allowscale", "true");
fscommand("trapallkeys", "true");
```

(5) 在代码层第 4 帧中加入代码"stop();"。

(6) 从第 5 帧开始，安排制作课件的内容。需要重新导入一张课件内容背景图，制作"上一页"、"下一页"和"退出"三个按钮元件，排列如图 2-158 所示。

图 2-158　课件内容制作

(7) 在代码层第 4 帧以后每一帧中都加入代码"stop( );"。同时在文本层对应的帧上输入 1～16 的数字，这 16 个数字所在位置就是以后要输入文本的位置。并在"上一页"按钮上添加如下代码：

```
on (release, keyPress "<Left>") {
gotoAndPlay(4);
}
```

在"下一页"按钮上添加如下代码：

```
on (release, keyPress "<Right>") {
gotoAndPlay(6);
}
```

在"退出"按钮上添加如下代码：

```
on (release) {
fscommand("quit", "true");
}
```

然后在按钮层第 6 帧上插入关键帧，依次修改按钮动作跳转的帧数即可，如图 2-159 所示。

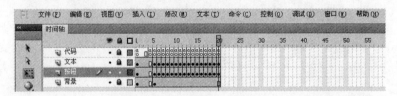
图 2-159　加上内容和代码的层与帧

(8) 完成制作，保存文件。

2.5　声音和视频的应用

声音和视频也是课件很重要的组成部分。声音使动画更具有观赏性，在 Flash 中，既可以为整部影片添加声音，也可以单独为影片中的某个元件添加声音，例如，可以向按钮添加声音，当按钮被触摸或按下时，就会发出设定的声音，使按钮具有更强的感染力。视频使动画内容更加丰富，在 Flash 中，可以根据具体情况导入一定的视频，丰富动画和课件的内容，增强课件内容的丰富性和趣味性。

2.5.1 导入和设置声音

导入声音和导入背景图操作类似，下面举例加以说明。

(1) 选择"文件"→"新建"命令，打开新建文档窗口，"新建文档类型"选择 ActionScript3.0，并将其另存为"导入声音.fla"。在第 1 层中导入一幅背景图，如图 2-160 所示，锁住第 1 层，新建第 2 层。

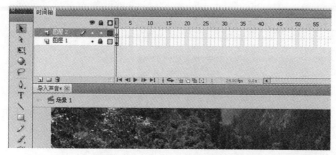

图 2-160　在第 1 层中导入一幅背景图同时新建第 2 层

(2) 单击"文件"→"导入"→"导入到舞台"命令，如图 2-161 所示。

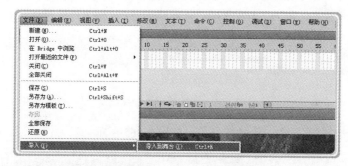

图 2-161　导入文件的步骤

(3) 打开导入背景音乐的"导入"面板，如图 2-162 所示，选中要导入的背景音乐，一般是 MP3 格式和 wav 格式的音乐，然后单击"打开"按钮，将选中的背景音乐导入 Flash 中。

图 2-162　导入背景音乐

(4) 选中第 2 层第 1 帧，单击"窗口"→"属性"，打开"属性"面板，如图 2-163 所示，属性面板中"名称"选择刚才导入的"背景音乐"，"效果"栏选择"向左淡出"，"同步"栏选择"开始，重复 1 次"，设置完毕。

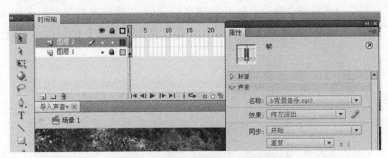

图 2-163　设置背景音乐的属性

(5) 完成制作，按 Ctrl+S 组合键保存文件。

2.5.2　给按钮添加声音

给按钮添加声音就是在按钮中导入声音，操作与导入声音类似，下面举例说明。

(1) 打开第 2 章"圆型按钮.fla"源文件，将其另存为"在按钮中加入声音.fla"，双击圆形按钮进入圆形按钮编辑状态，如图 2-164 所示。并新建图层 2，用来放置声音。

图 2-164　在按钮中添加图层 2

(2) 选中"弹起"帧，导入一个按钮音乐，如图 2-165 所示。

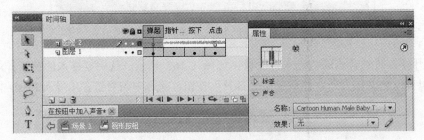

图 2-165　在按钮图层中添加声音

(3) 回到场景 1，演示得到带声音的按钮。完成制作，按 Ctrl+S 组合键保存文件。

2.5.3　视频的导入

视频的导入与音乐的导入类似，但在 Flash CS 5.5 中，必须使用 FLV 或 H.264 格式编码的视频，下面举例说明。

(1) 准备好要导入的视频文件。必须是使用 FLV 或 H.264 格式编码的视频。

(2) 选择"文件"→"新建"命令，打开新建文档窗口，"新建文档类型"选择 ActionScript 3.0，并将其另存为"导入视频文件.fla"。

(3) 单击"文件"→"导入"→"导入视频"命令，打开"导入视频"面板，如图 2-166 所示。

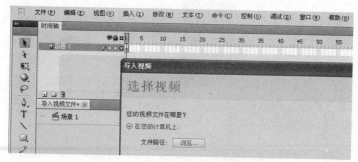

图 2-166　打开"导入视频"面板

(4) 通过浏览文件路径打开"视频文件.flv",并将其导入到舞台之中,如图 2-167 所示。

图 2-167　导入"视频文件.flv"到舞台上

(5) 完成制作,保存文件。

2.5.4　声音和视频应用实例

实例 2.9　Flash MTV 实例制作。

制作思路:综合利用动画制作与导入背景音乐等方面的知识制作 Flash MTV。整个动画分为 6 层:背景层、演员动画层、音乐层、文本层、按钮层、代码层。具体步骤如下。

(1) 准备好背景图片、演员图片、一首好听的歌曲音频 MP3 文件及其相关的歌词文本。

(2) 选择"文件"→"新建"命令,打开新建文档窗口,"新建文档类型"选择 ActionScript 2.0 (ActionScript 3.0 不允许在按钮和电影剪辑上加入 ActionScript 代码),并将其另存为"flashMTV.fla"。将第 1 层命名为背景;依次添加演员动画层、音乐层、文本层、按钮层及代码层。

(3) 在背景层导入背景图片,调整好大小与透明度。再将演员图片(包含人物和花卉)导入"库"中,音乐也导入"库"中。时间轴前 4 帧留着制作封面,因此都在第 5 帧上插入空白关键帧,如图 2-168 所示。

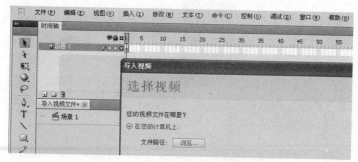

图 2-168　时间轴前 4 帧留着制作封面

(4) 从第 5 帧开始制作内容部分。首先要把歌词加在帧上,可以通过按回车键播放歌曲,再按回车键暂停来对歌曲进行断句,并在文本层相应的时间轴上加上空白关键帧,把相应的歌词先加在空白关键帧属性的标签名称上，然后再把歌词从标签名称上复制下来粘贴在文本层相应的舞台上，为了断句较准确，需要多听几遍歌曲。断句配好歌词后，需要把歌词做成 MTV 的效果，主要用遮罩的方法制作。因此，需要在"文本层"上再加上两个层来做遮罩效果。

(5) 文本层做好后，按钮层中添加按钮，代码层加入代码。接下来的主要工作是让演员出场，重点要编辑好"演员"图层。而且，根据需要，可以在"演员"层之上再添加新的图层"配角层 1"、"配角层 2"等，如图 2-169 所示。

图 2-169　在图层上安排演员和配角

(6) 为了达到理想的效果，需要反复进行修改。制作完成，保存文件。

实例 2.10　应用导入的视频制作 Flash 课件封面。

制作思路：综合利用动画制作与导入视频等方面的知识制作 Flash 课件封面。整个动画分为 6层：背景层、音乐层、视频层、文本层、按钮层、代码层。具体步骤如下。

(1) 选择"文件"→"新建"命令，打开新建文档窗口，"新建文档类型"选择 ActionScript2.0 (ActionScript3.0 不允许在按钮和电影剪辑上加入 ActionScript 代码)，并将其另存为"flash 课件封面制作.fla"。将第 1 层命名为背景；依次添加音乐层、文本层、按钮层及代码层。

(2) 背景层加入一幅背景图片；音乐层导入背景音乐；视频层放入视频，应先把视频导入一个电影剪辑当中，并把视频电影剪辑放在舞台上适当的位置；文本层加上文本；代码层第 1 帧加上代码"stop( );"，如图 2-170 所示。

图 2-170　导入视频制作课件封面

(3) 完成制作，按 Ctrl+S 组合键保存文件。

2.6　本章小结

　　本章从文本编辑、图形编辑、创建动画、交互控制、声音和视频的应用等方面介绍了 Flash 多媒体课件制作的一些基础知识和基本技能，每小节都以实例的形式分步骤进行介绍，只要按照步骤进行操作即可制作出相应的作品。

　　其中文本编辑包含文本的输入与修改、文本属性的设置、文本类型的设置、文本超链接的设置；图形编辑包含基本绘图、图形的修改、高级绘图；创建动画包含动画的分类、帧并帧动画、移动渐变动画、形状渐变动画、遮罩动画、利用 Adobe Flash Professional CS 5.5 软件新功能创建动画；交互控制包含按钮动作、帧动作、电影剪辑动作、ActionScript 基本语句；声音和视频的应用包含导入和设置声音、给按钮添加声音、视频的导入。另外，每一小节最后又提供了两个实例制作示例，读者只要按照步骤操作，多想多练，一定能掌握好 Flash 多媒体课件制作基础，为进一步学习 Flash 多媒体课件制作做好充分的准备。

第3章 Flash 教学课件制作辅助软件介绍

3.1 文本处理软件

文本素材是多媒体课件中最主要的成分之一，文本素材的处理离不开文字的输入与编辑，有些课件集成工具软件中自带文字编辑功能，但对于大量的文字信息一般不采取在集成时输入，而是在早期就预先准备好所需的文字。本节介绍在多媒体课件中常用的文字处理软件。

3.1.1 FlaX 软件

FlaX 是一款制作 Flash 文字特效的工具，也是 Flash 动画中歌词、字幕等文字专用特效制作软件，软件小巧玲珑，使用起来简单、方便、实用，是动画制作非常好的和必备的帮手。FlaX 内置有许多效果，这些效果如果用 Flash 来制作，都是有相当难度的。但用 FlaX 只需几分钟就可以完成。软件的主窗口界面如图 3-1 所示。

图 3-1 FlaX V3.0 汉化版主窗口界面

FlaX 的运行界面很简捷、漂亮，类似于 Flash5.0 的浮动面板，所有工作区域都可以拖动，程序是由一个程序主窗口和三个属性栏组成，属性栏界面如图 3-2 所示。

下面介绍 FlaX 3.0 软件的基本操作。

(1) 设置。打开 FlaX 3.0 软件，设置主窗口的宽高尺寸，即"动画属性"对话框中的"宽度"和"高度"，这里选择和 Flash 默认的舞台相同的宽度 550 像素，高度 200 像素。主窗口的宽高尺寸也可以用手拖动改变大小。帧频保持不动，背景颜色选择淡黄，再调整文字方向，选择"方向"四个箭头中的→方向，如图 3-3 所示。

(2) 输入文字。在"文本属性"栏下边的文本框里输入要制作的文字(如欢迎)，如图 3-3 所示。

(3) 选择字体、字号。单击字体框后边的小三角选择需要的字体，这里选用的是华文楷体，再单击字号框后边的小三角选择字号大小(如 48)，如图 3-3 所示。

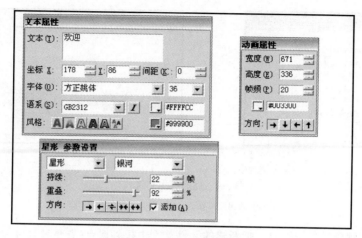

图 3-2　FlaX 三个属性栏界面

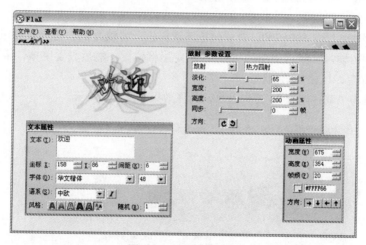

图 3-3　各种操作设置

(4) 文字居中。分别点住"坐标"X 和 Y 数字后边的上下小三角,即可调整文字的左右和上下,然后再用同样的方法调整文字的间距。

(5) 选择文字样式。单击"风格"后边的六个 A 字按钮中的任意一个,即可改变文字的风格样式,这里选用的是最后一个样式,如图 3-3 所示。

(6) 选择特效的样式:文字动作方式有很多选择,可以根据喜好在"参数设置"栏随意设置,首先单击效果框后边的小三角,在下拉菜单中会出现的大量特效名称中选择一个;然后分别滑动下边的效果调整件,或直接输入数字,调整出自己满意的效果,如图 3-3 所示,本例用的是"放射"效果。

(7) 导出特效。单击软件左上角的"文件"→"输出为 SWF 文件"命令,如图 3-4(a)所示。

(8) 保存文件。选择保存文件的硬盘和文件夹,填写文件名,其他项全部默认,单击"保存"按钮,如图 3-4(b)所示。

(9) 应用特效文件。把保存的特性文件输入到 Flash 里边执行,可以使用下面的方法。

① 运行 Flash MX,单击"插入"→"新建元件"命令,命名新元件,选影片剪辑后单击"确定"按钮。

② 选择"文件"→"导入"命令,选择上面生成的文字文件 SWF。

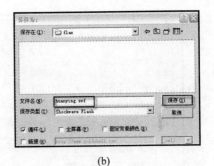

(a)   (b)

图 3-4   导出与保存文件

(a) 导出文件格式；(b) 保存文件。

③ 再切换到舞台场景编辑中，把新建的元件从库中拉到舞台(需要对舞台大小、颜色重新设置)，再单击"控制"→"测试影片"命令看效果。

实例 3.1   闪烁文字制作

(1) 首先设置动画尺寸 600×300，背景颜色选淡粉色，帧频为 20，方向设置成横向。

(2) 在文本框内输入文字"美丽的草原"，确定坐标位置，然后设置字体、字号(隶书，48)，字体颜色选择草绿色，风格为第四种。

(3) 设置特效为"双重闪烁"，方向选 ➡➡，具体效果如图 3-5 所示。

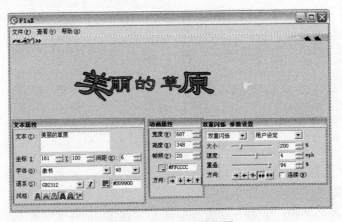

图 3-5   FlaX 设计效果图

3.1.2   FrontPage 软件

FrontPage 是 Microsoft 公司推出的集成办公软件 Office XP 的组件之一，是目前使用最广泛、最为流行的网页设计、制作与站点管理的工具。使用它可以制作网页型课件。FrontPage 在网站的设计、管理和发布等方面功能强大，其具有以下显著的特点。

(1) 强大的编辑功能。FrontPage 采用图形化的界面对网页进行编辑，不仅有强大的文字编辑功能，而且可以在网页中方便地加入图像、声音、动画等多媒体信息。还可以将网页中的静态元素设置成各种动态的效果，如弹性、波动、跳跃、飞入等效果。

(2) 方便的站点和网页向导、完善的站点管理功能。FrontPage 提供了多种站点模板和网页模板，如个人站点向导、公司展示站点向导等。使用向导可以通过简单的选择和确认，完成站点和网页主体结构的设计创作。

(3) Web 数据库发布功能。FrontPage 提供了多种支持和应用数据库的方法，包括它的数据库结果向导、数据表单输入、创建 Access 数据访问页。同时，用户可以使用它来建设和维护整个网站，更简单的检测、更新网站；具有实时的交互性，用户之间可用网络平台进行实时讨论与交流。

(4) 与 Office 应用程序间的紧密结合。运用 FrontPage 制作网页型课件，一般首先要创建好网站和网页，再向网页中添加多媒体素材并进行修改美化，最后设置网页之间的超链接。下面介绍 FrontPage 2003 软件。

运行 FrontPage 2003，主界面如图 3-6 所示。

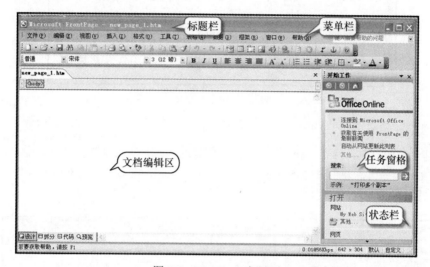

图 3-6　FrontPage 主界面

下面介绍主界面中各区域菜单的功能。

(1) 菜单栏。FrontPage 的用户界面与 Office 的其他应用程序非常相似，在标题栏的下面是菜单栏，菜单栏中有 10 个菜单选项，即文件、编辑、视图、插入、格式、工具、表格、框架、窗口、帮助。

(2) 工具栏。FrontPage 提供了五百多个工具按钮，并且按照不同的功能，将这些按钮安排在不同的工具箱中。在默认状态下，除"常用"和"格式"工具栏外，其他工具栏都自动隐藏起来。要使用其他的工具按钮，可以单击"视图"(查看)菜单上的"工具栏"命令，从子菜单中选择想要打开的工具栏命令。

(3) 网页编辑窗口。在启动 FrontPage 程序后，界面将自动显示为 new_ page_1.htm 命名的一个空白网页，利用"常用"工具栏上的"新建空白文档"按钮可以创建若干个空白网页，FrontPage 会依次命名为 new_page_2.htm，new_page_3.htm 等。还可以通过网页选项卡或者"窗口"菜单在不同的网页中切换。

(4) 视图栏。"视图栏"位于 FrontPage 界面的左边。在"视图栏"中包含有"网页"、"文件夹"、"报表"、"导航"、"超链接"和"任务"6 个视图。

前面简单介绍了 FrontPage 的基本操作功能，下面将通过一个实例来讲述使用 FrontPage 设计和制作网页的步骤。

实例 3.2　单网页设计。

本例的设计内容是朱自清散文《荷塘月色》的单网页设计。在制作时，其他具体课件内容可利用 FrontPage 提供的主题和背景设计，统一课件的整体风格。设计的最终网页设计效果如图 3-7 所示。

图 3-7　网站效果图

设计具体操作如下：

(1) 新建"荷塘月色"网站。在 FrontPage 中创建的网站其实就是文件夹。运行 FrontPage 软件，选择"文件"→"新建"命令，打开"新建"命令任务窗格，按图 3-8 所示操作，新建一个包含一个网页的网站。

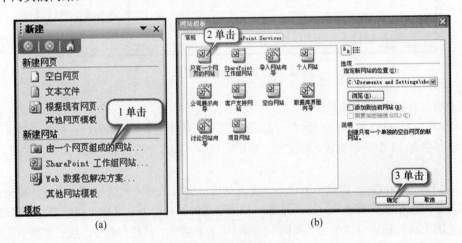

图 3-8　新建网站

(a) 新建文件；(b) 选择模板类型。

(2) 查看新建网站。查看新建文件夹下自动产生的(图 3-9)文件及文件夹。

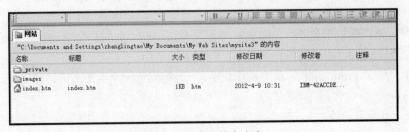

图 3-9　新建文件夹内容

(3) 对网页进行编辑。包括在网页中输入文字及插入图片、表格、主题、超链接等。在本例中只对该网页做了简单的编辑，插入了 3 行文字和 1 幅图片，如图 3-10 所示，具体步骤如下。

　① 输入标题。选择汉字输入法，输入标题文字"荷塘月色"，按回车键换到下一段落。

　② 输入作者。输入作者姓名"朱自清"，按回车键换到下一段落。

　③ 输入正文。输入如图所示文字，输完一个自然段后，按 Shift+Enter 组合键换行。

图 3-10　输入的文字

　④ 设置文字格式。选定标题文字 "荷塘月色"，选择"格式"→"字体"命令，设置标题文字格式为：宋体，加粗，36 磅，绿色。用同样的方法设置作者姓名的文字格式：华文楷体，加粗，4 磅，褐紫红色。

　⑤ 设置段落格式。选择"格式"→"段落"命令，按图 3-11 所示操作，设置标题文字的对齐方式为居中，段前和段后间距为 20px，行距为双倍行距。同样的方法，设置作者段落为居中对齐，正文段落为双倍行距。

图 3-11　设置标题文字的段落格式

　⑥ 插入水平线。移动光标至作者名字的结尾，选择"插入"→"水平线"命令，在姓名与正文之间插入一条水平线，双击插入的水平线，按图 3-12 所示操作，设置水平线属性。

图 3-12　水平线设置

⑦ 插入艺术字。为了使网页更加美观，通常借助艺术字来美化网页的标题文字。先选中标题"荷塘月色"，再选择"插入"→"图片"→"艺术字"命令，按图 3-13 所示操作，可插入艺术字"荷塘月色"。

图 3-13　设置艺术字

⑧ 将光标移至网页正文开始处，选择"插入"→"图片"→"来自文件"命令，按图 3-14 所示操作，在文中插入图片。

⑨ 设置图片。双击图片，按图 3-15 所示操作，设置环绕样式为左，宽度为 720 像素。

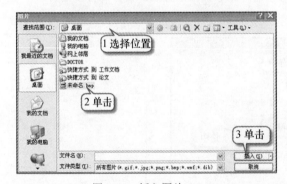

图 3-14　插入图片

图 3-15　设置图片

⑩ 整体修饰。为了使网页看起来更美观，需要对正文部分进行调整。先选择正文所有文字，再选择"格式"→"字体"命令，按图 3-16 所示操作。对段落修改，选择"格式"→"段落"命令，按图 3-17 所示操作，整体效果如图 3-7 所示。

图 3-16　字体修改

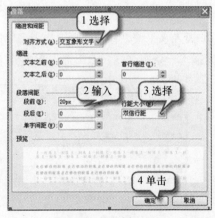

图 3-17　段落修改

116

(4) 保存网页。网页编辑完成之后，需要保存网页文件。单击"常用"工具栏中的"保存"图标 ，将出现如图 3-18 所示的"另存为"对话框。在"另存为"对话框的"文件名"文本框中输入文件名，在"保存类型"下拉列表框中选择"Web 页"即网页文件(.html)，在"保存位置"文本框中选择文件要保存的位置，然后单击"保存"按钮即可保存该网页文件。

图 3-18　保存网页

(5) "预览"网页。在网页的编辑过程中，随时可以使用 FrontPage 中的网页"预览"功能对网页进行预览。单击网页窗口下面的"预览"按钮即可对网页进行预览。

(6) 查看、编辑网页的 HTML 源代码。在网页窗口中单击"HTML"按钮即可切换到 HTML窗口(图 3-19)。在 HTML 窗口中可以直接对 HTML 源代码进行编辑。

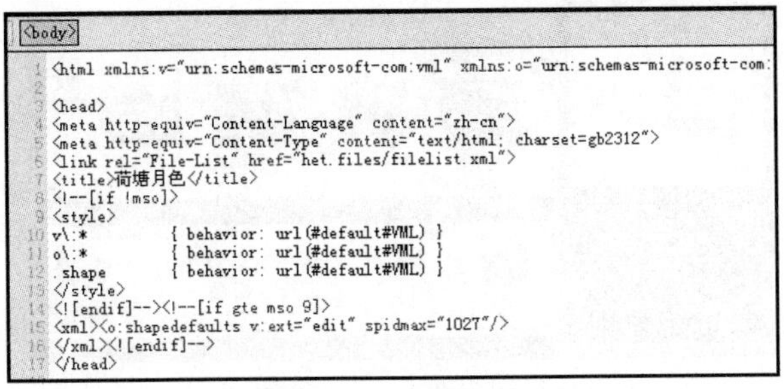

图 3-19　网页代码

(7) 网页发布。

① 测试网页。网页制作完成后还需要对网页进行测试，以检查每个网页的功能是否实现，超链接是否正确等。

② 发布站点。网页制作完成并经过测试后，就可以把站点网页发布到因特网的某个 Web 服务器上，使因特网上的每个用户都能访问到该站点。

3.2　图形采集与处理软件

图形、图像是制作多媒体课件必不可少的素材，如背景、人物、界面、图片、按钮等。而且图像和图形是学习者最易接受的信息，一幅图可以胜过千言万语，能更加生动、形象、直观地表达大量的信息，比枯燥的文章更能吸引读者，有助于对知识的理解。

在制作多媒体课件过程中，通过扫描仪、网上下载、数码相机或捕捉屏幕得到的图像素材，通常需要进行一定的处理，使其符合课件需要。下面介绍几种常用的图像处理软件。

3.2.1　TechSmith Snagit 截图软件

Snagit 是一款功能强大的文本、屏幕及视频捕获与转换程序，可以采用多种方式捕获 Windows 屏幕、DOS 屏幕、电影画面、游戏画面、菜单、窗口、客户区窗口、最后一个激活的窗口及用鼠标定义的窗口等一系列不同的区域，并且图像还可以被保存为 BMP、PCX、TIF、GIF 及 JPEG 等多种格式，甚至还可以保存为系列动画。

Snagit 软件汉化版的工作界面如图 3-20 所示。它可以通过菜单、配置文件按钮、热键进行图像、文字、视频及网络的捕获，并且针对每种模式，它还提供了多种不同的捕捉方式，同时 Snagit 在进行每次捕捉的时候都提供了详细的操作提示。可以根据不同的需要，通过菜单"捕捉"→"模式"命令，选择不同的捕获模式。

Snagit 共提供了四种捕获模式，分别是图像、文字、视频及网络捕获；通过菜单"捕获"→"输入"命令可以选择不同的捕捉方式，如普通、滚动、形状及高级等。下面介绍几种常用的抓图方式。

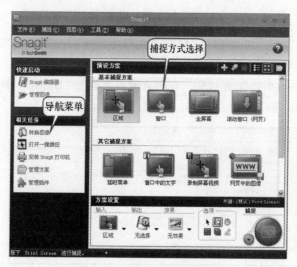

图 3-20　Snagit 的工作界面

1. 区域抓图

在捕捉方案中选"区域"，按 PrintScreen 键，如图 3-21 所示。

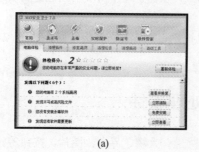

(a)

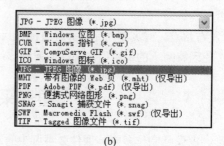

(b)

图 3-21　区域抓图

(a) 区域抓取；(b) 存储格式选择。

2. 窗口抓图

在 Snagit 程序主界面单击"窗口"选项，再单击"捕捉"按钮进入抓图状态，此时移动鼠标到需要抓取的窗口上，单击左键即可进行窗口抓图，如图 3-22 所示。

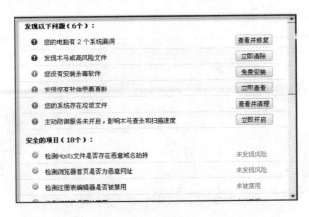

图 3-22　窗口抓图

3. 全屏抓图

全屏抓图可以一下抓取整个屏幕上的当前画面。在 Snagit 程序主界面单击"整个屏幕"选项，再单击"捕获"按钮即可完成抓图，如图 3-23 所示。

图 3-23　全屏抓图

4. 滚动窗口抓图

首先在主界面单击"滚动窗口"选项，然后单击"捕获"按钮进入抓图状态，将鼠标移动到需要抓取的窗口上，单击左键开始抓图。此时会发现鼠标的指针变成一个滚动图标，稍等片刻屏幕便会自动开始滚动，直到滚动到最后一页停止下来，此时便可单击左键完成所有的画面抓取。

5. 自由抓图

在主界面中单击"区域"选项，然后在下方的"输入"菜单中选择"形状"→"椭圆"命令，单击"捕获"按钮进入抓图状态，此时按住左键不放，然后移动鼠标选择抓图区域，松开左键完成，最后对抓取的图片进行保存，如图 3-24 所示。

图 3-24　任意捕捉的图片

6. 文字捕捉

利用 Snagit 可以抓取屏幕上众多窗口、对话框或菜单的文字，甚至是 Windows "资源管理器"中的文件名，然后直接将它们转换为可编辑的文字。还可直接将软件界面中的语句复制、抓取下来，从而保证不会出现输入错误。

在 Snagit 程序主界面单击"窗口文字"选项，然后单击"捕捉"按钮进入抓图状态，移动鼠标到需要抓取的窗口，单击鼠标左键进行抓图，如图 3-25(a)所示为截取的文字。保存图片时，选择文件类型为文本文件如图 3-25(b)所示。

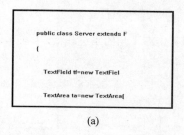

(a)

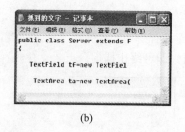

(b)

图 3-25　文字的抓取

(a) 抓取程序；(b) 保存成.txt 文件。

7. 编辑功能

Snagit 提供了独立的图像编辑器，如图 3-26 所示，具备非常强大的图像处理功能。可以对捕获的图像进行编辑、加注、调色、旋转、标记、发送等多种处理。

在 Snagit 中可以方便地对抓取的图片进行标注，选择程序界面左侧的"绘制工具"栏中的"文字工具"按钮，就可以在所抓图上标注文字，选择箭头按钮可以指向图像的某一区域，也可以选择外形按钮(如矩形)强调部分图像，如图 3-27 所示。

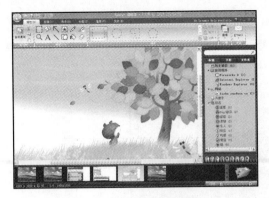

图 3-26 Snagit 的图像编辑器

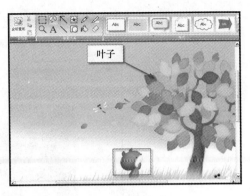

图 3-27 图像的标注

实例 3.3 动态捕捉视频。

利用 Snagit 的动态捕捉功能，录制一段视频内容，具体操作如下。

(1) 在程序主界面单击"录制屏幕视频"选项，然后单击"捕捉"按钮进入动态抓图模式，然后移动鼠标确定捕捉的范围。单击"开始"按钮开始录制，如图 3-28 所示。

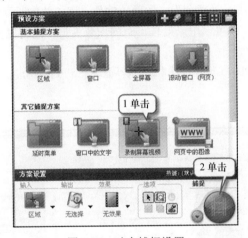

图 3-28 动态捕捉设置

(2) 需要终止抓图时，只需再次按捕捉热键或双击右下角的系统托盘，在弹出的对话框中单击"停止"按钮，即可终止捕捉，单击"完成"按钮可进行保存，如图 3-29 所示。

(a)

(b)

图 3-29 视频捕捉

(a) 开始视频捕捉；(b) 结束视频捕捉。

(3) 浏览捕获的视频，单击"播放"按钮，效果如图 3-30 所示。

图 3-30　捕获的视频

3.2.2　Photoshop 软件

Photoshop 是一款专门用于处理图形、图像的软件。该软件集图像设计、扫描、编辑、合成以及高品质输出功能于一体，既可以用来处理已有的图像素材，也可以创建图像，是目前优秀的平面图形图像处理软件之一。

在课件制作中经常用 Photoshop 设计和处理界面。启动 Photoshop 后，可打开其工作界面，如图 3-31 所示。

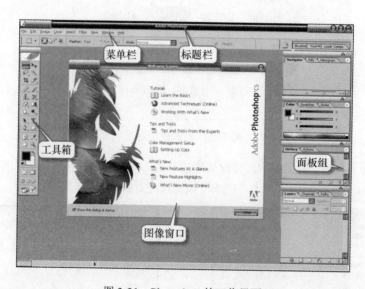

图 3-31　Photoshop 的工作界面

Photoshop 的工作界面主要由标题栏、菜单栏、工具属性栏、工具箱、图像窗口、状态栏以及面板组等组成，Photoshop 的图形处理工具箱如图 3-32 所示。

1. 各组成部分的含义和使用功能

(1) 标题栏。用于显示 Photoshop 的程序名称和对窗口进行操作。单击标题栏最右端的"最小化"按钮、"最大化(或还原)"按钮和"关闭"按钮，可以对 Photoshop 的窗口进行移动、最小化、最大化和关闭等操作。

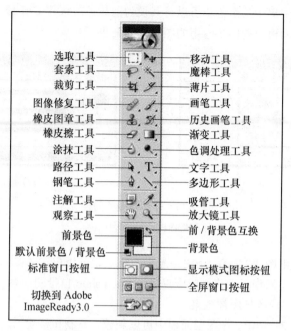

图 3-32 Photoshop 的工具箱

（2）菜单栏。Photoshop 的菜单栏包含文件、编辑、图像、图层、选择、滤镜、视图、窗口和帮助。通过其中的菜单命令几乎可以完成所有 Photoshop 的操作和设置。选择菜单命令时，只需单击某个菜单项，再在弹出的下拉菜单中选择要执行的命令即可。如果某些命令呈暗灰色，说明该命令此时不可用，需满足一定条件后才能使用。

（3）工具属性栏。位于菜单栏下面，当用户选择工具箱中的任意一个工具后，都将在工具属性栏中显示该工具的相关信息和参数设置。在工具属性栏中可以对该工具的各个参数进行设置，从而产生不同的图像效果。

（4）工具箱。包含了 Photoshop 中所有的绘图工具，不同工具组中包含有多个工具，在该工具上单击并按住鼠标左键不放将弹出该组中的所有工具列表。

（5）图像窗口。图像窗口是对图像进行浏览和编辑操作的主要场所，图像窗口标题栏主要显示当前图像文件的文件名及文件格式。

（6）状态栏。位于窗口的底部，最左端显示当前图像窗口的显示比例，在其中输入数值后按回车键可以改变图像的显示比例；中间显示当前图像文件的大小；右端显示当前所选工具及正在进行的操作的功能与作用等。

（7）面板组。面板组是在 Photoshop 中进行选择颜色、编辑图层、新建通道、编辑路径和撤消编辑等操作的主要功能面板，也是工作界面中非常重要的一个组成部分。默认状态下 Photoshop 将显示 4 组面板，每组由 2～3 个面板组成。

2. 每组面板的主要作用

（1）导航器面板组(图 3-33(a))。导航器面板用于查看图像显示区域及缩放图像；信息面板用于显示当前图像窗口中鼠标光标的位置、选定区域的大小等信息；直方图面板用于显示图像的色阶分布信息。

123

(2) 颜色面板组(图 3-33(b))。在颜色面板中通过拖动滑块或输入 RGB 值来设置当前的前景色和背景色；在颜色面板中单击某个色块可以将其设为前景色，按住 Ctrl 键不放单击某个色块则可将其设为背景色；样式面板中列出了常用的图层样式效果。

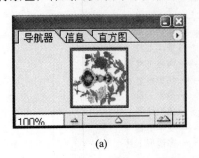
(a)

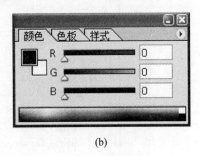
(b)

图 3-33　导航与颜色面板

(a) 导航面板；(b) 颜色面板。

(3) 历史记录面板组(图 3-34(a))。历史记录面板用于记录用户对图像的编辑和修改操作，单击某个记录便可恢复到指定操作；动作面板中提供了 Photoshop 自带的一系列动作，播放这些动作，可以让 Photoshop 自动生成各种图像效果。

(4) 图层面板组(图 3-34(b))。在图层面板中可以新建、复制和移动图层，并可对图层进行各种编辑操作；通道面板用于新建、复制和查看通道等；路径面板用于绘制和编辑路径。

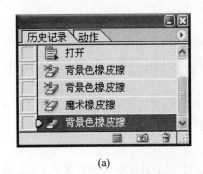
(a)

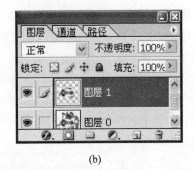
(b)

图 3-34　历史与图层面板

(a) 历史记录；(b) 图层面板。

3. 利用 Photoshop CS 8.0 软件进行图像处理的方法

1) 校正歪斜图像

通过扫描仪或数码照相机得到的图像，有时画面会出现倾斜的现象，直接将这些素材引入课件，会影响课件的效果。所以，在制作课件前，要对其进行处理，以满足课件制作的需要。如果画面倾斜幅度较大甚至颠倒，在 Photoshop 中可以通过执行"图像"→"旋转画布"命令对整个图像以指定角度进行旋转。如果画布倾斜幅度较小，则可以通过"编辑"→"变换"命令，以可视的方式进行较细致的调整。具体步骤如下。

(1) 打开图片。运行 Photoshop CS 8.0 中文版，打开原始图片，如图 3-35 所示。

(2) 调整画布大小。在通常情况下，扫描图像中画面所占比例较大，需要为纠正操作提供一定的画布空间。单击"图像"→"画布大小"命令，打开"画布大小"对话框，如图 3-36 所示，在其中指定较大的画布，画布被扩大(画面并没有放大)，为后面的操作提供了空间。

图 3-35　原始图片

图 3-36　扩大画布

(3) 改变图层。按图 3-37 所示进行操作，将背景层转换成普通图层。

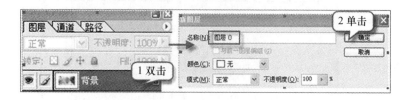

图 3-37　改变背景层

(4) 旋转图像。在工具栏选择"矩形选择"工具，然后在图像窗口中拖动鼠标，形成一个容纳整个画面的矩形选择区域。再选择"编辑"→"变换"→"旋转"命令，矩形选择区域变成一个可旋转的区域，中心的圆形标记指定了区域的旋转中心。当鼠标指针位于区域边框附近时会自动变为旋转标记，此时按下鼠标左键并拖动鼠标就可以旋转图像，如图 3-38 所示。

(5) 变换操作确定。在工具栏中单击鼠标，Photoshop 会提示是否应用刚才进行的变换操作，单击"应用"按钮使刚做的变换生效，单击"取消"按钮则关闭对话框，继续进行旋转操作，单击"不应用"按钮取消刚才的变换操作如图 3-39 所示，单击"应用"按钮确定操作。

图 3-38　旋转图像画面

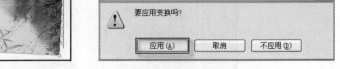

图 3-39　变换操作的确认

(6) 裁剪图像。单击"裁剪"工具，裁掉多余的画布，缩小图像的尺寸，如图 3-40 所示。

(7) 保存文件。选择"文件"→"存储"命令，保存文件，完成图像的裁剪工作。图 3-41 为纠正后的图片。

图 3-40　裁剪图像

图 3-41　纠正后的图像

2) 净化图像背景

在原始图像素材中，往往包含着课件不需要的背景内容，从而影响图片的质量，给制作的课件带来一些缺憾。利用 Photoshop 提供的工具，可以方便地将背景图片去除。如图 3-42 所示是未经处理的原始图片，具体操作步骤如下。

图 3-42　原始图像

(1) 消除背景。选择"魔术棒"工具，在工具选项中设置合适的容差参数(容差值越小，选择区域越精确)，选中阴影部分，按 Delete 键将阴影删除，如图 3-43 所示。

126

图 3-43　用"魔术棒"工具选择阴影

(2) 删除背景。反复执行上面的操作，也可以将视图放大后，用橡皮工具擦除剩下的阴影。

(3) 锐化图片。选择"滤镜"→"锐化"→"USM 锐化"命令，按图 3-44 所示进行操作，调整图像锐化属性。

(4) 保存图片。选择"文件"→"存储"命令，保存文件，图 3-45 为处理后图像。

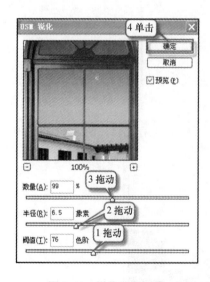

图 3-44　锐化处理图像

图 3-45　处理后的图片

3) 调整图像色彩

有些照片经过一段时间的存放后，颜色就会泛黄，或者图像本身存在着偏色等问题，影响图片正常的美观效果。用户可以利用 Photoshop 进行图像色彩的调整。如图 3-46 所示是扫描到计算机泛黄的图像，调整步骤处理如下。

图 3-46　原始泛黄的图像

(1) 调整颜色。在 Photoshop 中打开原始发黄的图像，选择"图像"→"调整"→"通道混合器"命令，改变三基色(红色、绿色、蓝色)所占的比例，按图 3-47 所示进行操作，调整图像颜色。

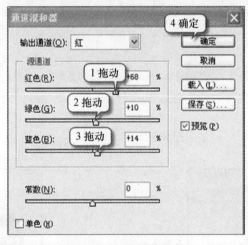

图 3-47　调整图像颜色

(2) 保存图片。调整结束后，选择"文件"→"存储"命令，保存文件，图 3-48 是处理后的图像。

图 3-48　调整后图像

实例 3.4 利用 Photoshop 设计具有塑胶动感文字。

本例用 Photoshop 设计具有动感的文字,具体操作如下。

(1) 新建文件。运行 Photoshop,单击"文件"→"新建"按钮,根据文字内容设置图片尺寸、名称等,具体操作如图 3-49 所示。

(2) 输入文字。选择"文字"工具 T,输入文字,字体采用 Bauhaus 93,使用的颜色是#96c3da,并且按 Ctrl+T 组合键调整文字合适大小,如图 3-50 所示。

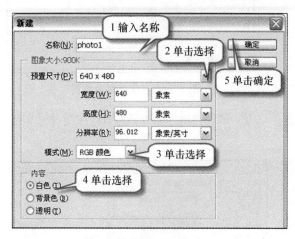

图 3-49 图像尺寸设计 　　　　　　　　　　图 3-50 输入的文字

(3) 设置图层效果。

① 选择"图层"→"图层样式"→"投影"命令,打开"图层样式"对话框,混合模式选正片叠底,颜色选择 54CBCA,按如图 3-51 所示进行设置。

② 选择"图层"→"图层样式"→"斜面与浮雕"命令,打开"图层样式"对话框,按图 3-52 所示进行设置,处理后的文字效果如图 3-53 所示。

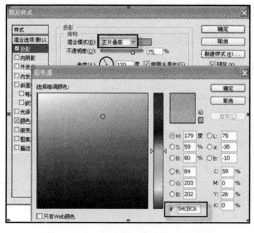

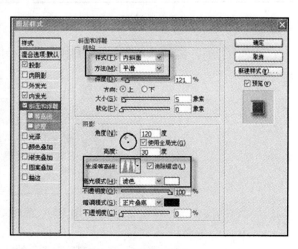

图 3-51 投影设置 　　　　　　　　　　图 3-52 斜面与浮雕参数设置

③ 选择"图层"→"图层样式"→"内发光"命令,打开"图层样式"对话框,按图 3-54 所示进行设置。

图 3-53　处理后的文字效果

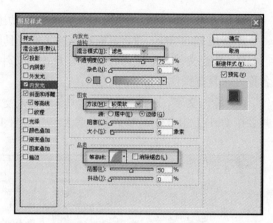

图 3-54　内发光参数设置

④ 选择"图层"→"图层样式"→"光泽"以及"描边浮雕"命令,打开"图层样式"对话框,按图 3-55 和图 3-56 所示分别进行设置。

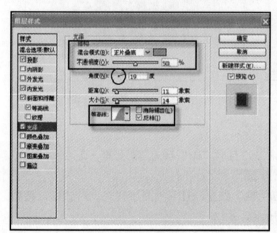

图 3-55　光泽参数设置

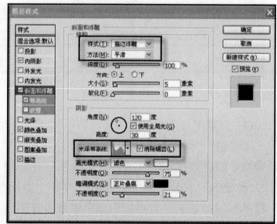

图 3-56　描边浮雕设置

⑤ 保存图片。选择"文件"→"存储"命令,保存文件,最终效果如图 3-57 所示。

图 3-57　最终文字效果

3.3　声音采集和处理软件

声音是制作多媒体课件常用的一种素材。多媒体课件中的声音,具有突出主题、衬托背景、渲染气氛、传播信息等功能。在多媒体课件中恰当地运用声音,可以增强课件的趣味性,创造良

130

好的学习氛围，加深学习者对所学知识的理解。

声音素材可以从多种渠道获得，如利用麦克风录制，从因特网上下载，将录音磁带、CD、VCD、DVD 中的声音转换成课件中可以使用的素材等。声音素材根据使用场合的不同，通常分为以下几种。

(1) 解说词。当介绍背景资料，或者课件章节做总结时，一般运用语言做解说词。

(2) 背景音乐。指有一定旋律的乐曲声、歌声，多用于烘托气氛。

(3) 效果音乐。指风声、雨声、雷鸣声等，一般作为使环境更逼真的音响效果使用。

下面简单介绍几种常用的声音处理软件。

3.3.1　Cool Edit 2000 软件

Cool Edit 2000 是一个功能强大的声音编辑软件，能高质量地完成录音、编辑、合成等多种任务。Cool Edit 2000 能记录的音源包括 CD、卡座、话筒等多种，并可以对它们进行降噪、扩音、剪接等处理，还可以给它们添加立体环绕、淡入淡出、3D 回响等奇妙音效，制成的音频文件，除了可以保存为常见的.wav、.snd 和.voc 等格式外，也可以直接压缩为 MP3 或 Cool Edit 2000(.rm)文件。如图 3-58 所示是该软件的基本操作界面。

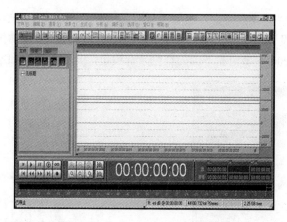

图 3-58　Cool Edit 2000 操作界面

1. 用 Cool Edit 2000 进行录音

在录制声音文件之前首先要选择要录入的音源设备，如话筒、录音机、CD 播放器等，再将这些录音设备与声卡连接好，然后在 Cool Edit 2000 主窗口中，单击"选项"→"混音器"命令，出现"音量调整"对话框，通常情况下，此时出现的是播放音量调节面板，如图 3-59 所示。

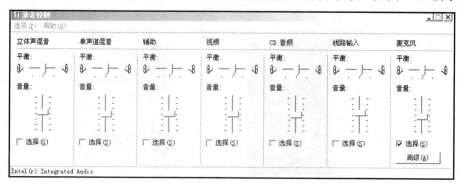

图 3-59　播放音量调节面板

单击"选项"→"属性"→"录音"命令，出现如图3-60所示对话框，选择要使用的音源(如CD)，不用的音源不要选，以减少噪音，然后，按下确定按钮，出现录音电平调节面板调整滑块位置，以试录时电平指示有一格为红色为准，这样录音效果较好。录音电平调试好后，就可以正式录音，操作步骤如下。

图 3-60　录音控制选项

(1) 单击"文件"→"新建"命令，出现"新波形"对话框，选择适当的声道、采样精度和采样率。对于 CD 音质的设置，一般分别使用立体声、16 位、44100Hz，如图 3-61 所示。

(2) 单击 Cool Edit 2000 主窗口左下部的红色录音按钮，开始录音，如图 3-62 所示。

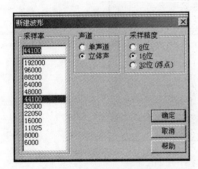

图 3-61　新建波形设置

图 3-62　录音设置

(3) 根据录音需要，拿起话筒唱歌、说话或播放 CD 等。

(4) 完成录音后，单击 Cool Edit 2000 主窗口左下部的"停止"按钮。

(5) Cool Edit 2000 窗口中将出现刚录制文件的波形图。要播放它，单击"播放"按钮即可，音频波形如图 3-63 所示。

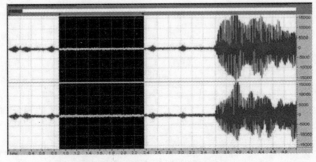

图 3-63　录制的音频波形文件

在观察音频波形时，可以看到在开头和结尾处都有一些幅度很小的波形(磁带的空白段)，这就是噪音。注意，如果波形图是一条直线(或波形不明显)，放音时将没有声音或声音很小，那么，检查音源选择是否正确、录音电平是否设置得太低。

2. 编辑声音文件

用 Cool Edit 2000 编辑声音，需要事先选择编辑对象或范围，就是在波形图中，选择某一片断或整个波形图。一般的选择方法有，在波形上单击鼠标左键向右或向左滑动，如果要往某一侧扩大选择范围，可以在这一侧单击鼠标右键，要选整个波形，双击即可。

利用 Cool Edit 2000 的编辑功能，还可以将当前剪贴板中的声音，与窗口中的声音混合。单击"编辑"→"混缩粘贴"命令，如图 3-64 所示，选择需要的混合方式，如插入(Insert)、混合(Overlap)、替换(Replace)或调制(Modulate)。波形图中黄色竖线所在的位置为混合起点(即插入点)，混合前应先调整好该位置。

如果一个声音文件听起来断断续续，可以使用 Cool Edit 2000 的删除静音功能，将它变为一个连续的文件。如图 3-65 所示，单击"编辑"→"删除静音"命令。

图 3-64　混合设置

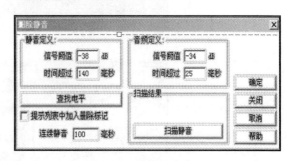

图 3-65　删除静音设置

3. 用 Cool Edit 2000 添加音效

在 Cool Edit 2000 的菜单"变换"下，有 20 个子菜单，通过它们可以方便地制作出各种专业、迷人的声音效果。可以录制或打开一个现成的声音文件，然后单击变换菜单，选择一种音效并调整各项设置，或者直接选用一种预置效果，单击"OK"按钮进行试听，如果不满意则单击"还原(Undo)"命令重来。

4. 用 Cool Edit 2000 创建 MP3 文件

Cool Edit 2000 可以将声音文件直接存为 MP3 格式。操作时选择"文件"→"另存为"命令，在"保存类型"对话框中，选择".MP3"，并单击"选项"按钮，设定好各选项，单击"确定"按钮，指定文件名和目录，单击"保存"按钮即可，如图 3-66 所示。

图 3-66　保存声音文件

133

3.3.2 Adobe Audition 软件

Adobe Audition 是一款功能强大、效果出色的多轨录音和音频处理软件，也是一个非常出色的数字音乐编辑器和 MP3 制作软件。

双击 Adobe Audition 3.0 的图标，打开程序，首先看见如图 3-67 所示的图标画面，然后进入 Audition 的编辑界面(图 3-68)。

图 3-67　Adobe Audition 图标

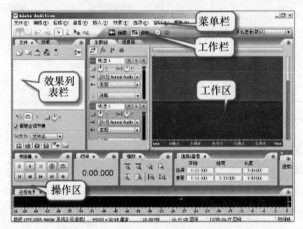

图 3-68　Adobe Audition 的工作界面

Adobe Audition 的编辑界面主要是由工作区和素材框组成，在素材框上方的选项卡里可以选择效果调板和收藏夹调板。

下面简单介绍 Adobe Audition 的一些操作。

1. 录制声音

(1) 进入 Adobe Audition 的编辑界面之后，单击"文件"→"新建波形"命令，在弹出的"新建波形"对话框里设置声音的采样率、通道、分辨率。采样率越高精度越高，细节表现也就越丰富，相对文件也就越大，选择默认的 44100Hz，如图 3-69 所示。

(2) 单击传送器调板上的红色录音键按钮进行录音(图 3-70)。在录音的同时可以从工作区看到声音的波形，如图 3-71 所示。需要注意的是，在开始录音之后，应该先录制 10s 左右的环境噪音，然后再开始录制自己的声音，这样可以方便后期进行降噪处理。

(3) 录音完毕的时候，再次单击录音键即可结束录音。

(4) 用传送器调板进行音频的重放，听录制的声音效果。如果满意，选择"文件"→"另存为"命令，在弹出的窗口选择保存的位置，更改文件名之后，单击"保存"按钮即可。

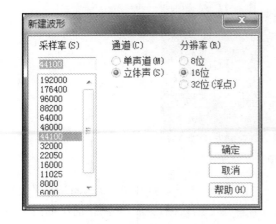

图 3-69　新建波形对话框

图 3-70　录音按钮设置

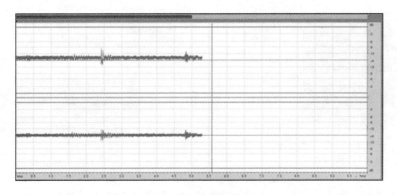

图 3-71　录音波形

2. 单个音频的编辑

对于单个音频，主要是降噪和去掉不必要的部分。要去掉音频文件中不必要的部分，可以用鼠标选择不需要的部分，如图 3-72 所示，然后按 Delete 键就可以删除了，如图 3-73 所示。

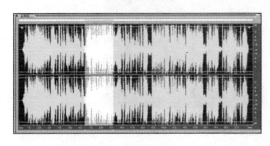

图 3-72　原始波形

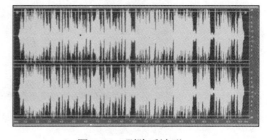

图 3-73　删除后波形

实例 3.5　音频的降噪。

对于录制完成的音频，由于硬件设备和环境的制约，总会有噪音生成，所以，需要对音频进行降噪，以使得声音干净、清晰，具体操作如下。

(1) 选择噪样。在已经录制完成的一段音频中，选定一开始录制的环境噪音，即没有人声但是有波形的最前段部分作为噪样，方便后面采集数据，如图 3-74 所示。

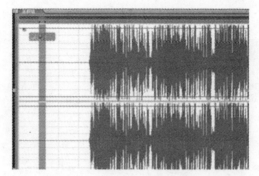

图 3-74　选择噪音部分波形

(2) 在素材框中选择效果调板，单击"修复"→"降噪器"按钮，打开降噪器，再单击"获取特性"命令，如图 3-75 所示，软件会自动开始捕获噪音特性。几秒钟后生成相应的图形，如图 3-76 所示。

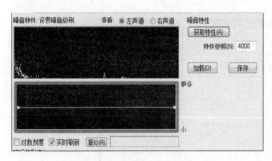

图 3-75　获取特性设置

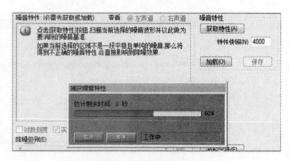

图 3-76　捕获噪音

(3) 采样完成后，单击"关闭"按钮关闭降噪器，回到波形界面，再按 Ctrl+A 组合键选定全部所有波形，如图 3-77 所示。

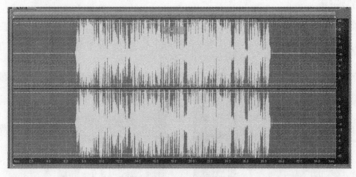

图 3-77　选中音频波形

(4) 再运行降噪处理，选择效果调板，单击"修复"→"降噪处理"命令，修改降噪级别。噪音的消除如果是一次性完成，可能会使得录音失真，第一次降噪时可将降噪级别调的低一些，如 10%。再单击"确定"按钮，软件会自动进行降噪处理，如图 3-78 所示。

图 3-78　降噪级别选择

136

(5) 完成第一次降噪之后，可以再次对噪音部分重新进行采样，然后降噪，每进行一次将降噪级别提高一些，一般经过两三次降噪之后，噪音基本上就可以消除了，降噪后音频波形如图3-79 所示。

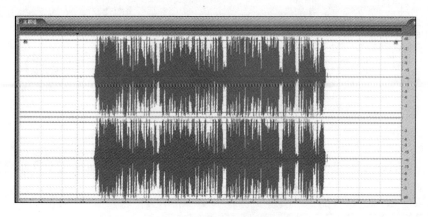

图 3-79　降噪后的音频波形

3.4　视频和流媒体处理软件

在多媒体技术中，视频是最具有代表性，最吸引人的部分。在制作课件时，有时为了表现一段场景的生动性和真实性，可以配上一段精彩的视频，达到生动、逼真、直观的效果，也使教学内容更易让学生理解、接受。视频是以帧为基本单位的图像序列(也包含音频数据)。当快速播放帧序列时，由于人眼的视觉暂留效应，连续播放的静态帧就构成了动态效果。

课件中的视频素材主要来源于现有的视频节目，例如自己用摄像机拍摄的、在网上下载的或者直接在 VCD\DVD 光盘中截取的视频片段。由于视频捕捉得到的视频素材，往往不能直接应用于多媒体课件，还需要根据课程内容，对视频素材进行编辑处理。下面介绍几种常用的视频处理软件。

3.4.1　Premiere 软件

Premiere 是一款用于进行影视后期编辑的软件，是数字视频领域功能强大的非线性视频编辑应用程序，可以精确地控制作品的每个方面。在 Premiere 中所做的一切都可以进行实时预览。Premiere 支持以下文件类型。

(1) 静态图像文件，如 JPEG、PSD、BMP、TIF、PCX、AI 等。

(2) 动画及序列图片文件，如 TGA、BMP、AI、PSD、GIF、FLI、FLC、TIP、FLM、PIC 等。

(3) 视频格式文件，如 AVI、MOV、MPEG、M2V、DV、WMA、WMV、ASF 等。

(4) 音频格式文件，如 MP3、WAV、AIF、SDI 等。

Premiere 的默认操作界面如图 3-80 所示。在效果调板的位置，通过选择不同的选项卡，可以显示信息调板和历史调板。

(1) 项目(Project)窗口用来管理素材源。

(2) 时间线(Timeline)窗口用来进行视音频编辑，是主要的工作区。

(3) 监视器(Monitor)窗口用来监看信号，左边监看信号源，右边监看输出结果。

下面简单介绍 Premiere 软件的一些基本操作。

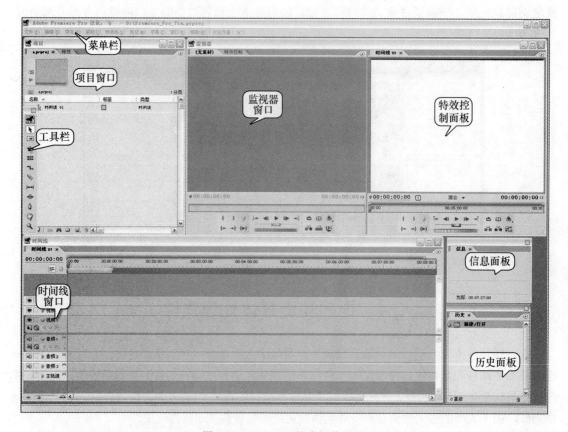

图 3-80　Premiere 基本操作界面

1. 创建一个新项目

(1) 启动 Adobe Premiere Pro 7.0，此时出现如图 3-81 所示的项目窗口选项。

图 3-81　项目选项窗口

(2) 单击"新建项目"图标按钮，打开"新建项目"对话框，如图 3-82 所示。

(3) 根据需要可以配置项目的各项设置并为文件命名，一般选择　"DV-PAL 标准 48kHz"的预置模式来创建项目工程。单击"确定"按钮即可进入 Premiere 的编辑界面。

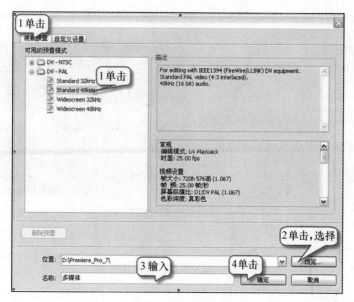

图 3-82　新建项目

2. 导入和管理素材

在 Premiere 中，当新建了一个项目后，在项目窗口中就会出现一个空白的时间线(Sequence)片段素材文件夹。

(1) 在编辑界面下，选择"文件"→"导入"命令，或在项目窗口中的空白处单击鼠标右键，在弹出的菜单中选择"导入"命令，会自动弹出窗口(图 3-83)，在弹出的界面中，选择需要导入的文件(可以是支持的视频文件、图片、音频文件等，可以打开"文件类型"一栏查看支持的文件类型)。

图 3-83　输入窗口

(2) Premiere 有文件夹(Bin)管理功能，每个文件夹(Bin)可以存放不同类型的素材。在项目窗口的空白处单击鼠标右键，在弹出的快捷菜单中选择"新建文件夹"命令，创建一个文件夹。新建的文件夹自动命名为文件 01，在这里导入两个图片和一个音频文件，导入素材后的项目窗口如图3-84 所示。

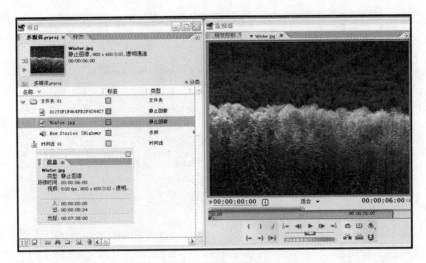

图 3-84 导入素材后的项目窗口

3. 时间线的使用

时间线包括视频通道和音频通道(默认三组)。在时间线中,可以进行无缝连接、剪切、删除、复制等操作,把视频片段、静止图像、声音等按照需要组合起来。

按住鼠标左键不放,把刚才导入的音频和图片文件拖动到时间轴的音频轨道和视频轨道上,即可以对素材进行编辑,结果如图 3-85 所示。

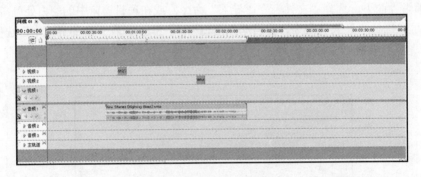

图 3-85 已拖入素材的时间轴

4. 复制和粘贴素材

在 Premiere 中,编辑素材常常会用到复制和粘贴命令。选择"编辑"命令,下拉菜单包括粘贴、粘贴插入和粘贴属性等粘贴方式。

(1) 粘贴。这种方式是直接在时间线标尺处粘贴素材,当后边有其他素材时,所粘贴的素材会覆盖后边相应长度的素材,而时间线窗口中素材总长度不变,如图 3-86 和图 3-87 所示。

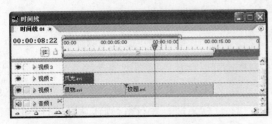

图 3-86 使用粘贴命令前

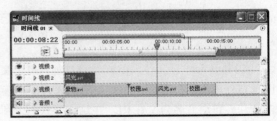

图 3-87 使用粘贴命令后

140

(2) 粘贴插入。这种方式所粘贴的素材不会覆盖后边相应长度的素材，而是插入时间线标尺后边的素材向后移动以让出位置，时间线窗口中整个素材的长度会发生改变，如图 3-88 所示。

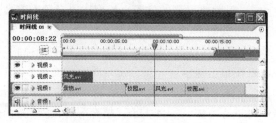

图 3-88　粘贴插入的效果

5．题材的选择与预览

在编辑时可以把项目窗口中的某一段视频素材直接拖动到时间轴上。如果需要预览或精确地剪切素材，就用到了监视窗。在 Premiere 中，预演功能已经大大加强，真正实现了实时预览，方法是将视频素材拖入监视窗口的源素材预演区，通过播放控制按钮可看清每帧的画面。当时间线标尺定位到需要的开始帧所在的位置单击 ⁅ 按钮，再将画面定位到需要的结束帧所在位置，单击 ⁆ 按钮，选定了标志区后单击 ⤴(插入)按钮，就将所选部分加到时间轴。用这种方法可以在一个素材中精确截取一个或多个片段，并分别加到时间轴中。

6．添加字幕

选择"文件"→"新建"→"字幕"命令，可以打开"Adobe 字幕设计"窗口进行字幕的制作，如图 3-89 所示。"Adobe 字幕设计"窗口由以下六个功能区组成。

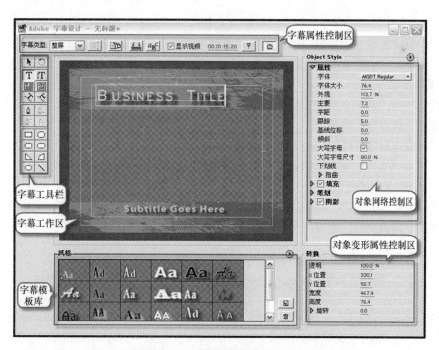

图 3-89　"Adobe 字幕设计"窗口

(1) 字幕属性控制区。用于选择字幕的运动类型、设置字幕的模板、显示样本帧等。

(2) 字幕工具栏。用来创建和编辑各种字幕文本、绘制基本几何图形以及定义文本的样式。

(3) 对象风格控制区。用来设置字幕对象的大小、字体、颜色等相关属性。

(4) 字幕工作区。文本的输入及整个对象的显示区域。

(5) 字幕模板库。选择或自定义文本样式。

(6) 对象变形属性控制区。对整个字幕的位置、长度比以及角度参数进行调整。

在窗口中添加文字的具体步骤如下。

(1) 打开"Adobe 字幕设计"窗口后，选择文字工具，移动光标到字幕显示区域，拖动鼠标画出一个矩形虚线框，或者直接单击显示区，就会出现跳动的光标，此时便可输入需要的文字。

(2) 单击左边工具栏中的选择工具按钮，退出文字输入状态。选中输入的文字(如字幕设计)，在右边的对象风格控制区中可进行字体、字体大小、填充等的设置，如图 3-90 所示。

图 3-90 输入文字

(3) 选择"文件"→"保存"命令，保存设置好的字幕，字幕文件(扩展名为 prtl)就会作为一个独立的文件自动出现在项目窗口中。如果需要修改所输入的文字，只需再次单击"文字"工具返回到输入状态即可实现修改。可以像处理其他视频、音频素材一样对它进行编辑处理。

7. 编辑声音

当预览影片时，有时会发现影片结束，但音乐还没有停止，最后音乐却又戛然而止，采用淡入淡出效果可以解决这一问题。

先将一段音频拖放到时间线的音频 1 通道，单击通道左侧的白色三角形，可以打开音频通道的附加轨道，该轨道用于调整音频素材的强弱。把红色时间线调到准备淡入或者淡出的地方，然后设置关键帧(控制点)的位置，在线上增加关键帧的数目，通过对控制点的上下调整可以改变音频输出的强弱。如图 3-91 所示，在线头和线尾各加一个控制点，并把顶点和端点降低，预览可听到声音由低到高，再由高到低结束。

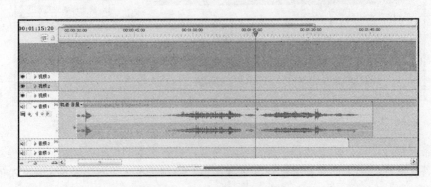

图 3-91 制作声音的淡入淡出

142

8. 输出电影

(1) 完成节目的编辑工作后，选择"文件"→"输出"→"影片"命令，将打开"输出影片"对话框，如图 3-92 所示。

(2) 设置好输出影片的路径和文件名后，单击"设置"按钮，弹出一个新的"输出电影设置"对话框，如图 3-92 和图 3-93 所示。

(3) 设置好各项参数后，单击"确定"按钮，回到"输出电影"对话框，再单击"保存"按钮就可以输出作品了。

图 3-92 "输出影片"对话框

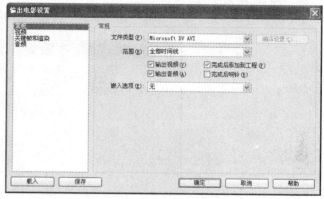

图 3-93 "输出电影设置"对话框

3.4.2 Corel Video Studio 软件

Corel Video Studio(会声会影)是一个方便易用、功能强大的视频编辑软件，即使是初学者，也能用它制作看起来非常专业的影片。会声会影提供了丰富的转场效果、方便的字幕制作功能和简单的声音轨创建工具。它具有图像抓取和编辑功能，可以抓取、转换 MV、DV、TV 和实时记录，抓取画面文件，并提供有超过 100 多种的编制功能与效果，可制作 DVD 和 VCD 光盘。

本节以会声会影的 X3 版为例，简要介绍如何对视频素材进行编辑处理，主界面如图 3-94 所示。

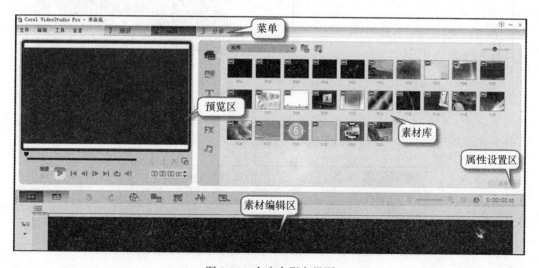

图 3-94 会声会影主界面

143

会声会影 X3 将影片制作过程简化为三个简单步骤。

(1) 捕获按钮。媒体素材可以直接在"捕获"步骤中录制或导入计算机的硬盘驱动器中。该步骤允许用户捕获和导入视频、照片和音频素材。

(2) 编辑按钮。"编辑"步骤和"时间轴"是会声会影的核心，可以通过它们排列、编辑、修整视频素材并为其添加效果。

(3) 分享按钮。"分享"步骤可以将完成的影片导出到磁盘、DVD 或 Web。

下面介绍会声会影的几种常见应用。

1. 导入媒体文件

(1) 打开会声会影，单击界面上的"编辑"按钮，如图 3-95 所示。

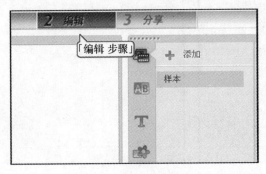

图 3-95 "编辑"按钮

(2) 单击"导入媒体文件"按钮，选择媒体文件(视频、音频、图片等)所在的路径，选择要导入的媒体文件，单击"打开"按钮导入各种素材，如图 3-96 所示。

(3) 单击选中媒体文件，直接拖到视频轨上，单击"预览窗口"中的"播放"按钮可以预览选中的文件，如图 3-97 所示。

图 3-96 添加视频文件

图 3-97 视频预览

(4) 拖动红圈中的滑块可以改变预览窗口中视频进度，如图 3-98 所示。

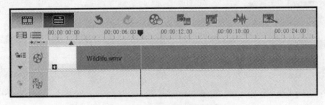

图 3-98 改变视频进度

(5) 如果需要对视频进行剪辑，拖动![]滑块至选定的起始位置，单击预览窗口中的剪刀按钮，如图 3-99 所示。

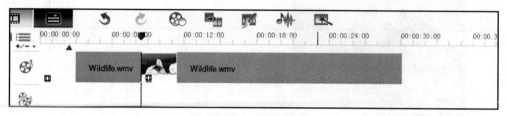

图 3-99　剪裁视频

(6) 拖动![]滑块至结束位置，再单击剪刀按钮，如此可将视频剪辑成若干片段，如图 3-100 所示。对于无用的片段可以先选中，然后单击右键鼠标删除。

图 3-100　视频的剪辑

(7) 若要产生快/慢镜头效果，可以选中媒体文件，然后压缩/拉伸文件即可。

2. 视频特效

会声会影提供的视频特效有两类：滤镜与转场。

1) 滤镜

滤镜可以应用于单个视频素材，用来改变它们的样式与外观。

(1) 选择时间轴中的视频素材，单击滤镜选项卡，如图 3-101 所示。

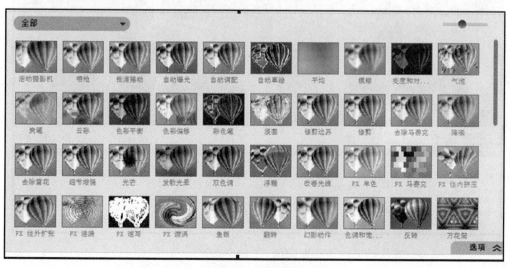

图 3-101　滤镜图示

(2) 从视频滤镜集合中拖放一种滤镜到视频素材上，直接拖至视频轨，叠在目标图片，如图 3-102 所示。

图 3-102　使用闪电滤镜效果

(3) 单击 选项 ⌃ 按钮，出现如图 3-103 的画面，单击"自定义滤镜"按钮，打开滤镜参数设置对话框，如图 3-104 所示，在其中可以对默认的滤镜效果做调整。

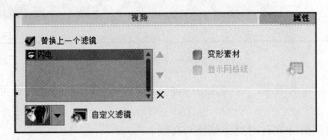

图 3-103　选项卡界面

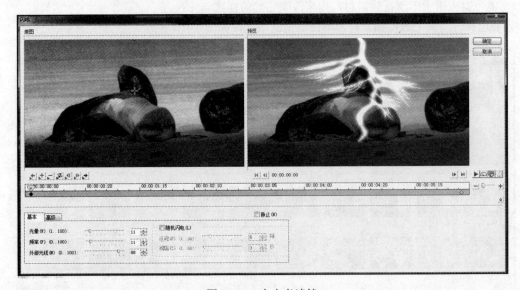

图 3-104　自定义滤镜

(4) 单击"变形素材"按钮，可以在预览窗口中，对视频素材画面进行变形处理，如图 3-105 所示。拖动角上的绿色拖柄可以扭曲画面，拖动角上的黄色拖柄可以按原比例调整画面大小，而拖动边上的黄色拖柄可以在不保持比例的情况下调整画面大小。

146

图 3-105　变形素材

2) 转场

转场应用于视频轨中的不同视频素材之间，使视频节目可以从一个场景平滑的切换到另一个场景，为场景的切换提供了丰富的效果。转场按钮如图 3-106 所示。

图 3-106　转场选项

在素材库的选场类别列表中选择一个转场方式(如滑动中的交叉)，拖至视频轨，放在两个媒体文件之间，单击预览窗口可以预览其效果，如图 3-107 所示。

图 3-107　设置转场效果

3. 视频覆盖

在需要同时播放两个视频素材的场合(例如画中画)，可以将覆盖轨中的素材覆盖在视频中的素材之前，如图 3-108 所示。

(1) 将用于覆盖的视频素材拖放到覆盖轨中，然后在"属性"选项卡中对覆盖内容的动画方向、样式、色度、遮盖和对齐方式进行调整，还可以为覆盖内容添加视频滤镜。

(2) 在预览窗口拖动覆盖素材的控制柄，可以调整素材的大小。如果拖动角上的控制柄，可以再调整素材大小时保持宽高比例。在"属性"选项卡中，选择"对齐选项"中的"调整到屏幕大小"命令，可以将覆盖素材放大至整个屏幕。

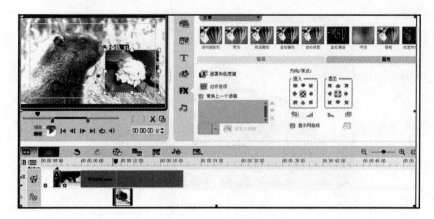

图 3-108　视频覆盖

4. 添加标题和字幕

视频中的文字可以帮助观众更好地理解视频内容。

(1) 单击"标题"按钮，在选项面板中，选取"单个标题"或"多个标题"如图 3-109 所示。

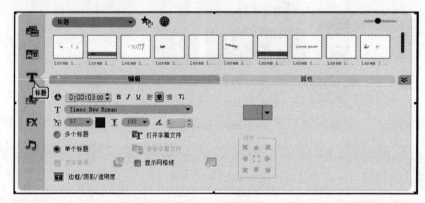

图 3-109　编辑标题

(2) 在预览窗口中定位要加标题的帧，双击预览窗口就可以加入标题，如图 3-110 所示。

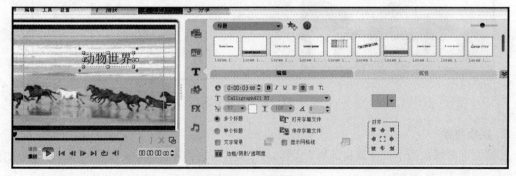

图 3-110　添加标题

(3) 在输入完毕后，单击时间轴可以将标题添加到标题轨中。在标题轨中，使用鼠标直接拖放标题两端的黄色修复控制柄，调整标题的显示区间。

(4) 在标题选项面板中，对标题的字体、字号、文字方向、行间距、透明度和动画效果进行调整。素材库中提供了各种标题模板，可以直接将它们从素材库中拖放到标题轨中使用。

5. 音频处理

音频🎵的选项面板包括两个选项卡: "音乐和声音"选项卡和"自动音乐"选项卡, 如图 3-111 和图 3-112 所示。在"自动音乐"选项卡中可以将素材库中的音乐导入到音乐轨中。在"音乐和声音"选项卡中可以从 CD 唱片中复制音乐、从麦克风录制声音, 以及将滤镜应用到音频轨。

图 3-111 "自动音乐"选项卡

图 3-112 "音乐和声音"选项卡

1) 录制声音

在"音乐和声音"选项卡中, 单击"从音频 CD 导入"按钮, 可以将 CD 唱片中被选择的曲目直接录制到音乐轨中。如果自己录制声音, 具体操作如下。

(1) 单击"录制画外音"按钮, 打开"调整音量"对话框, 如图 3-113 所示。

(2) 对麦克风讲话, 观察音量指示器反应正常后, 单击"开始"按钮就会直接将声音录制到声音轨中。

(3) 结束时单击"停止"按钮, 可以在预览窗口试听效果, 如图 3-114 所示。

图 3-113 调整音量面板

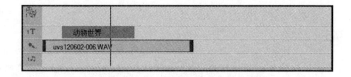

图 3-114 录制的声音文件

2) 音量调整

在音频视图中, 包含有音频数据的素材将显示出音量调节线, 单击音量调节线可以向其中添加音频控制柄, 拖动音量控制柄可以对音量进行控制, 如降低开始和结束的音量, 如图 3-115 所示。

149

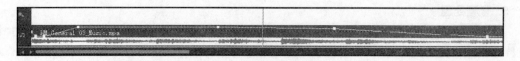

图 3-115 音量的调整

音频视图中的"混音器" 选项卡可以实时调整各轨中音频的音量，如图 3-116 所示。在面板中选择需要调整音量的素材所在的轨，然后利用音量滑块调整素材的音量。对于立体声音频，水平方向的音量平衡滑动条用于控制声音的平衡度，拖动音符符合可以制作出声音在左、右声道中摇动的效果。

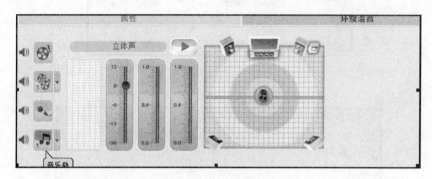

图 3-116 混音面板

3) 声音的添加与删除

在打开的视频文件中，若要删除原视频中的背景声音，添加新的音乐，可以选中视频片段，再单击鼠标右键，在出现的对话框中选择"分割音频"，可以看到声音已经被分离，如图 3-117 所示，此时可以用鼠标右键单击声音文件，直接删除。

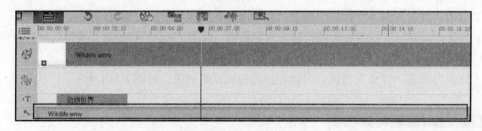

图 3-117 分离后的音频

要添加新的背景音乐，先选中需要的音频文件，再将文件直接拖至音乐轨即可，如图 3-118 所示。

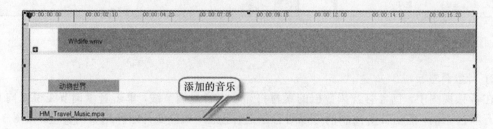

图 3-118 添加背景音乐

150

6. 保存视频

单击"分享"按钮，创建视频文件，选择格式，填写文件名，选择保存位置，保存，如图 3-119 所示，即可得到视频文件。

实例 6　制作滚动字幕

(1) 单击标题按钮，在预览窗口上双击，开始输入文字，如图 3-120 所示。

图 3-119　保存视频

图 3-120　输入标题

(2) 利用选项面板修改文字的字体、样式、大小、颜色等，并设定标题出现的"时间长度"，如图 3-121 所示。

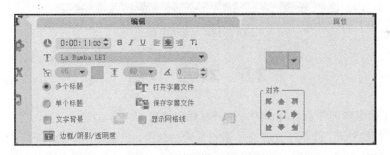

图 3-121　标题的编辑设计

(3) 切换至属性面板，勾选"应用动画"，然后选择类型为飞行中的第二种，如图 3-22 所示。

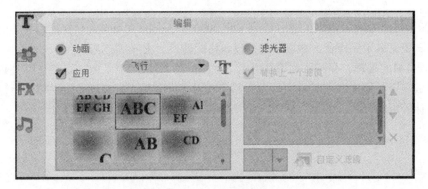

图 3-122　动画设计

(4) 单击█图标自定义动画属性，在开始单位及结束单位选项都选择文字。确定进入与离开方向都设定为左上、右下，然后单"确定"按钮，如图 3-123 所示。

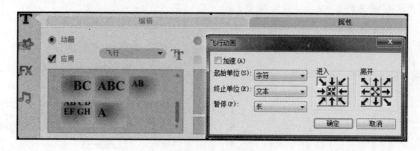

图 3-123　自定义设计

(5) 在预览窗口播放可以看到整体效果，如图 3-124 所示。

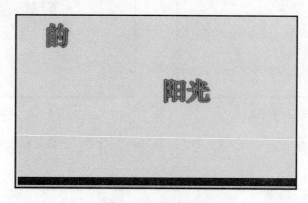

图 3-124　滚动字幕

3.5　本章小结

本章介绍了多媒体课件素材处理的方法，具体包括以下内容：

(1) 文本素材的处理。介绍了几种文本素材处理的软件，包括利用 FlaX 制作 Flash 文字特效，利用 FrontPage 2003 制作网页型课件的过程、文字处理、方法、技巧等内容。

(2) 图像素材的处理。介绍了利用 Snagit 软件截取图像、视频以及图像编辑等方法，并介绍了利用 Photoshop 软件来改变图像大小、旋转图像、将模糊的图像变清晰、消除图像背景阴影和设置动感标题等。

(3) 声音素材的处理。介绍了利用 Cool Edit 2000 和 Adobe Audition 软件处理音频的方法，包括下载声音、麦克风录制声音、截取声音片段、格式转换、去噪等技巧。

(4) 视频素材的处理。介绍了利用从网上下载视频的方法，利用 Premiere 软件处理视频、创建电影、合成声音、添加字幕等方法，也介绍了利用会声会影进行视频剪辑、特效添加、音频处理、字幕设计等内容。

第4章

Flash 中文课件制作实例

4.1 中文课件制作流程

Flash 中文课件的制作与其他课件类似，都属于软件开发项目，但要注意中文课件也有自身的特点，如中文课件文字多一些、符号少一些。与大多数课件的开发一样，中文课件也有自己的制作流程。本章实例使用中文版 Adobe Flash Professional CS 5.5 制作。

4.1.1 教学设计

进行中文课件开发之前第一件要做的事就是进行教学设计。教学设计就是为了实现一定的教学目标，根据课题内容主题，为学生策划学习资源和学习活动的过程。教学设计应包含学习内容特征的分析、教学目标、设计思路、教学过程、课堂小结、教学反思和教学资源链接等。

4.1.2 编写脚本

根据教学设计，构思出最符合教学的多媒体课件，并把构思的课件通过文字或图形表现出来，这个过程叫做编写脚本。编写脚本是教学设计在课件制作方面的总结和细化。在编写脚本时，课件制作者应先把教学思路理顺清楚，将每个设计尽可能解析透彻。一个好的脚本，应包含对课件的整体描述，对课件结构的分析，知识点和教学环节的描述，课件中需要出现的文本，需要重点表现的内容等。脚本编写完成以后，需要检查脚本是否合理、前后是否矛盾、是否实现了教学设计的预期目标等。

4.1.3 收集素材

前两个环节主要是对于课件进行构思。从本环节开始，将进入实质上的课件制作阶段，分为素材的采集和素材的编辑两个部分。素材的采集主要是指收集制作课件有关的图形、声音、视频等素材。一般来说，大部分素材来自于互联网。当然，也可以通过其他外部设备收集素材，如数码相机、摄像机、录音机和扫描仪等。被收集的素材称其为原始素材，这些素材与课件制作有一定的关系，但是许多原始素材并不能直接用于课件制作，其原因大小不合适、声音音量大小不一等，这就需要对素材进行编辑。

4.1.4 制作课件

原则上说，制作课件环节应该开始于所有素材编辑完成之后，但实际上，开始制作课件之后，经常会发现缺少了某些方面的素材或者一些素材需要进行调整。所以，制作课件和收集素材同时进行也是可以的。制作课件环节是对素材的整合和加工，除演示型课件以外，为课件添加交互功能是制作课件的重点，制作课件的软件不同，为课件添加交互功能的方法也不尽相同。

4.2 整理与编辑素材

在制作课件之前，需要了解课件素材的种类，并对素材进行整理和编辑。课件的素材大致包含文本、图形、图像、音频、视频等几种形式。

4.2.1 素材类型

课件的素材大致包含文本、图形、图像、音频、视频等几种形式。但是不同类型的课件，素材类型会有所不同，例如，中文课件文字素材多些，而数学课件可能公式会多一些。因此素材的类型要随着课件类型的改变而变化，在准备素材的时候要有所考虑。

4.2.2 图形图像素材

图形素材比较直观，如直线、圆周、任意曲线和图表等，在数学、物理和化学这些科目的课件中经常用到，它可以直观地表达出这些课件的教学内容。图像素材色彩丰富、形象生动，能更好地展示教学内容，激发学生的学习兴趣。下面介绍几种常见的图形图像格式。

(1) BMP 格式，是 Windows 使用的基本格式，即把一幅图像的每一个像素点的色彩、亮度等信息全部无压缩地记录下来。这种格式保存的图像文件占用的磁盘空间较大，但它不会使图像失真，因此受到不少人的青睐，适合在对图像质量要求严格的场合下使用，而且大多数图形软件都支持此格式。

(2) JPG 格式，是目前非常流行的一种图像格式，可用来表达色彩丰富的真彩图像。JPG 格式文件是利用人的视觉灵明度，将一些常人不易察觉的颜色变化略去，从而虽为有损压缩却没有明显的质量损失，一般都能符合多媒体课件的使用要求。JPG 格式图像的最大特点是压缩率高，大大减少了图像文件占用的磁盘空间，因此被广泛使用于各行各业，一般的图形编辑软件也支持此格式。

(3) GIF 格式，是目前网络上使用最广泛的图像文件格式之一，主要用于不同平台图像之间的交流和传输。因为 GIF 格式文件的压缩比例较高，而且支持图像内的小型动画，即它的内部可以包含多张单独的画面，在显示时一一出现，使画面动起来，所以在网页和课件中得到广泛使用。但是 GIF 格式文件仅能表达 256 色图像，不能表达色彩丰富的真彩图像。

4.2.3 声音素材

声音素材是多媒体课件中又一个重要的组成部分，可使课件从沉闷变得活跃，从而引导和激发学生的学习兴趣。声音素材包含音乐和音效两大类，其中音乐常用来作为多媒体课件的背景音使用；而音效包含各种各样的声音，如拖动鼠标或单击鼠标发出的声音、开门声、爆炸声、大自然的声音等。下面介绍两种常见的声音格式。

(1) WAV 格式，是 Microsoft 公司开发的一种声音文件格式，叫做波形声音文件，是最早的数字音频格式，也是声音文件最基本的格式。它把声音的各种变化信息全部转化为电信号记录下来，而且数据不经过压缩，所以音质最好，从而所占的磁盘空间最大。其具体大小与记录的声音质量高低有关，由于 WAV 文件较大，不利于网络传输，一般可以使用声音编辑软件进行编辑或转换为

MP3 格式文件后再使用。

(2) MP3 格式，是将 WAV 格式声音数据进行特殊的压缩后产生的一种声音文件格式，是目前最流行的声音格式之一，压缩后的声音文件比原来的 WAV 文件体积小了许多，一般只有原文件的 1/10 左右，而音质与最初的不压缩的音频相比却没有明显的下降，正是因为这一点，使得 MP3 格式的音乐几乎成为网上音乐的代名词，其应用非常广泛。

4.2.4　视频素材

视频素材在传递教学信息方面有很强的表现能力，利用视频可以动态地模拟或演示一些事物的发展过程，使教学形象深动，极大地吸引学生的注意力，调动学生的学习积极性，激发学生的求知欲，达到事半功倍的效果。下面介绍几种常见的视频格式。

(1) AVI 格式，是 Microsoft 公司开发的一种电影文件格式，其图像部分有不同的颜色值和不同的图像尺寸，声音的采样率也有多种。这种视频格式的优点是图像质量好，可以横跨多个平台使用，缺点是体积过于庞大。

(2) MPG 格式，其文件压缩率较高，文件长度较小，并且可以通过工具软件将其他格式的视频文件转换为 MPG 格式。

(3) RM 格式，是 Real Networks 公司制定的网上在线播放文件标准，是一种流式视频媒体文件格式，其文件体积比其他视频格式文件要小得多。

(4) Flv 格式，是随着 Flash 软件的发展而推出的一种新兴的视频格式。Flv 格式文件体积较小，资源丰富多样，目前各在线视频网站大多采用此视频格式，已经成为当前视频文件的主流格式。

4.3　中文课件制作实例

利用 Flash 软件制作中文课件与利用其他软件制作中文课件有许多相似之处，但也有许多的不同。相似之处主要体现在制作课件前一系列的准备工作，不同之处在于不同的软件功能不尽相同，因此制作出来的课件达到的效果也不尽相同。Flash 软件主要是用来制作动画的软件，利用它制作中文课件，目的就是要使制作的课件具有较多动画效果，交互功能强大。从而能更好地展示教学内容，吸引学生的注意。下面举例说明。

4.3.1　中文课件制作实例一

实例 4.1　"再别康桥"课件制作。

制作思路："再别康桥"是现代诗人徐志摩的一首比较有名的诗歌。课件制作主要分为两个部分：一部分是课件的封面制作，其中主要包含课件标题"再别康桥"，三个栏目"作者简介"、"修辞赏析"和"动画欣赏"，这三个栏目可以做成三个按钮；另一部分是关于"动画欣赏"按钮所连接的"再别康桥动画"的制作。做课件之前已经做了相关的准备工作，收集好了相关的课件素材。下面介绍具体制作步骤。

(1) 选择"文件"→"新建"命令，打开新建文档窗口，"新建文档类型"选择 ActionScript2.0，并将其另存为"zaibiekangqiao.fla"。并将第一层命名为背景层，并在第 1 帧中导入一幅背景图。同时将它延续到第 100 帧，即在第 100 帧中插入帧，如图 4-1 所示。

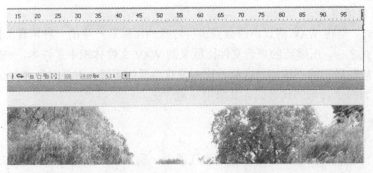

图 4-1　第 1 帧中导入一幅背景图

　　(2) 新建一层，用鼠标右键单击该层，通过"属性"命令修改名称为"黑色边框"，并在其中画一个黑色边框作为动画的边界，以后的工作必须在此黑色边框中操作，如图 4-2 所示。

图 4-2　给背景图加上黑色边框

　　(3) 新建一层，用鼠标右键单击该层，通过"属性"命令修改名称为"再别康桥标题"，并在黑色边框上方输入文字"再别康桥"，同时将它做成滚动的彩色字，如图 4-3 所示。

图 4-3　制作标题为滚动的彩色字效果

　　(4) 新建一层，用鼠标右键单击该层，通过"属性"命令修改名称为"三个栏目按钮"，同时在舞台右边输入三个栏目文字"作者简介"、"修辞赏析"和"动画欣赏"，并将它们做成按钮，而且可以在按钮中加一些小图片装饰一下。"退出"按钮也加在这一层，放在右上角黑色边框上，如图 4-4 所示。

　　(5) 新建一层，用鼠标右键单击该层，通过"属性"命令修改名称为"封面动画"，在这一层中要做一个封面动画，是课件相关图片在舞台左边上下滚动动画，动画做完后把它拖到"黑色边框"层之下，以便黑色边框挡住不要的部分；另外再做一个水面波动动画，这个动画用到背景图的水面部分，因此直接在背景层上做，将背景图水面部分抠下来，利用遮罩的方法，做成波动动画，如图 4-5 所示。

156

图 4-4　制作三个栏目及退出按钮

图 4-5　封面动画的制作

（6）新建两个图层，分别命名为"作者简介"和"修辞赏析"，用来装载"作者简介"和"修辞赏析"相关的文字内容。但是，由于前 100 帧的舞台已经用来制作课件封面了，因此相关的内容只能从 101 帧以后在舞台上开始制作。为此，在这两层的第 100 帧上都加上一个空白关键帧，表示第 100 帧及其以前帧上都是空白。因为前 100 帧对应的舞台上已经存在内容，这样做是为了避免上层的内容有可能会挡住下层的内容。为此，在背景层 101 帧上加上新的背景图片，并将它延续到第 120 帧，即在第 120 帧插入帧。"再别康桥"层标题直接延续到第 120 帧。黑色边框层上，要重新绘制黑色边框，为此，在第 101 帧上插入空白关键帧，在其对应的舞台上绘制好边框后再延续到第 120 帧。"作者简介"和"修辞赏析"两层都延续到第 120 帧。从第 101 帧～第 110 帧准备制作"作者简介"相关内容，第 111 帧～第 120 帧之间制作"修辞赏析"相关内容。先制作作者简介。在"作者简介"层的第 101 帧上加上一个空白关键帧，在对应的舞台左边放一张照片，右边放文本框及文本，如图 4-6 所示。当然也可以将它们做成动画的效果。

图 4-6　作者简介的制作

(7) "修辞赏析"主要是在"修辞赏析"层的第 111 帧到第 120 帧之间制作。仍然采用左边图形、右边文字的排列方式，但有可能要作好几页，因此在其中加上"上一页"与"下一页"按钮，如图 4-7 所示。

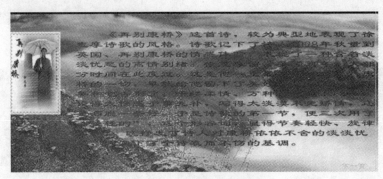

图 4-7　修辞赏析的制作

(8) 新建一层，命名为"代码层"。并在第 1 帧加入代码 "fscommand("fullscreen"，"true");"，即全屏播放的意思。第 100 帧中加入代码 "stop( );"，第 101 帧、第 111 帧～第 116 帧中都加入代码 "stop( );"。"作者简介"按钮上添加代码 "on (release) {gotoAndPlay(101);}"，"修辞赏析"按钮上添加代码 "on (release) {gotoAndPlay(111);}"，"动画欣赏"按钮上添加代码 "on (release){loadMovieNum("zaibiekangqiaodh.swf"，0);}"，"退出"按钮上添加代码 "on (press){fscommand("quit");}"。添加完这些代码后，需要在"作者简介"和"修辞赏析"这两层上再加入一个"返回按钮层"，并在其中第 101 帧上放入一个"返回"按钮，并在其上添加代码 "on (release){gotoAndPlay(1);}"，使得课件可以跳转到第 1 帧上重新播放。最后还要给"上一页"和"下一页"按钮分别加上代码。

(9) 在"返回按钮层"上新建一层，命名为"声音层"。在第 1 帧中加入需要的声音，声音属性中选择"事件"，同时在第 101 帧处插入空白关键帧。

至此，完成了课件的第一部分制作。虽然，还有许多地方仍然有待进一步修改的必要，但基本格式已经成型。接下来是关于"动画欣赏"按钮所连接的"再别康桥动画"的制作。

(10) 选择"文件"→"新建"命令，打开新建文档窗口，"新建文档类型"选择 ActionScript2.0，并将其另存为"zaibiekangqiaodh.fla"。并将第 1 层命名为"音乐层"，在其中导入音乐。

(11) 新建"字幕层"，在其中添加字幕，并使其与音乐配对，然后将字幕做成动画效果。

(12) 制作动画首页，为此新建一层，命名"首页"，并在其中导入一张背景图，同时将音乐层第 1 帧空出来，即是将音乐层往后拖动一帧。由于只做一页，因此，在其第 2 帧上插入空白关键帧。

(13) 新建三层，命名"标题层"、"按钮层"和"代码层"。"标题层"中放入标题"再别康桥"，第 2 帧后空白；"按钮层"中准备放入三个按钮，一个"播放"按钮、一个"退出"按钮和一个"返回"按钮。"播放"按钮中加入代码"on (release) {gotoAndPlay(2);}"，"退出"按钮中加入代码"on (press) {fscommand("quit");}"，"返回"按钮中加入代码"on (release){ loadMovieNum ("zaibiekangqiao.swf"，0);}"，如图 4-8 所示。

图 4-8　再别康桥动画封面制作

(14) 在按钮层上新建一层，取名"图片动画层"。在"图片动画层"第 2 帧插入空白关键帧，图片动画就从第 2 帧开始做。在"图片动画层"上方再加入一层，取名"边框"，并把按钮层拖到其上方。"边框"也从第 2 帧开始做。同时，将字幕层拖到"图片动画层"上方，字幕层也从第 2 帧开始做。

(15) 在字幕层上方新建一层作为字幕出现的遮罩层，对字幕做遮罩动画。

(16) 制作完毕，发布动画，保存文件。注意两个 swf 文件必须要放在同一文件夹之下，才能连接上。

注意：这个小课件仍然有许多地方可以进一步修改和完善，可以将它进行必要的修改，熟悉多媒体课件的制作方法。

4.3.2　中文课件制作实例二

实例 4.2　"乡愁"课件制作

制作思路："乡愁"是当代作家、文学评论家余光中的一首比较有名的诗歌。课件制作主要分为两个部分：一部分是课件的封面制作，其中主要包含课件标题"乡愁"，三个栏目"作者简介"、"修辞赏析"和"动画欣赏"，这三个栏目可以做成三个按钮；另一部分是关于"动画欣赏"按钮所连接的"乡愁动画"的制作。做课件之前已经做了相关的准备工作，收集好了相关的课件素材。下面介绍具体制作步骤。

(1) 选择"文件"→"新建"命令，打开"新建文档"窗口，"新建文档类型"选择 ActionScript 2.0，并将其另存为"xiangchou.fla"。4.3.1 节的实例类似，先制作好课件的封面，如图 4-9 所示。

图 4-9　乡愁课件封面

(2) 制作"动画欣赏"按钮所连接的"乡愁动画"。选择"文件"→"新建"命令，打开"新建文档"窗口，"新建文档类型"选择 ActionScript 2.0，并将其另存为"xiangchoudh.fla"，制作完成如图 4-10 所示。

图 4-10　乡愁动画制作

4.3.3　课件的优化与发布

课件的优化、导出与发布是 Flash 软件制作课件完成后不可缺少的步骤。课件制作完成以后，Flash 软件可以发布成多种格式的文件，如 swf、html、gif、jpeg、exe 等，以便在其他环境中使用。不过要注意的是在发布之前需要对动画课件进行优化，以保证播放质量的前提下尽可能地对生成的文件进行压缩，使动画课件的体积达到最小，从而方便用户使用和网络传输。

1. 优化课件

在 Flash 课件中，优化的对象有很多种，包括元件、图形、颜色、字体、位图、音频、视频等，常用的优化方法如下。

(1) 在制作课件时对于使用一次以上的对象，尽量将其转换为元件重复使用，重复使用的实例不会增加文件的大小。

(2) 多使用实线，因为其构图较简单。少使用虚线、点线、锯齿线，因为其构图较麻烦，会增加文件的尺寸。

160

(3) 多使用矢量图，少用位图。矢量图可以任意缩放而不影响 Flash 的质量。位图可以作为静态元素或者背景图。Flash 不擅长处理位图，应尽量避免使用位图制作动画。

(4) 多使用构图简单的矢量图。对于复杂的矢量图可以使用软件菜单栏中"修改"→"形状"→"优化"命令，删除一些不必要的线条，达到减小文件体积的目的。

(5) 创建动画序列时，尽可能使用补间动画。补间动画占用的文件要比帧并帧动画的的文件小。

(6) 尽量少用渐变色、透明度、滤镜等，否则会增大文件的体积。

(7) 尽量避免同一帧中安排多个对象同时运动，需要设置动画的对象不要与静止对象处于同一层中，需要不同的运动对象处于不同的层中。

(8) 导入的位图文件应尽可能小些，最好将位图事先通过图像处理软件将其缩小使其体积变小。

(9) 尽可能使用 MP3 这种占用空间小的声音格式。

2. 导出文件

用 Flash 软件制作的课件只是源文件，就是".fla"文件。一般不向别人提供源文件，要给别人观看，需要将".fla"文件格式导出为".swf"文件格式，另外还可以导出为图像、声音和视频等文件。

3. 发布课件

完成课件的优化并测试无误后，除了可以将课件进行导出操作外，还可以对课件进行发布。Flash 动画课件的发布格式有多种，可以将课件发布成 swf 格式，也可以发布成 html、gif、jpeg、png、exe 等格式。

下面重点介绍发布成 swf 和 exe 格式的文件，具体方法如下。

(1) 选择"文件"→"发布设置"命令，弹出"发布设置"对话框。选中 Flash(.swf)格式和其他格式中的 Win 放映文件格式(即.exe 可执行文件格式)，如图 4-11 所示。

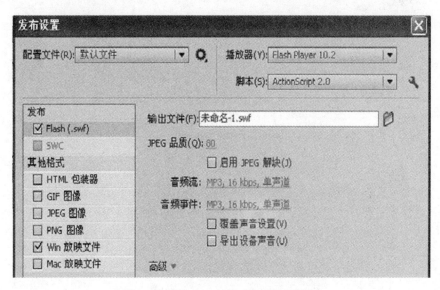

图 4-11　Swf 和 exe 格式文件发布设置

(2) 设置完成后，单击"发布"按钮，将课件发布成 swf 文件和 exe 可执行文件。其中 swf 文件播放时需要 Flash 播放器，目前最新版本为 flashplayer11，而 exe 文件格式不需要播放器，直接可以在 Windows 操作系统下运行，因此它的文件要比 swf 文件大一些。

4.4　本　章　小　结

　　本章为中文课件实例制作介绍。首先介绍了中文课件制作的一般流程，然后介绍了整理和编辑素材，接着给出了两个具体的中文课件制作实例，并详细介绍了第一个课件的制作过程，读者学会了之后，可以参照源文件详细地写出第二个课件的制作过程。最后介绍了课件的优化、导出与发布。多媒体课件制作是一个系统工程，往往需要花费大量的人力和物力，学会了制作课件的基本知识以后，还需要进一步历练。要完成一个大型的多媒体课件制作，往往需要很多人在一起合作，一个人往往很难在短时间之内完成这样的大型制作。因此，本章介绍的实例都只是一些小型的课件。

第5章

Flash 数学课件制作实例

本章通过建立"高等数学图库"多媒体课件实例，具体介绍如何运用 Flash 软件制作多媒体课件，使大家通过实例掌握 Flash 软件基本功能，运用 Flash 软件制作简单课件。

5.1 设 计 说 明

最初的设计构思决定课件的定位、面向对象、预期达到的效果等。所以，一个好的设计构思是课件制作成功的前提。

5.1.1 需求分析

在大学课程中，学习微积分的一个有效方法是数形结合。然而，传统的以书本和黑板为载体的授课方式限制了数形结合思想优势的发挥。主要体现在图形的表现形式上。首先，书本描绘的图形是静态的，且缺少作图过程和图形各部分内容的显示顺序。黑板所展示的虽可显示作图顺序，但很难绘制复杂的图形，且所描绘的图形缺少立体感。其次，由于篇幅和授课时间的限制，书本和黑板所能绘制的图形有限，无法通过大量图形说明问题。因此，利用多媒体技术提供动画功能解决高等数学中图形的绘制和演示的问题，是高等数学学习的一个迫切需求。

5.1.2 可行性分析

Flash 是 Macromedia 公司推出的一种集动画设计、游戏、Web 网页站点开发等功能于一身的优秀软件。Flash 开拓了网页设计与多媒体制作的新领域，从简单的动画到复杂的交互式 Web 应用程序，从丰富的多媒体支持到流媒体 FLV 视频文件在线播放，Flash 给开发者更多的想象空间的技术支持，开发者可以结合个人的创意做出有声有色的动画作品及互动性多媒体课件。而 Flash CS 5.5 简体中文版是最新发布的软件版体，在诸多功能上有较大的改进，更利于开发者使用。

5.2 制 作 要 点

5.2.1 总体框架

总体框架的设计是课件制作的主体工程，是一个方向性的工作，在这一个环节要决定课件的主要内容，各部分之间的链接方式、导航界面、主目录以及各个图形板块的界面设计。这些内容必须事先设计好，否则，后期制作的每一个小小的改动都将会带来巨大的工作量。课件的总体设计框架如图 5-1 所示。

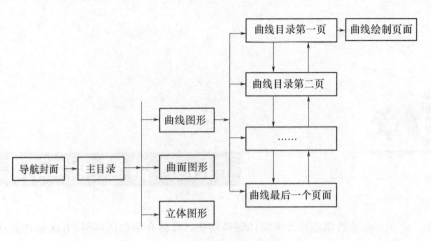

图 5-1　总体框架结构图

5.2.2　预期达到的效果

本课件主要是图形的描绘，课件制作效果要和实际需要相结合，例如，曲线的绘制要体现随着参数或者自变量的变化，曲线的走向及运动轨迹。

课件用的比较多的是在教学方面，性质还是像课本一样，老师和学生都要看着课本来教和学，多出来的功能就是交互性。无论是老师还是学生，如果一直看着同一页内容，看久了眼睛都会疲倦，而且人的情绪上也会觉得很乏味和烦躁。这样的情况下主色调就不能采用暖色来填充了，因为暖色更容易让人产生烦躁的心情。所以，课件主要采用冷色调搭配，如蓝色、绿色、紫色等，还有一些稍微淡一点的冷色搭配在一起，这样看上去就不会那么单调、疲乏，反而会给人一种清新、活力的感觉，起到缓解疲劳的作用。

5.3　效　果　展　示

动画课件是连续的画面，这里仅仅截取几帧关键画面，如图 5-2 所示。

图 5-2　课件效果展示图一

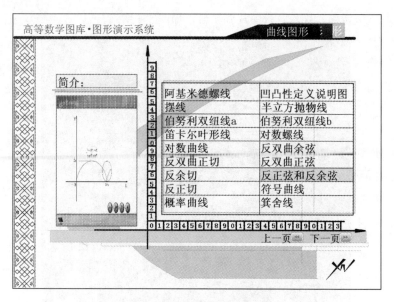

阿基米德螺线	凹凸性定义说明图
摆线	半立方抛物线
伯努利双纽线a	伯努利双纽线b
笛卡尔叶形线	对数螺线
对数曲线	反双曲余弦
反双曲正切	反双曲正弦
反余切	反正弦和反余弦
反正切	符号曲线
概率曲线	箕舌线

上一页　下一页

图 5-2　课件效果展示图二

5.4　实现过程

5.4.1　制作导航封面

1. 选取背景图片

封面相当于一栋建筑的外观，强调色彩、气势，期待达到吸引、震撼的效果，所以封面图片的选取要色彩凝重、大气。封面图片上中间的位置写上课件标题——高等数学图库。导航封面分为三个部分，图片的上部，是课件的标题栏，用于制作题头动画；中间部分导航栏，用于安放导航按钮和对课件的简单介绍；下部是装饰栏，用于安放音乐盒。下面具体介绍各个部分的制作过程。

(1) 启动 Flash CS 5.5，创建一个新文档，在"文档属性"对话框中设置尺寸为 800×600 像素，背景颜色为暗红，帧频为 24fps。将图层 1 命名为"背景图层"，在第 1 帧加全屏动作代码，如图 5-3 所示。

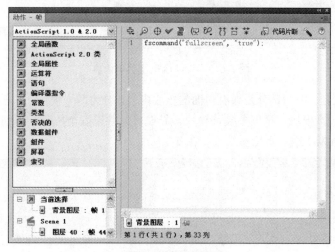

图 5-3　全屏代码

第 2 帧处插入关键帧，导入背景图片到舞台，如图 5-4 所示。

图 5-4　背景图片

背景图片为预先处理好的图片，写有"高等数学图库"字样。

(2) 新建三个图层，分别命名为标题栏图标、标题栏变色动画、标题栏闪烁动画，如图 5-5 所示。

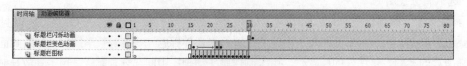

图 5-5　标题栏图层

(3) 标题闪烁动画中放置的是一个电影剪辑，剪辑内容如图 5-6 所示。

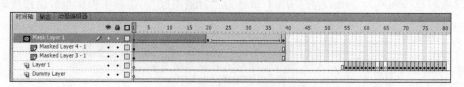

图 5-6　闪烁动画电影剪辑内容

(4) 中间部分制作。中间部分是导航封面的核心内容，分为四个模块，即导航目录模块、课件简介模块和收音机装饰模块；进度条装饰模块。导航目录共设五个按钮，分别是浏览光盘、运行课件、使用说明、开发小组、退出系统，如图 5-7 所示。

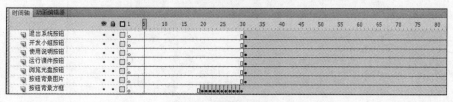

图 5-7　按钮图层设计

每一个按钮的基本设置相同，如图 5-8 所示。

图 5-8　按钮设计

按钮中的指针经过帧插入电影剪辑，内容为 Action Layer，即空白层，在第 7 帧加入关键帧，添加动作命令"stop( )"。第二层为遮罩层，绘制一长方形，大小比文字略大。第三层在第一帧处插入淡红色长方形，大小比图层 1 中的方形略小，位于遮罩上方，在第 7 帧处插入关键帧，并把红色长方形移动到遮罩下方，从第 1 帧到第 7 帧创建补间动画，如图 5-9 所示。

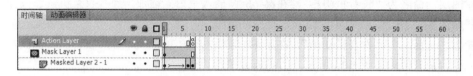

图 5-9　按钮电影剪辑

(5) 课件简介模块。新建图层并命名为"about me 图标"，在第 86 帧插入空白关键帧，导入图标图案，在第 93 帧、第 100 帧、第 105 帧处分别插入关键帧，修改图片颜色，创建传统补间动画。新建图层并命名为"about me 转动动画"，在第 100 帧处插入空白关键帧，导入转动动画电影剪辑。新建图层并命名为"about me 转动背景"，在第 86 帧处插入空白关键帧，导入转动背景图片。新建图层并命名为"课件简介"，输入简介内容。新建图层并命名为"课件简介遮罩"，在图层名称上单击鼠标右键，选取"遮罩层"选项，将图层转化为遮罩层。单击图层第 100 帧，插入空白关键帧，绘制一个长方形，位于简介左端，用鼠标右键单击第 105 帧，选择转换为关键帧，选取长方形将其放大到盖住课件简介内容，行选取 100 帧创建形状补间动画，如图 5-10 所示。

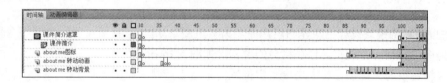

图 5-10　课件简介模块设置

(6) 收音机装饰模块设置如图 5-11 所示。

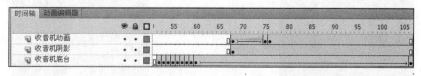

图 5-11　收音机模块设计

插入收音机底台图片，在第 52 帧和第 60 帧之间设置帧动画。第 52 帧和第 60 帧图片的位置如图 5-12 所示。

167

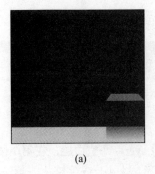
(a)

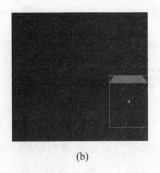
(b)

图 5-12

(a) 52 帧底台图片位置；(b) 60 帧底台图片位置。

新建图层，命名为"收音机阴影"，在第 68 帧插入空白关键帧，导入收音机阴影图片，调整图片位置如图 5-13 所示。在第 106 帧插入空白关键帧。

新建图层，命名为"收音机动画"，在第 68 帧插入空白关键帧，导入收音机幻影图片并转换为图形元件，放置位置如图 5-14 所示，适当放大图片。

将第 76 帧转化为关键帧，移动收音机幻影图片到收音机底台上方合适位置，如图 5-15 所示。缩小到比底台小一些，在第 68 帧～第 76 帧创建补间动画。在第 77 帧插入空白关键帧，将收音机图片导入到舞台，放置在与第 76 帧相同的位置上。在第 106 帧插入空白关键帧。

图 5-13　收音机阴影

图 5-14　68 帧收音机位置

图 5-15　76 帧收音机位置

(7) 进度条装饰模块设计。新建图层，命名为"进度条动画"，在第 1 帧导入进度条图片到舞台，转换为图形元件，并调整元件在舞台的位置，如图 5-16 所示。

将第 8 帧转换为关键帧，将"进度条"位置向上适当调整，如图 5-17 所示。打开"进度条"元件属性，将颜色属性设置为 Alpha，颜色透明度设置为 0%。在第 9 帧插入空白关键帧。在第 31 帧～第 39 帧加入帧动画，如图 5-18 所示。

图 5-16　第 1 帧进度条位置

图 5-17　第 8 帧进度条位置

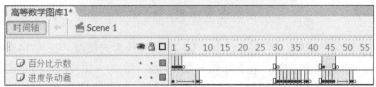

图 5-18　第 31 帧～第 59 帧动画

在第 44 帧和第 53 帧分别插入图片如图 5-19 所示，在第 44 帧～第 53 帧插入补间动画。在第 54 帧插入空白关键帧。

图 5-19　第 44 帧内容

图 5-19　第 53 帧内容

新建图层，命名为"百分比示数"，在第 1 帧～第 3 帧加入"%"的帧动画，在第 4 帧插入空白关键帧。在第 44 帧插入空白关键帧，导入"99%"位图元件，在第 48 帧插入空白关键帧。

(8) 下部是装饰栏，在这一部分加入一个音乐盒动画，并覆盖一个透明按钮用来控制音乐盒动画的播放。

制作音乐盒动画：新建图层，命名为"音乐盒"。在 31 帧插入空白关键帧，导入音乐盒电影剪辑到舞台，调整合适的位置如图 5-20 所示。

在第 105 帧插入帧，音乐盒电影剪辑具体制作内容如图 5-21 所示。

图 5-20　音乐盒位置

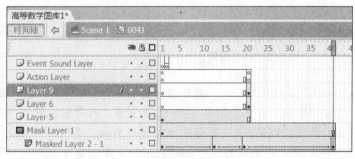

图 5-21　音乐盒电影剪辑设计

169

在图层 1 第 1 帧导入唱片机图片舞台，在图片上单击鼠标右键，选择转换为元件，设置如图 5-22 所示。

图 5-22　唱片机元件参数

先将第 41 帧转换为关键帧，再将第 14 帧、第 20 帧转换为关键帧，在第 14 帧和第 20 帧中唱片机元件向下平移一张图片的位置，在第 1 帧～第 14 帧、第 20～第 41 帧之间创建补间动画。

在图层 1 上单击鼠标右键，选择插入图层，新建图层 2。在图层 2 第 1 帧中选择"绘制长方形"工具，绘制一形状与层 1 中唱片机相同的长方形，位置以刚好覆盖层 1 中第 13 帧唱片机图案为准。最后，在图层 2 上单击鼠标右键，选择遮罩层，将图层 2 转换为遮罩层，与第 1 层一起制作遮罩动画。

在图层 2 上单击鼠标右键，选择"插入图层"，新建图层 3，在第 1 帧导入唱片机阴影图片，位置与图层 2 遮罩图片重合。在 21 帧单击鼠标右键，选择"插入帧"。

在图层 3 上单击鼠标右键，选择"插入图层"，新建图层 4。在第 1 帧上单击鼠标右键，选择"动作"，打开"动作—帧"编辑界面，依次选择"全局函数"→"时间轴控制"→"stop"命令，如图 5-23 所示。

在第 21 帧处单击鼠标右键，选择"插入空白关键帧"，在第 21 帧上单击鼠标右键，选择"动作"，打开"动作—帧"编辑界面，依次选择"全局函数"→"时间轴控制"→"stop"命令。

切换到场景一，单击音乐盒电影剪辑，在属性栏中将实例名称修改为"soundbar"。

(9) 制作音乐盒播放控制按钮 。单击菜单栏中的"插入"→"新建元件"命令，弹出"创建新元件"对话框，在对话框中设置元件名称为"音乐盒按钮动画"，类型为"影片剪辑"，如图 5-24 所示。

图 5-23　动作代码

图 5-24　音乐盒按钮参数

打开库，双击库中的"音乐盒按钮动画"电影剪辑，进入编辑窗口。

电影剪辑共有 2 个图层，第一层为背景。在背景层第 12 帧单击鼠标右键，选择"插入帧"。在舞台中央绘制长方形，高度为 10，宽度为 40，设置渐变填充。在背景图层单击用鼠标右键，选择"插入图层"，命名为"文字渐变动画"。单击第 1 帧插入文字"music"，设置颜色为黄色。用鼠标右键单击第 12 帧，选择插入关键帧，用鼠标右键单击第 6 帧，选择"插入关键帧"，设置颜色属性为 Alpha，参数为 50%。从第 1 帧～第 6 帧、第 6 帧～第 12 帧分别创建补间动画，如图 5-25 所示。

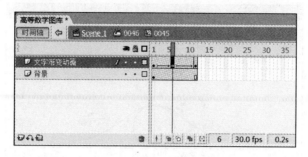

图 5-25　音乐盒电影剪辑设计

单击"场景 1"按钮，返回场景 1 编辑窗口。

单击菜单栏中的"插入"→"新建元件"命令，弹出"创建新元件"对话框，在对话框中键入元件名称为"音乐盒按钮"，类型为"按钮"，如图 5-26 所示。

双击库中的"音乐盒按钮"，进入"音乐盒按钮"编辑窗口。在"点击"帧单击鼠标右键，选择"插入帧"，如图 5-27 所示。

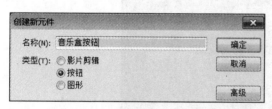

图 5-26　音乐盒按钮属性

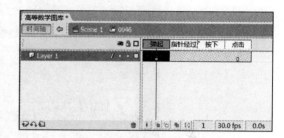

图 5-27　音乐盒按钮设计

打开库，拖拽"音乐盒按钮"动画到舞台中心。

单击"场景 1"按钮，返回场景舞台，将编辑好的"音乐盒按钮"元件拖到舞台上音乐盒图片上方。至此，完成封面导航的制作。

下面分别简单介绍"浏览光盘"、"使用说明"、"开发小组"、"运行课件"的主要内容。

(10) 浏览光盘简介，如图 5-28 所示。

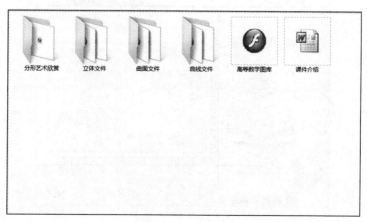

图 5-28　光盘内容

(11) 使用说明简介，如图 5-29 所示。

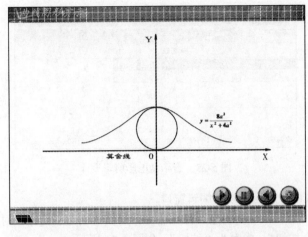

$$y = \frac{8a^3}{x^2 + 4a^2}$$

箕舌线 O

(a)

(b)

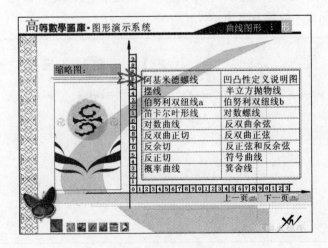

(c)

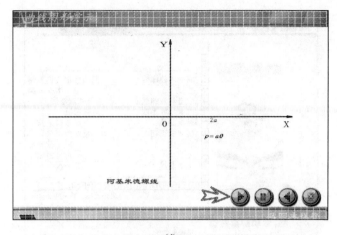

(d)

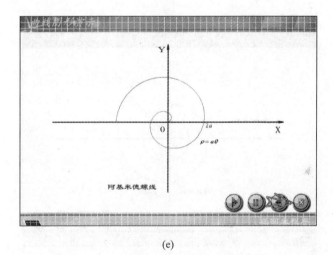

(e)

图 5-29　使用说明

(12) 开发小组简介，如图 5-30 所示。

图 5-30　开发小组简介

(13) 运行课件。曲线图形演示，如图 5-31 所示。

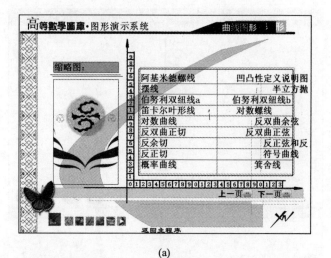

(a)

(b)

(c)

图 5-31　曲线图形演示

曲面图形演示，如图 5-32 所示。

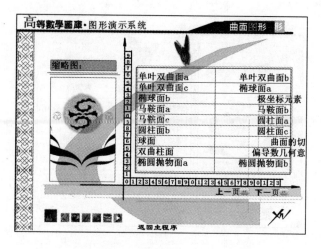

(a)

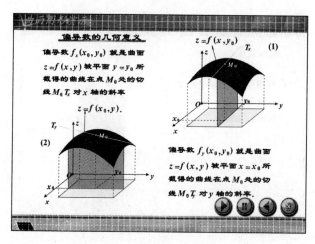

(b)

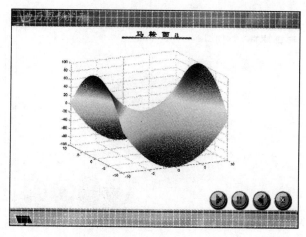

(c)

图 5-32　曲面图形演示

立体图形演示，如图 5-33 所示。

(a)

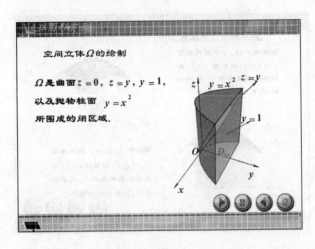

(b)

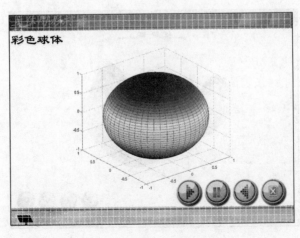

(c)

图 5-33　立体图形演示

至此完成了全部的课件制作。图形的制作部分没有详细介绍，大家可以参考本书附带光盘自学完成。

5.5 本章小结

随着计算机技术的不断发展，Flash 逐渐成为教师制作课件的首选软件，但由于 Flash 软件比较复杂，加上平时教学任务繁重，系统掌握并制作 Flash 课件难度较大，更不用说掌握复杂的脚本编写语言和较强的交互功能。本文旨在介绍制作数学课件的基本知识和几种常用的转换软件，让课件变得更自然、更好看。

第6章

利用 Dreamweaver 软件集成

6.1 Dreamweaver 基础知识

早期的 Dreamweaver 是美国 Macromedia 公司开发的集网页制作和管理网站于一身的"所见即所得"网页编辑器，它是第一套针对专业网页设计师特别发展的视觉化网页开发工具，利用它可以轻而易举地制作出跨越平台限制和跨越浏览器限制的充满动感的网页。Dreamweaver、Flash 以及在 Dreamweaver 之后推出的针对专业网页图像设计的 Fireworks，三者被 Macromedia 公司称为 Dreamteam(梦之队)，也被称为"网页三剑客"，这三个软件的集合，成了网站开发中的专用利器。

6.1.1 常用的 Dreamweaver 版本的及其特点

Dreamweaver 8.0 是早期的产品，具有基本的网页设计、网站开发和站点管理功能，具有可视化、支持多平台和跨浏览器的特性，比较适合网页设计初学者，具有如下特点。

(1) 灵活的编写方式。Dreamweaver 具有灵活编写网页的特点，不但将世界一流水平的"设计"和"代码"编辑器合二为一，而且在设计窗口中还精化了源代码，能帮助用户按工作需要定制自己的用户界面。

(2) 可视化编辑界面。Dreamweaver 是一种所见即所得的 HTML 编辑器，可实现页面元素的插入和生成。可视化编辑环境大量减少了代码的编写，同时亦保证了其专业性和兼容性，并且可以对内部的 HTML 编辑器和任何第三方的 HTML 编辑器进行实时的访问。无论用户习惯手工输入 HTML 源代码还是使用可视化的编辑界面，Dreamweaver 都能提供便捷的方式使用户设计网页和管理网站变得更容易。

(3) 更多的 CSS 支持。提供 CSS 可视化设计、CSS 检查工具。

(4) 动态跨浏览器验证。当保存时系统自动检查当前文档的跨浏览器有效性，可以指定何种浏览器为测试用浏览器，同时系统自动检验以确定页面有没有目标浏览器不支持的 tags 或 CSS 结构。动态跨浏览器有效性检查功能可以自动核对 tags 和 CSS 规则是否适应目前的主浏览器。

(5) Dreamweaver 的集成特性。Dreamweaver 8.0 继承了 Fireworks、Flash 和 Shockwave 的集成特性，可以在这些 Web 创作工具之间自由地切换，轻松地创建美观实用的网页。

(6) 丰富的媒体支持能力。可以方便地加入 Java、Flash、Shockwave、ActiveX 以及其他媒体。Dreamweaver 具有强大的多媒体处理功能，在设计 DHTML 和 CSS 方面表现得极为出色，它利用 JavaScript 和 DHTML 语言代码轻松地实现网页元素的动作和交互操作。Dreamweaver 还提供行为和时间线两种控件来产生交互式响应和进行动画处理。

(7) 超强的扩展能力。Dreamweaver 还支持第三方插件，任何人都可以根据自己的需要扩展 Dreamweaver 的功能，并且可以发布这些插件。

Dreamweaver CS 5.5 是 Adobe 公司最新发布的 Dreamweaver 版本，是一个全面的专业工具集，可用于设计并部署极具吸引力的网站和 web 应用程序，并提供强大的编码环境以及功能强大且基于标准的 WYSIWYG 设计表面，其主要特点有：

(1) W3C 验证程序支持创建符合标准的 HTML 和 XHTML 页面。

(2) 多屏支持及媒体查询支持自定义站点在不同屏幕分辨率下的显示效果。

(3) 创建可在多种移动设备上运行的 Web 应用程序。

(4) 为 Android、iPhone 和 iPad 设备打包 Web 应用程序。

(5) HTML5.CSS3 和 jQuery 支持。

(6) 支持在 HTML 页面中嵌入视频的 HTML5 功能。

(7) 经过改善的 CSS 面板支持常用的 CSS3 属性。

(8) 支持使用 FTPS 传输数据。

6.1.2　Dreamweaver CS 5.5 的用户操作界面

Dreamweaver CS 5.5 版本基本继承了前几个版本的用户界面的风格与包含元素，对于熟悉以前版本的用户能够快速上手。首次启动 Dreamweaver CS 5.5 时，会出现一个 Dreamweaver 起始页页面，页面中包括"打开最近项目"、"创建新项目"和"从范例创建"三个实用的项目创建方法，帮助用户快速建立项目文档，如图 6-1 所示。

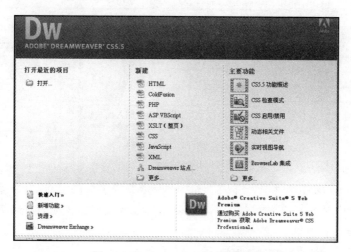

图 6-1　Dreamweaver 起始页界面

新建或打开一个文档后，进入 Dreamweaver CS 5.5 的默认的工作界面。图 6-2 所示的是默认的工作区为设计器模式下的界面，而图 6-3 是经典的界面风格。综合考虑两种模式下的 Dreamweaver CS 5.5 工作界面，包括标题栏、菜单栏、插入面板组、文档工具栏、标准工具栏、文档窗口、状态栏、标签选择、属性面板和浮动面板组等部分。

1. 标题显示栏

启动 Dreamweaver CS 5.5 后，标题栏上显示的文字 Dw 后有四个小的三角标志切换区，其中布局选择可以根据用户的要求选择文档窗口的拆分方式，还可以选择扩展方式，可以以最直接的方式创建和管理站点，用户在工作区切换器中依据角色选择界面的布局，如图 6-4 所示。

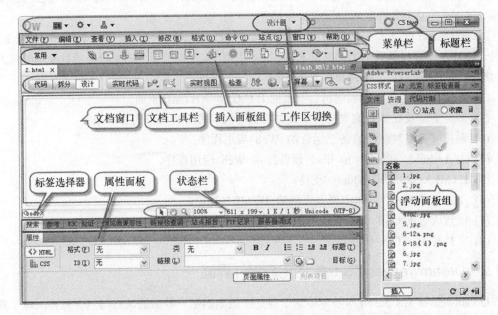

图 6-2　默认的"设计器"模式的界面

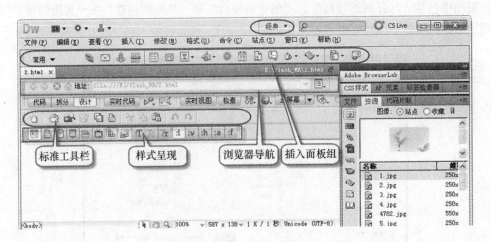

图 6-3　"经典"工作区界面

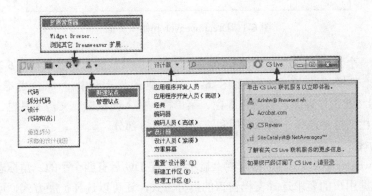

图 6-4　标题显示栏

180

2. 菜单栏

Dreamweaver CS 5.5 的菜单共有 10 个，即文件、编辑、视图、插入、修改、文本、命令、站点、窗口和帮助，如图 6-5 所示，各个菜单项的功能介绍如下。

图 6-5　菜单栏

文件：用来管理文件。如新建、打开、保存、另存为、导入、输出打印等。

编辑：用来编辑文本。如剪切、复制、粘贴、查找、替换和参数设置等。

查看：用来切换视图模式以及显示、隐藏标尺、网格线等辅助视图功能。

插入：用来插入各种元素，如图片、多媒体组件、表格、框架及超级链接等。

修改：具有对页面元素修改的功能，如在表格中插入表格，拆分、合并单元格，对齐对象等。

格式：用来对文本操作，如设置文本格式等。

命令：所有的附加命令项。

站点：用来创建和管理站点。

窗口：用来显示和隐藏控制面板以及切换文档窗口。

帮助：联机帮助功能。如按 F1 键，就会打开电子帮助文本。

3. 插入面板组

插入面板组集成了所有可以在网页应用的对象包括"插入"菜单中的选项。插入面板组其实就是图像化了的插入指令，通过一个个的按钮，可以很容易地加入文本、图像、声音、多媒体动画等网页元素，如图 6-6 所示，主要的功能介绍如下。

图 6-6　插入面板组

常用：从此选项卡中可以选择插入超链接、div 标签、图像、媒体、表格、模板、行内注释符等。

布局：从此选项卡中可以选择插入 Spry 菜单、Spry 选项卡式面板、div 标签、内部框架及框架集。

表单：此栏的工具主要用于动态网页的设计，如网页中按钮、文本区域、文件域以及采用 Spry 验证的对应的网页元素。

数据：从此选项卡中可以选择插入多种数据资源，如 Spry 数据集、记录集、动态数据及记录集的操作方法。

Spry：此选项卡包含了 Spry 技术的所有工具。

jQuery Mobile：此选项卡包含了开发适用于手机和其他平板设备网页需要的工具，具体内容见专业的 jQuery Mobile 使用教程。

文本：此选项卡可以设置文字的一些格式。

4. 文档工具栏

文档工具栏上面部分显示了当前文档的名称，下半部分包含文档各种文档操作按钮，如图 6-7 所示，主要的功能介绍如下。

图 6-7　文档工具栏

"代码"、"拆分"和"设计"是可以相互切换的一组按钮，用于文档窗口的不同显示视图。

"实时代码"按钮又称即时预览，使用这个功能后就能够像浏览器上一样播放一般情况下在预览窗口不能播放的视频文件，可以把这个功能理解为一个任意编辑内容的浏览器。 包含了两个下拉菜单：第一个的功能是 W3C 认证，第二个菜单是有关检测浏览器兼容性的一些设置。

"实时视图"按钮能够展现设计的网页在浏览器中看到的效果，当按钮弹起时是设计视图，即展现的是本软件中的能看到的效果。  是一个选择预览浏览器的下拉菜单。

"多屏幕"按钮是版本 Dreamweaver CS 5.5 的新增功能，此功能同时为手机、Tablet 和 PC 设计，提供了当前编辑的页面在支持不同屏幕分辨率的设备上的显示效果预览。对于手机采用的默认屏幕尺寸为 320×300 像素；平板计算机的默认屏幕尺寸为 768×300 像素；台式机的默认屏幕宽度为 1126 像素。

5. 标准工具栏

标准工具栏包含来自"文件"和"编辑"菜单中的一般操作，如新建、打开、保存、保存全部、剪切、复制、粘贴、撤消和重做，如图 6-8 所示。

图 6-8　标准工具栏

6. 文档窗口

打开或创建一个项目后，进入文档窗口，可以在文档区域中进行输入文字、插入表格和编辑图片等操作。文档窗口显示当前文档。可以选择下列任一视图："设计"视图下 Dreamweaver 显示文档的完全可编辑的可视化表示形式，用户可以采用工具栏中给定的媒体元素设计界面，页面显示的内容类似于在浏览器中查看页面时看到的内容，页面相对应的代码"隐藏"起来，如图 6-2 所示。"代码"视图是一个用于编写和编辑 HTML、JavaScript、服务器语言代码以及任何其他类型代码的手工编码环境，如果用户建立的页面是动态处理信息的页面，在"设计"视图状态时，大多数情况下页面呈现"空白"，不显示任何信息，只有切换到"代码"视图，显示了动态处理的所有代码，可以编辑。"拆分"视图可以在单个窗口中同时看到同一文档的"代码"视图和"设计"视图，对于一些对网页代码熟悉的用户，在页面上进行初步设计后，采用修改代码的方式快捷地对页面进行详细设计和美工。

7. 状态栏

"文档窗口"底部的"状态栏"提供与用户正创建的文档有关的其他信息。"标签选择器"显示环绕当前选定内容的标签的层次结构。单击该层次结构中的任何标签以选择该标签及其全部内容，单击"body"按钮可以选择文档的整个正文，位置如图 6-9 所示。

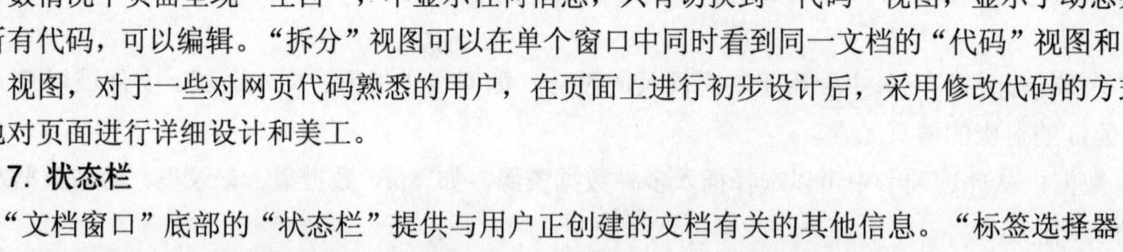

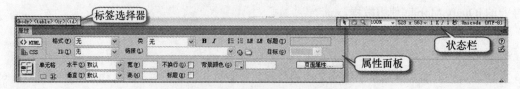

图 6-9　属性面板及其他工具位置

8. 属性面板

"属性"面板并不是将所有的属性加载在面板上,而是根据选择的对象来动态显示对象的属性,"属性"面板的状态完全是随当前在文档中选择的对象来确定的。例如,当前选择了一幅图像,那么属性面板上就出现该图像的相关属性;如果选择了表格,那么属性面板会相应地变化成表格的相关属性。

9. 浮动面板组

在"文档窗口"的右侧有一系列的面板重叠在一起,称为"浮动面板组",如图 6-10 所示,这些面板都浮动于编辑窗口之外。在初次使用 Dreamweaver CS 5.5 的时候,这些面板根据功能被分成了若干组。面板组通常由"面板标签栏"和"面板内容"两部分组成,当面板组处于折叠状态时,可以通过双击面板标签栏将其展开。在"窗口"菜单中,选择不同的命令可以打开"基本面板组"、"设计面板组"、"代码面板组"、"应用程序面板组"、"资源面板组"和其他面板组。

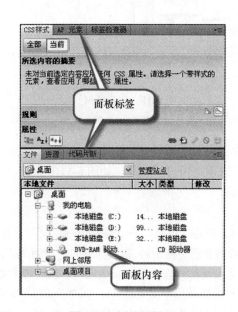

图 6-10　浮动面板组

6.1.3　网页文件的基本操作

在启动 Dreamweaver CS 5.5 时首先将显示一个起始页,通过起始页可以快速打开以前建立的项目及文件,也能够通过新建项目区选择要新建的文件类型,还可以对本版本具有的功能进行学习,通过勾选窗口下面的"不再显示"可以隐藏该起始页,以后启动时将不再显示该页,直接进入 Dreamweaver 主窗口。

下面将用一个实例说明在项目中添加一个网页及对网页的基本操作过程。

1. 新建网页文件

单击"文件"→"新建"项,弹出"新建文档"对话框,如图 6-11 所示,在"新建文档"对话框的左侧选择"空白页"项,在中间的"页面类型"下拉框中选择"HTML"项,在右侧的"布局"下拉框中选择"无",然后在右下角单击"创建"按钮,就创建了一个默认名为"Untitled*"的 HTML 新文档,采用相同的方法可以创建多个网页。

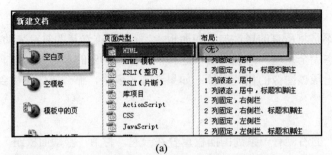

(a)

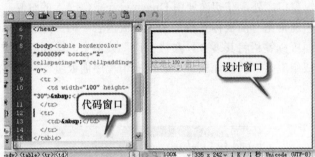

(b)

图 6-11　创建新网页

(a) 通过向导创建新网页；(b) 拆分视图下的网页。

如果已经创建或打开了多个网页，可以单击"文档工具栏"上方的文件名切换到查看或编辑的文件，在"文档工具栏"上选取"拆分"视图，如图 6-11(b)所示，在文档窗口右侧可以查看创建的这个 HTML 文件的源代码。

2. 保存网页文件

编辑好的文件要进行保存，单击"文件"→"保存"项，第一次保存文件会出现一个对话框，需要确定保存的位置，选好位置后要给文档命名。需要注意的是，当前编辑的网页文件创建时是 HTML 基本网页，扩展名不能改动，将前面部分修改为 exam2(因为本软件对中文名识别的功能不是很好，在文件名应由字母和数字组成，尽量避免用中文来命名)，单击"保存"按钮就可以了，如图 6-12 所示。另存文件时，单击"文件"→"另存为"项，弹出"另存为"对话框，可以修改文件名或重新选择保存类型将当前正在编辑的 HTML 文档以其他名称保存或者保存为其他格式的文件。

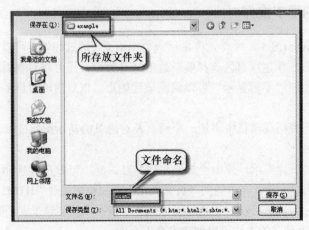

图 6-12　保存新网页

3. 关闭网页文件

关闭文件有两种方法，单击软件右上角"标题栏"的关闭符 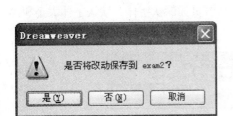，所有打开的页面全部关闭；如只关闭某个网页文件，单击文件名后的关闭符 exam2.html* × 即可，如果当前文档最近被修改的内容未保存，则会弹出如图 6-13 所示的对话框。

(1) 如果需要保存，则单击"是"按钮，保存并关闭当前网页文件。

(2) 如果不需要保存，则单击"否"按钮，不保存并关闭当前网页文件。

(3) 如果单击"取消"按钮，则会返回到当前网页文件。

4. 打开网页文件

打开网页文件可以采用两种方式：

(1) 起始页中选择"打开最近的项目"。

(2) 在"文件"→"打开"项，第二种方式打开文件时将弹出"打开"对话框，查找要打开的文件并选中它，单击"打开"按钮，就打开了一个已经保存过的 exam2 文件，如图 6-14 所示。

图 6-13　关闭提示对话框　　　　　图 6-14　打开文件对话框

5. 页面的较实用的初始设置

建立网页之前，首先应对网页的"首选参数"进行设置，单击"编辑"→"首选参数"菜单，弹出的对话框如图 6-15 所示。

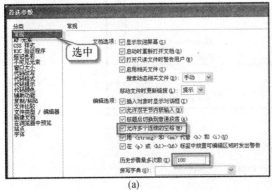
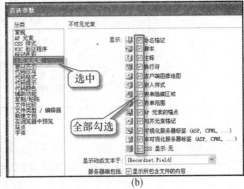

(a)　　　　　　　　　　　　　　　　(b)

图 6-15　首选参数初始设置

(a)"常规"项设置；(b)"不可见元素"项设置。

(1) "常规"对应的选项全选，特别注意"允许多个连续空格"，"历史步骤最多次数"设置增大到 100，此项和"标准工具栏"的"撤销"和"重做"次数对应。

(2) "不可见元素"对应的选项全选。

(3) 其他选项默认。

6. 网页外观属性设置

外观属性设置主要包括网页标题、页面默认字体、默认字体大小、背景颜色、背景图片、边距等项。

首先进行网页标题设置，在"文档工具栏"中有填写标题名称的编辑区域，默认为"无标题文档"，如图 6-16(a)所示。可以根据网页的作用填写，在预览时标题显示在网页的标题栏位置，如图 6-16(b)所示，设置完毕。

(a)　　　　　　　　　　　　　　　　(b)

图 6-16　标题设置

(a) "标题"设置；(b) "标题栏"显示。

设置页面属性时，鼠标落在"文档窗口"的内容区，"属性"面板就会在窗口下方展开，在"属性"面板中选择"页面设置"，打开的"页面设置"对话框如图 6-17 所示，对话框左侧窗口中关于外观属性的有两项，即"CSS"和"HTML"，基本设置中只设置"CSS"项就足够了，"HTML"与其相似。单击 CSS 选项，右侧显示了可以设置的属性，包含页面默认字体、默认字体大小和颜色、背景颜色及背景图片设置、边距设置。

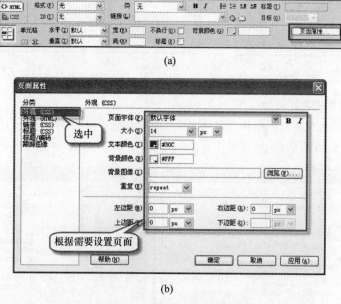

(a)

(b)

图 6-17　页面属性设置过程

(a) 页面属性设置入口；(b)页面设置对话框。

(1) 页面字体的设置。需要特别说明一下，安装完系统后默认字体是有限的几种，特别是没有加载中文字体，如图 6-18(a)所示。这样就需要从图示的"编辑字体列表"加载字体，具体方法是

186

先在图 6-18(b)中单击左上角的"+"增加一个字体(创建一个空的位置)，再将需要的字体从系统的"可用字体库"中通过"加载按钮"加载到"选择的字体"窗口，同时也加载到了"字体列表"。如果在"可用字体库"中没有找到网页设计时需要使用的字体，可先从网上或字体光盘中找到需要的字体文件，将字体文件复制到计算机的"控制面板"→"字体"文件夹中，双击"字体"文件进行安装后，在 Dreamweaver 的"可用字体"中就可以使用了，如图 6-19 所示。

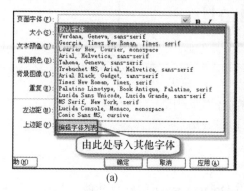
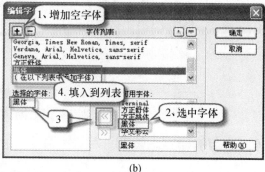

(a)   (b)

图 6-18   页面字体的加载

(a) 默认字体及加载字体位置；(b) 加载其他字体。

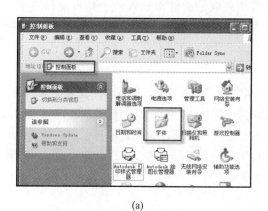
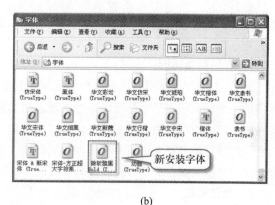

(a)   (b)

图 6-19   通过控制面板载入新字体

(a) 字体设置的位置；(b) 新加入的字体。

(2) 背景图像的设置。从图 6-17(b)可以看到"背景图像"的设置是"通过加载"图片的方式，是将插入的图像作为整个页面的背景，通过"重复方式"下拉框中选择图像在页面中的铺贴方式，图 6-20(a)、(b)分别显示了一幅图像在"repeat-x"和"repeat"下的页面铺贴效果。

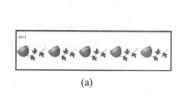
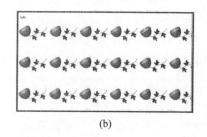

(a)   (b)

图 6-20   不同铺贴方式插入背景图像

(a) repeat-x 方式铺贴图片；(b) repeat 方式铺贴图片。

(3) 边距的设置。在"CSS"还可以设置网页内容与网页四个边界的"边距",默认时这四个编辑框中没有值,实际网页内容和边界有一个默认的距离,设置四个值可以确切地定义这个距离,如图 6-21 所示。

图 6-21　页面边距设置前后效果对比

(a) 边距设置前;(b) 左上边距设置后。

6.1.4　站点的建立与管理

要将 Flash 多媒体资源集成为课件,需要利用 Dreamweaver 的站点功能,从操作的角度看是通过把一系列的多媒体资源文件分门别类的放置在各自的文件夹里,再利用建立的网页文件将各种 Flash 多媒体资源互相连接起来,所有相关联的文件都放入一个站点文件夹里,这样站点的结构清晰明了,便于管理和查找。建好的站点还可以传到互联网的 Web 服务器上使用。

1.　规划站点结构

由 Flash 多媒体资源组成的课件实现时需要采用多个网页相互连接,形成一个完整的系统,一般包括一个首页和若干个分页,这些网页之间的层次关系可以用一棵倒立的树来描述,树根就是课件的入口,根据资源分类方式形成各层的子树,树梢是叶子网页,也就是不再引出其他页面的页面。在创建站点页面之前,需要把树的结构规划出来,决定要创建多少页,每页上显示什么内容,还要考虑页面布局的外观以及各个页面的层次关系。

2.　创建站点

在搭建站点前,先在自己的计算机硬盘上建一个以英文或数字命名的空文件夹。在标题栏上单击"站点"→"新建站点",如图 6-22(a)所示,出现如图 6-22(b)所示的提示框,其中"Flash 资源集成课件实例"是站点名称,"E:\flash_MR\"是新建好的空文件夹,单击"保存"按钮后站点就建好了。在界面右侧的"浮动面板组"中的"文件面板"可以看到站点的信息,新建一个名为"index.html"页面作为课件实例的首页,页面保存时会自动保存到该站点中,如图 6-22(c)所示,其他页面操作类似。

3.　搭建站点结构

"站点"是文件与文件夹的集合,下面根据前面对资源库的设计和规划,新建该站点要设置的文件夹和文件。在文件面板的站点根目录下单击鼠标右键,从弹出的菜单中选择"新建文件夹"项,然后给文件夹命名。这里初步创建了 8 个文件夹,分别命名为 images、music、med、swf、css、js、flv 和 ppt,如图 6-23 所示。

建好文件夹后需要进行一个非常关键的操作,即设置默认图片文件夹,通过图 6-24 所示的操作将 images 设置为默认图片文件夹,网页中插入的图片自动保存到此文件夹下,避免了文件迁移的时候,图片文件丢失的情况。

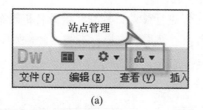

(a)

(b)   (c)

图 6-22　站点的建立

(a) 站点工具；(b) 修改"站点"过程；(c) 文件面板显示"站点"信息。

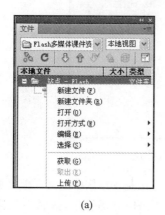

(a)   (b)

图 6-23　搭建站点结构

(a) 右键菜单功能；(b) 初步建立的站点结构。

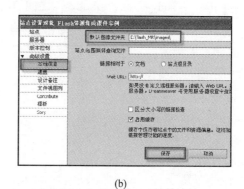

(a)   (b)

图 6-24　设置默认图片文件夹

(a) "站点"管理入口页面；(b) 设置"站点"图像文件夹。

4. 文件与文件夹的管理

对建立的文件和文件夹，可以进行移动、复制、重命名和删除等基本的管理操作。单击鼠标左键选中需要管理的文件或文件夹，然后单击鼠标右键，会弹如图 6-23(a)的菜单，选择"编辑"项的右三角，即可进行相关操作。

6.1.5 HTML 语法简介

利用 Dreamweaver 对多媒体资源集成时需要用到多个网页文件相互连接，网页都是由 HTML 标记构成的文件。下面介绍 HTML 的一些基础知识，可以手动输入 HTML 标记和进行属性设置，这样制作的网页功能很完善，页面显示更美观。

1. 认识 HTML

HTML 中文意思是超文本标记语言，用于编写网页。一个 HTML 文件包含有多个 HTML 标记，用来告诉浏览器如何显示文本、图像、动画以及其他网页元素。

2. HTML 文件结构

先从一个简单的例子网页开始，打开站点中新建的网页 index.html，加入一句"让我们开始设计吧！"，在"拆分"视图下，文档窗口分别以代码和设计的方式显示了网页，图 6-25 的红色边框圈定的区域内的代码是一个网页的基本结构。

图 6-25　网页代码显示

把红色区域内的内容稍作整理得到表 6-1，从表中看出基本结构中的网页标记是成对出现的，"<html>"表明文件的开始，"</html>"是文件的结束，页面的内容都位于这两个标记之间，"<head>"与"</head>"包含了网页文件头部信息，此部分内容作为网页的一些辅助信息，如网页的定时刷新、网页的编码方式，还可以设置搜索引擎使用的"关键字"信息，页面说明信息，这部分信息不会显示在网页中。"<body>"与"</body>"之间的内容是网页的正文，是在浏览器中显示的内容。

表 6-1　网页的基本结构

<html>
<head>　文件头信息
<title>标题
</title>
</head>
<body>
在浏览器中显示的 HTML 文件的内容
</body>
</html>

3. 特别强调的几个 HTML 标记

在设计页面时会用到很多 HTML 标记，其中大部分标记可以通过在"插入面板组"中选择工具插入到设计窗口中，比如页面中的表格，使用工具插入"表格"，就会在代码窗口出现其对应的标记，如图 6-26 所示。而另一些标记使用频率较高不是很容易找到，这样就需要用户熟悉它们，使用时在代码窗口相应的位置输入即可。

这里介绍四种常用标记：

(1) <p>和 </p> 是成对出现的，作用是文本分段，标记间文本为一段。

(2)
是回车换行标记，单独使用。

(3) <hr> 是绘制水平线标记。

(4) <a>和</a>是成对出现的，标记之间放置超链接信息。

同时还要介绍几种文本符号，" "在页面中是空格占位符，"<"表示英文格式下的"<"，">"表示英文格式下的">"，"""表示双引号，图 6-27 是使用这些符号和标记的例子。

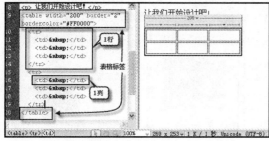

图 6-26 "表格"对应的标记

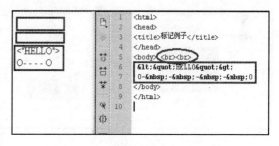

图 6-27 强调的标记与符号

4. HTML 标记的几点说明

关于使用 HTML 标记有很多需要说明的问题，这里仅对标记的共有属性给出一些说明：

(1) 任何 HTML 标记都是由"<"和">"号括住，标记名不区分大小写，但建议用小写。

(2) 大多数标记是成对出现，使用时应避免漏写结束标记。

(3) 少数标记单独出现。如
、<hr>等。

(4) 大部分标记拥有属性，在使用时需要进行如颜色、大小，对齐方式等属性设置，如对表格的设置<table bgcolor="#00CC99" width="200"　border="1"　align="center">。

6.2　Flash 资源集成课件的规划与设计

6.2.1　课件页面布局

由于网页是通过计算机的显示通道与人们交流的，并不是现实世界中的实际物体，因此又被称为"虚拟界面"。从网络的角度来看，虚拟界面是一个网站的窗口，网站中的数据信息、链接功能以及各种网络服务都通过这个界面进行实施。一个网站的网页可以有多个，需要进行整体规划，并对每个页面进行详细设计。

因为完成的网页文件需要采用具有标准显示模式的设备显示出来，所以在设计网页时首先要考虑的是版面尺寸规范化问题，常用的显示设备的分辨率见表 6-2。在设计初期应该考虑运行网页的显示设备的分辨率，目前网页常用的设计宽度为 760 像素和 960 像素，还有的采用 CSS 把页面宽度定义为 780 像素～1260 像素，如果使用的显示设备分辨率变化较大，也可以采用宽度相对百分比，如 96%。

表 6-2　常用显示设备的分辨率

显示设备	显示器分辨率(像素)	显示设备	显示器分辨率(像素)
普通计算机	800×600(4：3)	普通计算机	1440×900(16：10)
平板计算机	768×1024(3：4)	功能手机	240×320(3：4)
普通计算机	1024×768(4：3)	智能手机	320×480(3：4)
普通计算机	1280×800(16：10)	智能手机	480×800(3：5)
普通计算机	1280×1024(5：4)		

图 6-28 是"宝宝儿歌网"的首页在不同显示分辨率下的全屏显示效果。

(a)　　　　　　　　　　　　　　　　(b)

图 6-28　同一网页在不同分辨率下的显示效果

(a) 1440 像素×900 像素；(b) 1024 像素×768 像素。

其次是对页面要进行版面布局，即根据网页传达内容的需要，将不同的文字和图片按照一定的次序用最合理的编排和布局组成一个有机的整体并展现出来。网页排版布局的一般步骤如下。

(1) 构思。根据网站内容的整体风格，设计版面布局。

(2) 初步填充内容。要把一些主要的内容放到网页中，如网站的标志、广告条、菜单、导航条、计数器等。

(3) 细化。将各主要元素确定好之后，可以考虑文字、图像、表格等页面元素的排版布局。在这一步，可以利用 Dreamweaver 等网页编辑工具把草案做成一个简略的网页，当然，对每一种元素所占的比例也要有一个详细的数字，以便以后修改。

网页排版布局形式主要有"国字"形布局、T 形布局、左右框架形布局、综合框架形、Flash 布局等。因篇幅关系，这里仅介绍常用的"国字"形布局和综合框架形的布局形式及实例制作。

下面先简单说明 Dreamweaver 中的"表格"的用法，再给出利用的表格制作"国字"形布局网页的方法。

1. 新建表格

在文档窗口中，将光标放在需要创建表格的位置，单击如图 6-29 所示的"常用"快捷栏中的"表格"按钮，弹出"表格"对话框，如图 6-30 所示，对话框中的"行数"与"列数"文本框用来设置表格的行列数。"表格宽度"文本框用来设置表格的宽度，可以填入数值，紧随其后的下拉列表框用来设置宽度的单位，有两个选项——"百分比"和"像素"，当宽度的单位选择百分比时，表格的宽度会随浏览器窗口的大小而改变。"单元格边距"文本框用来设置单元格的内部空白的大小。"单元格间距"文本框用来设置单元格与单元格之间的距离。"边框粗细"用来设置表格的边框的宽度，图 6-31 对这些属性进行了说明。

图 6-29 "常用"面板上的"表格"工具

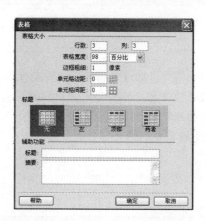

图 6-30 新建"表格"对话框

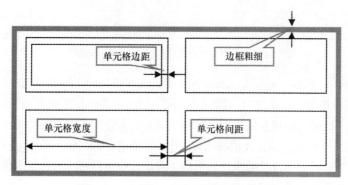

图 6-31 "表格"基本属性设置的说明

2. 选中"表格"对象

插入后的表格需要通过"属性"面板设置其他属性，设置前选中需要设置的对象，确定是整个表格，还是某一行、某一列、某个单元格。

(1) 选择整个表格的方法是把鼠标放在表格边框的任意处，当出现 ⟨‖⟩ 标志时单击即可选中整个表格，或在表格内任意处单击，然后在状态栏选中<table>标签即可；或在单元格任意处单击鼠标右键，在弹出菜单中选择"表格"→"选择表格"命令。

(2) 要选中某一单元格，按住 Ctrl 键，鼠标在需要选中的单元格内单击即可；或者，选中状态栏中的<td>标签。要选中连续的单元格，按住鼠标左键从一个单元格的左上方开始向要连续选择单元格的方向拖动。要选中不连续的几个单元格，可以按住 Ctrl 键，单击要选择的所有单元格即可。

(3) 要选择某一行或某一列，将光标移动到行左侧或列上方，鼠标指针变为"向右"或"向下"的箭头图标时，单击即可，具体操作如图 6-32 所示。

193

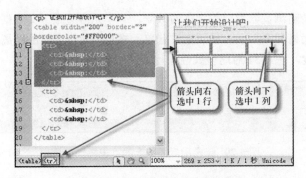

图 6-32 表格中选择单行单列的方法

3. "表格"属性设置

采用上面的方法选中整个"表格",通过"属性"面板更改表格属性。

(1)"填充"文本框与"间距"文本框分别对应"表格"对话框中的"单元格边距"、"单元格间距"功能,用来设置单元格边距和单元格间距,此处修改两个间距均为3。

(2)"对齐"下拉列表框用来设置表格的对齐方式,默认的对齐方式一般为左对齐。"边框"文本框用来设置表格边框的宽度。

(3)"行"与"列"文本框可以改变表格行列数,同时"宽度"文本框可以修改表格的宽度,如图 6-33 所示。

图 6-33 使用属性面板设置整个表格的属性

(4) 在表格设置的"属性"面板显示项中引入"背景图像"的区域是不可用的,这样就需要在表格的 HTML 代码中设置,在主窗口中打开"代码"视图,将光标放置在要设置的"表格"标签"<table>"中,按空格键,出现表格对应的属性设置项,如图 6-34(a)所示,使用键盘光标移动键选择"background"项后回车,出现如图 6-34(b)所示的浏览提示,使用鼠标可以在"选择图像源"对话框中定位并选择要设置为背景的图片,单击"确认"按钮即可。"背景颜色"与"边框颜色"等表格的其他属性设置也是采用这种方法。

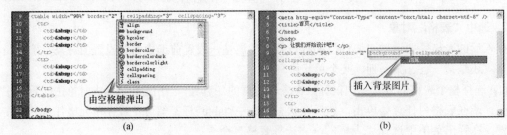

图 6-34 代码中设置属性的方法示意

(a) HTML 代码中设置属性; (b) 设置背景图片属性。

4. "单元格"属性设置

把光标移动到某个单元格内,可以利用单元格"属性"面板对这个单元格的属性进行设置,如图 6-35 所示。

(1)"水平"文本框用来设置单元格内元素的水平排版方式，是居左、居右或是居中。"垂直"文本框用来设置单元格内的垂直排版方式，是顶端对齐、底端对齐或是居中对齐。

(2)"高"、"宽"文本框用来设置单元格的宽度和高度，"不换行"复选框可以防止单元格中较长的文本自动换行。

(3)"标题"复选框使选择的单元格成为标题单元格，单元格内的文字自动以标题格式显示出来，"背景颜色"文本框用来设置表格的背景颜色。

(4)"链接"文本框中可以输入文件的路径，也可以单击文件夹图标打开"选择文件"对话框，链接到的相应的资源。

(5)单元格的"背景图像"与"边框颜色"等其他属性也需要在代码中加入，方法同上。图 6-35 的左下角采用红色框选中的的是拆分与合并单元格的工具，拆分单元格时，将光标放在待拆分的单元格内，单击"属性"面板上红色框内右侧的"拆分"按钮，在弹出的对话框中，按需要设置即可。合并单元格时，选中要合并的单元格，单击属性面板中红色框内左侧的的"合并"按钮即可。

图 6-35　多个单元格的"合并"与"拆分"工具

5.　"表格"中插入行列

要在已有的表格中插入行或列，有三种方法。

(1) 光标放在要插入行或列的单元格中，单击鼠标右键，在弹出的菜单中选择"表格"→"插入行"或"插入列"等选项，就可以在内容区插入对应的行或列，步骤如图 6-36 所示。

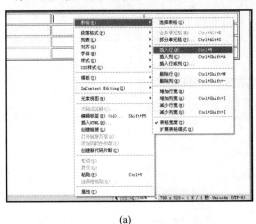

(a)　　　　　　　　　　　　　　　　　　　　(b)

图 6-36　表格中插入新行新列的两种方法

(a) 右键弹出菜单插入表格行列；(b) 主菜单中插入表格行列。

(2) 光标放在要插入行或列的单元格中，在菜单区选择"插入"→"表格对象"的子选项就可以插入行列。

(3) 在"代码"视图下，光标落在要插入表格的位置，如果插入"行"，复制一组"<tr>"、"</tr>"之间的代码到光标位置，从"设计"视图就可以看到插入一行，"多行插入"执行多次插入本段代码。如果插入"列"，复制一组"<td>"、"</td>"代码到光标位置，同理在"设计"

视图就可以看到插入一列，"多列插入"执行多次插入本段代码，如图6-37所示。

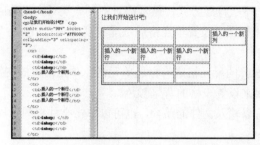

图 6-37　表格中插入新行新列的代码及设计效果

6. 嵌套"表格"的作用

网页的排版有时会很复杂，在外部需要一个表格来控制总体布局，如果内部排版的细节也通过总表格来实现，容易引起行高列宽等的冲突，给表格的制作带来困难。其次，浏览器在解析网页的时候，是将整个网页的结构下载完毕之后才显示表格，如果不使用嵌套，表格非常复杂，浏览者要等待很长时间才能看到网页内容。

使用在表格中嵌套表格，由总表格负责整体排版，由嵌套的表格负责各个子栏目的排版，并插入到总表格的相应位置中，各司其职，互不冲突。另外，通过嵌套表格，利用表格的背景图像、边框、单元格间距和单元格边距等属性可以得到漂亮的边框效果，制作出精美的音画贴图网页。

6.2.2　"国字"形布局实例

"国字"形布局由"同字"形布局进化而来，因布局结构与汉字"国"相似而得名。是将网页分为页眉、正文区和页脚三大部分，页眉部分主要包括网站图标、广告条、导航条等内容。正文区位于页面与页脚中间，由多个栏目组成，主要放置网站的主要内容，页脚主要是版权信息、联系方式等内容。图6-38是"交通银行"网站首页，网页布局采用"国"字形布局。

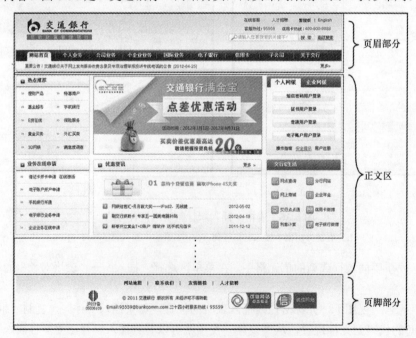

图 6-38　"国"字形布局网页

先对实例进行简单的规划设计，在上文中提到"国字"形布局有页眉、正文区、页脚组成，绘制一个包含这三部分的草图，然后根据草图搭建网页的布局，如图 6-39 所示。

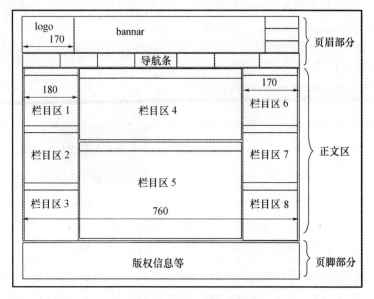

图 6-39　实例网页布局草图

本例中的"国字"形布局完全采用"表格"来完成，首先将从"浮动面板组"中的"布局选项卡"中将页面设置为"扩展"模式，如图 6-40 所示。

图 6-40　页面设置为扩展模式

(1) 制作图 6-39 中的页眉部分。

① 首先插入一个表格，设置其行数为 3，列数也为 3，表格宽度设置为 760 像素，边框为 1，单元格边距、单元格间距均设置为 0，如图 6-41 所示。

图 6-41　建立页眉区外围表格

② 选中最左面的一列单元格，在"属性"面板上选中"合并"工具将三个单元格合并，合并后的单元格预备放置一个网站图标，在"属性"面板上设置表格的宽度为 170，高度为 72，如果未准备好图标，可以选择"插入"→"图像对象"→"图像占位符"命令，图像先占位后填入，设置信息如图 6-42 所示。

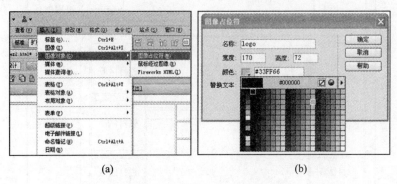

(a)   (b)

图 6-42　设置图片占位符的步骤

(a) 通过菜单插入"图像占位符"；(b) "图像占位符"属性设置。

③ 采用同样的方法将中间一列的三个单元格合并，这个单元格预备放置一个图片或动画广告条，在"属性"面板上设置表格的宽度为 500，高度为 72，也采用"图像占位符"填入图像大小与颜色。

④ 接着将最右侧的三个单元格的高度都设置为 24，分别填入内容，整个表格的边框设置为 0。

⑤ 最后制作导航条，插入一个 2 行 14 列且宽度为 760 的表格，在第 1 行第 1 列中的单元格中插入一条键盘上的竖线"|"，在第 1 行第 2 列中插入文字导航栏目，然后同时选中这两个单元格将其内容复制到第 1 行的剩下的 12 列中，选中整行，设置水平与垂直方向的对齐方式为都为"居中对齐"且设置一种背景颜色，页眉部分完成，整个表格的边框设置为 0，预览效果如图 6-43 所示。

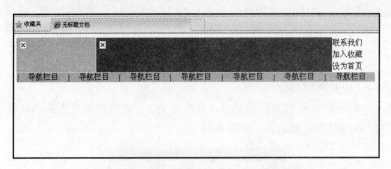

图 6-43　实例中页眉部分完成后的效果

(2) 制作正文区。可以采用 Dreamweaver 的"表格"和"框架"两种方法来实现，框架方法在后面会说明，在此采用"表格"来完成。

① 在图 6-39 中设计的正文区分为左、中、右三个部分，首先需要在正文区插入一个 1 行 3 列的表格，总宽度 760，左侧单元格设置为宽度 181，右侧单元格宽度设置为 170，在左侧单元格中插入一个 2 行 1 列的嵌套表格，宽度设置为百分比格式 100%，依照前面介绍的在"代码"或"拆分"视图下设置表格属性的方法，将<table>的"bordercolor"属性设置为白色。选中嵌套表格的第 1 行，"代码"视图下在单元格对应的代码中设置<td>的"background"属性，在站点文件夹下的"image"文件夹选中图片"1.jpg"，在"<td>"中设置 bordercolor="#66cc33"，在<td>和</td>

之间写入文字，然后选中嵌套表格的第 2 行，设置其高度为 163，在<td>中设置 bordercolor=
"#66cc33"，添加文字，设置过程如图 6-44 所示。

图 6-44　嵌套表格边框颜色的设置

② 选中第 1 步中完成的 2 行 1 列嵌套表格，在正文区的第左侧的列中复制两次，在最右侧列
再复制三次，修改"我的栏目"单元格的背景图片。在正文的中间列中复制一次，修改表格高度
为 264，修改"我的栏目"背景图片，在"我的栏目"单元格中插入一个 1 行 2 列的嵌套表格，
宽度设置为 100%，第 1 列设置为左对齐，第 2 列设置为右对齐，选中中间列新完成的"我的栏目
+我的内容"大表格，复制一次，修改其高度为 245。

(3) 制作页脚。页脚部分很容易实现，建立一个 2 行 1 列的表格，删掉第 1 行单元格内的
" "，以便于设置比空格更小的高度，设置单元格 height="5"，选中第 2 行单元格，添加版
权信息的内容，设置一种背景颜色，将整个页面的文字设置为统一的格式。"国字"形布局实例
完成，保存页面后的预览效果如图 6-45 所示。

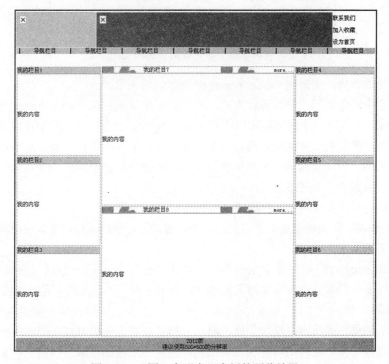

图 6-45　"国"字形布局实例的预览效果

6.2.3　框架技术与综合框架形布局实例

综合框架形布局结构是一些大型论坛和企业经常使用的一种布局结构，是结合左右框架形布局和上下框架形布局的页面布局技术，主要分为四个部分：上框架放置页眉部分信息；中框架中又分为左右框架，左侧一般主要为导航栏链接，右侧则放置网站的主要内容；下框架中放置页脚部分。图 6-46 显示的是"万利达"集团的网站首页，是典型的综合框架布局。

图 6-46　综合框架布局网页

要实现这样的布局，先说明 Dreamweaver 中框架的用法。

框架是网页中经常使用的页面设计方式，框架的作用就是把网页在一个浏览器窗口下分割成几个不同的区域，实现在一个浏览器窗口中显示多个 HTML 页面。使用框架可以非常方便地完成导航工作，让网站的结构更加清晰，而且各个框架之间决不存在干扰问题。利用框架最大的特点就是使网站的风格一致。通常把一个网站中页面相同的部分单独制作成一个页面，作为框架结构的一个子框架的内容给整个网站公用。

一个框架结构由两部分网页文件构成：

① 框架(Frame)：框架是浏览器窗口中的一个区域，它可以显示与浏览器窗口的其余部分中所显示内容无关的网页文件。

② 框架集(Frameset)：框架集也是一个网页文件，它将一个窗口通过行和列的方式分割成多个框架，框架的多少根据具体有多少网页来决定，每个框架中要显示的就是不同的网页文件。

1. 创建框架

在创建"框架集"或使用"框架"前，通过选择"查看"→"可视化助理"→"框架边框"命令，使框架边框在文档窗口的设计视图中可见，然后使用预制框架集创建"框架"，具体步骤如下。

(1) 新建一个 HTML 文件，在快捷工具栏选择"布局"，单击"框架"按钮，在弹出的下拉菜单中选择"顶部和嵌套的左侧框架"命令，如图 6-47 所示。

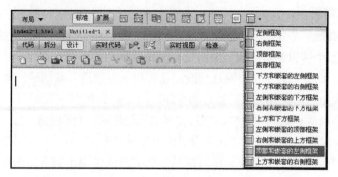

图 6-47　创建框架集

(2) 使用鼠标直接从框架的左侧边缘和上边缘向中间拖动，直至合适的位置，这样顶部和嵌套的左侧框架就完成了，在"属性"面板中设置框架边框的颜色、宽度等基本信息，如图 6-48 所示，再在每个框架页上添加文字，预览的效果如图 6-49 所示。

图 6-48　在属性面板中简单设置框架集属性

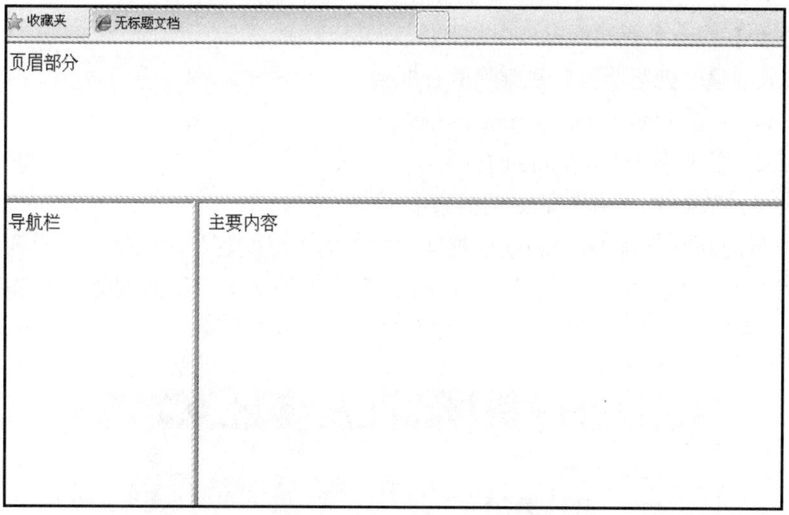

收藏夹	无标题文档	
页眉部分		
导航栏	主要内容	

图 6-49　搭建的三个部分的框架集

2. 保存框架

每一个框架都有一个名称，可以用默认的框架名称，也可以在"属性"面板修改名称，此处采用系统默认的框架名称为"topFrame"(上方)、"leftFrame"(左侧)、"mainFrame"(右侧)和"bottomFrame"(下方)。保存框架时选择"文件"→"保存全部"命令，将框架集的名称保存为frameset-1.html，上方框架保存为 top.html，左侧框架保存为 left.html，右侧框架保存为 main.html，下方框架保存为 bottom.html。这个步骤虽然简单，但是很关键，只有将总框架集和各个框架保存在本地站点根目录下，才能保证浏览页面时显示正常。

3. 编辑框架式网页

虽然框架式网页把屏幕分割成几个窗口，每个框架(窗口)中放置一个普通的网页，但是编辑框架式网页时，要把整个编辑窗口当做一个网页来编辑，插入的网页元素位于哪个框架，就保存在哪个框架的网页中。框架的大小可以随意修改，还可以对框架进行其他编辑操作。

(1) 改变框架大小。用鼠标拖拽框架边框可随意改变框架大小。

(2) 删除框架。用鼠标把框架边框拖拽到父框架的边框上，可删除框架。

(3) 选择框架。设置框架属性时，先选择"窗口"→"框架"命令，打开"框架"面板，单击某个框架，即可选中该框架。或者在编辑窗口某个框架内按住 Alt 键并单击鼠标，即可选择该框架。当一个框架被选择时，它的边框带有"点线"轮廓。

(4) 设置框架属性。选中"框架"，在"属性"面板上可以设置框架属性，如框架名称、源文件、空白边距、滚动条、重置大小和边框属性等。

4. 在框架中使用超级链接

在框架式网页中制作超级链接时，一定要设置链接的"目标"属性，为链接的目标文档指定显示窗口。链接目标较远(其他网站)时，一般放在新窗口，在导航条上创建链接时，一般将目标文档放在另一个框架中显示(当页面较小时)，也可以全屏幕显示(当页面较大时)。

链接的"目标属性"下拉菜单中的选项有：

(1) _blank：每次都会创建一个新窗口并打开。

(2) _parent：放到父框架集或包含该链接的框架窗口中。

(3) _self：放在相同窗口中(默认窗口无须指定)。

(4) _new：会在同一个新建的窗口中打开(只新建一次)。

(5) _top：放到整个浏览器窗口并删除所有框架。

(6) mainFrame：放到名为 mainFrame 的框架中。

(7) leftFrame：放到名为 leftFrame 的框架中。

(8) topFrame：放到名为 topFrame 的框架中。

图 6-50 显示的是对名为 leftFrame 的框架中的文本"导航栏"建立链接并设置其目标属性为"mainFrame"，采用相同的方法设置 topFrame 框架中的文本"页面部分"的链接目标属性为"_blank"，预览框架网页并单击链接后的效果如图 6-51 所示。

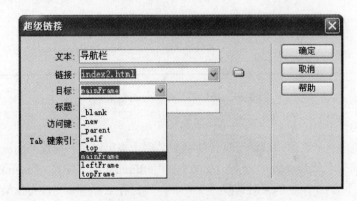

图 6-50　设置链接目标属性

202

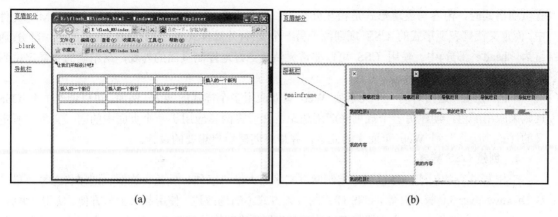

(a)   (b)

图 6-51　不同链接目标属性下的效果

(a) 目标属性设置为"_blank"; (b) 目标属性设置为"mainFrame"。

6.2.4　色彩的选择

网页中最难处理的也就是色彩搭配的问题了,如何运用最简单的色彩表达最丰富的含义是网页设计人员需要不断学习、探索的课题,在此给出一些设计原则。

1. 确定网站的主题色

一个网站不可能单一地运用一种颜色,让人感觉单调、乏味,但是也不可能将所有的颜色都运用到网站中,让人感觉轻浮、花哨。一个网站必须有一种或两种主题色,一个页面尽量不要超过四种色彩。当主题色确定好以后,考虑其他配色时,一定要考虑其他配色与主题色的关系,要体现什么样的效果。

2. 运用相同色系色彩

所谓相同色系,是指几种色彩在 360°色相环上位置十分相近,大约在 45°左右或同一色彩不同明度的几种色彩。这种搭配的优点是易于使网页色彩趋于一致,对于网页设计新手有很好的借鉴作用,这种用色方式容易塑造网页和谐统一的氛围;缺点是容易造成页面的单调,因此往往利用局部加入对比色来增加变化,如局部对比色彩的图片等。这种方法不失为一种设计的好方法。

3. 运用对比色或互补色

所谓对比色,是指色相环相距较远,大约在 100°左右,视觉效果鲜亮、强烈,而互补色则是色相环上相距最远的连种色彩,即相距 180°,其对比关系最强烈、最富有刺激性,往往使画面十分突出。这种用色方式容易塑造活泼、韵动的网页效果,特别适合体现轻松、积极的素材的网站;缺点是容易造成色彩的花,使用中注意色彩使用的度。

值得注意的是,以上两种用色方式在实际应用中要注意主体色彩的运用,即以一种或两种色彩为主,其他色彩为辅,不要几种色彩等量使用,以免造成色彩的混乱。

4. 使用过渡色

过渡色能够神奇地将几种不协调的色彩统一起来,在网页中合理地使用过渡色能够使你的色彩搭配技术更上一层楼。过渡色包括:两种色彩的中间色调,单色中混入黑、白、灰进行调,单色中混入相同色彩进行调和等。

6.2.5　CSS 样式基本操作

层叠样式表 (CSS) 是一系列格式设置规则,它们控制 Web 页面内容的外观。使用 CSS 设置页面格式时，内容与表现形式是相互分开的。页面内容(HTML 代码)位于自身的 HTML 文件中，而定义代码表现形式的 CSS 规则位于另一个文件(外部样式表)或 HTML 文档的另一部分(通常为 <head> 部分)中。使用 CSS 可以非常灵活并更好地控制页面的外观，从精确的布局定位到特定的字体和样式等。

术语"层叠"是指对同一个元素或 Web 页面应用多个样式的能力。例如，可以创建一个 CSS 规则来应用颜色，创建另一个规则来应用边距，然后将两者应用于一个页面中的同一文本。所定义的样式"层叠"到 Web 页面上的元素，并最终创建用户想要的设计。

1. 创建 CSS 样式

CSS 样式表的创建，可以统一定制网页文字的大小、字体、颜色、边框、链接状态等效果。从 Dreamweaver 8.0 版本开始，CSS 样式的设置方式不断地改进，使用起来更为方便、实用、快捷。

(1) 在页面的"<head>"中添加 CSS 样式控制网页内容的显示格式。在<head>与</head>之间加入<style>、</style>，<style>与</style>之间加入对页面的各种元素的样式，图 6-52 中给出了一个小的例子。

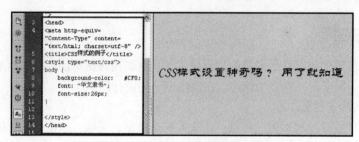

图 6-52 在<head>中设置 CSS 样式

(2) 定义的样式表可以和页面 HTML 文件分开保存，样式表保存另一个扩展名为.css 的文件中。首先需要通过"文件"→"新建"命令，建立一个 CSS 文件，将上面例子的<style>与</style>之间的代码复制到新建的.css 文件中，将文件保存到"站点"的"css"文件夹下，如图 6-53 所示，在 HTML 页面中使用 CSS 样式文件的方法如图 6-54 所示。

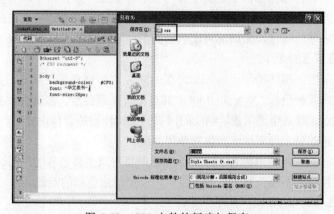

图 6-53 CSS 文件的新建与保存

2. 编辑 CSS 样式

编辑 CSS 样式可以采用两种方法。

(1) 通过"属性"面板新建和编辑 CSS 样式，首先选中"属性"面板中的"CSS"标记，在目标规则选择框中选"新 CSS 规则"后，单击"编辑规则"按钮，弹出如图 6-55(a)所示的对话框，选择"标签类型"后再选择具体的页面元素进行属性设置。

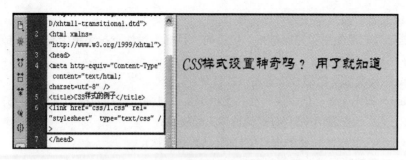

图 6-54　HTML 页面中使用 CSS 样式文件

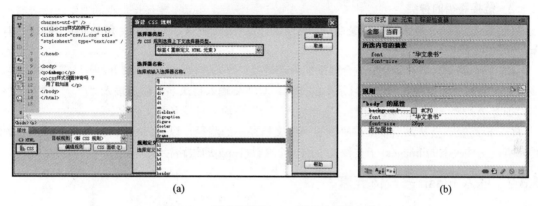

(a)　　　　　　　　　　　　　　　　　　　　(b)

图 6-55　新建和编辑 CSS 样式的两种方法

(a) "属性"面板中设置和编辑样式；(b) "CSS 面板"设置和编辑样式。

(2) 通过窗口的"浮动面板组"中的"CSS 面板"操作，选择 CSS 样式选项卡，在"当前"子选项中显示了页面中正在使用的属性设置，可以添加属性，单击原有属性可以进行编辑，图 6-55(b)显示了通过"CSS 面板"新建和编辑样式表的过程，有关 CSS 样式其他的应用请参考专业介绍 Dreamweaver 使用方法的书籍。

6.3　Flash 资源在 Dreamweaver 环境中的使用

6.3.1　插入超链接

链接是一个网站的灵魂。一个网站是由多个页面组成的，而这些页面之间依据链接确定相互之间的导航关系。超级链接是指站点内不同网页之间、站点与 Web 之间的链接关系，它可以使站点内的网页成为有机的整体，还能够使不同站点之间建立联系。超级链接由两部分组成：链接载体和链接目标。许多页面元素可以作为链接载体，如文本、图像、图像热区、动画等。而链接目标可以是任意网络资源，如页面、图像、声音、程序、其他网站、E-mail，甚至是页面中的某个位置——锚点。

1. 链接的类型

如果按链接目标分类，可以将超级链接分为以下几种类型。

(1) 内部链接。同一网站文档之间的链接。

(2) 外部链接。不同网站文档之间的链接。

(3) 锚点链接。同一网页或不同网页中指定位置的链接。

(4) E-mail 链接。发送电子邮件的链接。

在介绍框架时已经使用了超级链接，链接的"目标"属性下拉菜单中有以下选项，意义和使用方法一目了然。

(1) _blank：每次都会创建一个新窗口并打开。

(2) _parent：如果是嵌套的框架，会在父框架集或包含该链接的框架窗口中打开。

(3) _self：会在相同窗口中打开(默认窗口无须指定)。

(4) _new：会在同一个新建的窗口中打开(只新建一次)。

(5) _top：会在到整个浏览器窗口中打开。

2．链接路径的种类

(1) 绝对路径。为文件提供完全的路径，包括适用的协议，如 http、ftp，rtsp 等。例如，ftp://202.136.254.1/。

(2) 相对路径。相对路径最适合网站的内部链接。如果链接到同一目录下，则只需要输入要链接文件的名称。要链接到下一级目录中的文件，只需要输入目录名。然后输入"/"，再输入文件名。如链接到上一级目录中的文件，则先输入"../"再输入目录名和文件名。

(3) 根路径。指从站点根文件夹到被链接文档经由的路径，以前斜杠开头，例如，/images/就是站点根文件夹下的 images 子文件夹中的一个文件(1.jpg)的根路径。

6.3.2 插入 Flash 多媒体元素

Flash 多媒体元素通常包含 Flash 动画、Flash 按钮、Flash 文本、Flash Paper 与 Flash Video。这些元素可以从以下的方法获得。

(1) 系统集成。在 Dreamweaver 中集成了许多 Flash 按钮，可以在它的页面中方便地插入 Flash 按钮和 Flash 文本，Dreamweaver CS 5.5 高版本这个菜单功能已经取消。

(2) 网络下载。提供 Flash 多媒体下载的网站非常多，如果不知道具体的网址，可通过 google、百度等搜索引擎搜索。虽然网络上的媒体异彩纷呈，下载后便可使用，非常方便，但如需做商业用途，则应参照相关的版权信息，以免引发版权纠纷。

(3) 从素材库导入。先购买市面上出售的网页制作素材库光盘，然后将素材导入 Dreamweaver 中即可。

(4) 自己制作。在网上下载和购买的媒体虽然方便，但在实际中往往不能直接为我们所用。如果已经掌握了前几章中介绍的制作 Flash 多媒体元素的方法，又具备一定的美术、编程基础，这些素材可以自己制作。

下面逐一介绍几种 Flash 多媒体元素的使用方法。

1．Flash 动画

在页面中插入 Flash 动画之前，首先应在 Flash 制作软件中完成动画的制作，将其保存为扩展名为".swf"的文件，存放在站点相应文件夹中。 插入 Flash 动画的步骤是：选择"插入"→"媒体"→"SWF"命令，弹出"文件选择"对话框，选中要插入的".swf"文件后，在设计窗口中出现一个 Flash 动画，然后在"属性面板"上对 Flash 动画进行设置，可以根据所在表格的大小设定 Flash 动画的高宽值，"品质"选项是动画及影片的公共选项，控制其播放质量，在影片播放期间控制抗失真。设置越高，影片的观看效果就越好；但这要求处理器速度更快，以使影片在屏幕上正确显示。"低品质"设置意味着更看重显示速度而非外观，而"高品质"设置意味着更看重外观而非显示速度。"自动低品质"意味着首先看重显示速度，但如有可能则改善外观。"自动高品质"意味着首先看重这两种品质，但根据需要可能会因为显示速度而影响外观。显示以上的操作如图 6-56、图 6-57 所示。单击"播放"按钮后，插入的 Flash 动画就可以在设计窗口中预览，如图 6-58 所示。

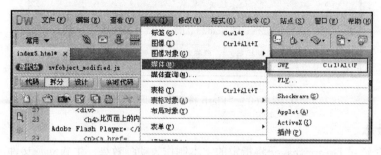

图 6-56　插入 Flash 动画

图 6-57　设置 Flash 动画属性

图 6-58　在页面中播放的"Flash 动画"

2. Flash 按钮

Flash 按钮和 Flash 文本在 Dreamweaver CS 4.0 以下的版本可以通过菜单直接插入使用，而在 Dreamweaver CS 4.0 以上的版本中，这两个功能已经从菜单中去掉了，这样就需要先在 Flash 环境中制作好，然后生成 swf 文件，加载到 Dreamweaver 中使用。

Flash 按钮实际上是用 Flash 动画制作，效果是按钮的效果，一般用于制作导航条的动态效果，也可以用于制作表单按钮，在低版本的 Dreamweaver 中可以直接使用系统集成的的 Flash 按钮，插入方法同插入 Flash 动画的方法类似，选择"插入记录→"媒体"→"Flash 按钮"命令，本例使用的是 Dreamweaver CS 3.0，插入 Flash 按钮的过程及效果如图 6-59、图 6-60 所示。

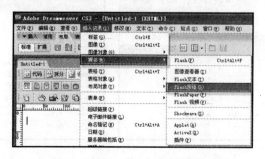

图 6-59　从菜单中插入"Flash 按钮"

207

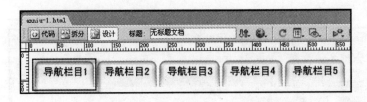

图 6-60 "Flash 按钮"的页面效果

3. Flash 文本

Flash 文本是通过 Dreamweaver 将指定的文本制作为动画效果，生成动画文件。插入方法是：选择"插入记录→"媒体"→"Flash 文本"命令，也可用于导航条的制作，预览效果如图 6-61 和图 6-62 所示。

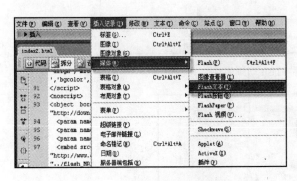

图 6-61　从菜单中插入"Flash 文本"　　　　图 6-62　在页面中插入的"Flash 文本"

4. 插入图像查看器(制作 Flash 相册)

图像查看器类似于电子相册，制作完成后保存为扩展名为".swf"的 Flash 文件。选择"插入记录"→"媒体"→"图像查看器"命令，系统会自动弹出"保存 Flash 元素"对话框，为这个 Flash 文件命名，单击"保存"按钮，这时就插入了 Flash 元素，在"属性"面板可以对它进行简单的设置，如图 6-63 所示。

使用"图像查看器"制作 Flash 相册更关键的是采用 Dreamweaver 右侧浮动面板中的"Flash 元素"面板设置"Flash 元素"的参数，为 Flash 相册指定调用的图片、设置相册外观。具体的设置项如图 6-64 所示，一些常用的参数含义见表 6-3。

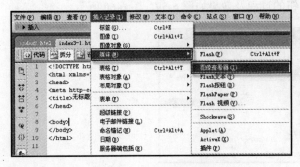

图 6-63　从菜单中插入"图像查看器"　　　　图 6-64　"Flash 元素"面板

表 6-3　Flash 元素参数表

可以设置的参数项	含　义
imageurls	设置要显示的图片
imageLinks	设置单击每张图片后访问的网址
showControls	定义是否显示 Flash 相册的播放控制按钮
slideAutoPlay	定义 Flash 相册是否自动播放
transitionsType	定义 Flash 相册过渡效果的类型，默认为随机效果．Random
slidedelay	图片播放的间隔时间
title、titleColor、titleFont、titleSize	添加自定义的相册标题、颜色、字体、大小等值
frameShow、frameThickness、frameColor	用于定义 Flash 相册是否有边框及边框宽度、颜色值

例子中选中"imageurls"，在弹出的对话框中添加图片的名称与顺序，如果每张图片都有对应的超链接，在"imageLinks"中设置其对应的地址。"showControls"选择"否"，则无播放按钮；"slideAutoPlay"选择"是"，则页面运行时 Flash 相册会自动播放；"transitionsType"选择"Random"，其他值可不设置。图 6-65 是 Flash 相册中图片变动的效果。

(a)　　　　　　　　　　　　　(b)

图 6-65　Flash 相册实例动态显示两张图片

(a) 第一个图片；(b) 相册翻动后。

5. 插入 FlashPaper

FlashPaper 是 Macromedia 公司推出的一款电子文档类工具，通过使用本程序，可以将任何类型的可打印文档通过简单的设置转换为 SWF 格式的 Flash 动画或 PDF 文档，原文档的排版样式、图像、特殊符号和字体显示不会受到影响，这样做的好处是无论对方的平台和语言版本是什么，都可以自由地观看所制作的电子文档动画，并可以进行自由地放大、缩小、打印、翻页等操作，对文档的传播非常有好处。FlashPaper 所生成的 SWF 文件与 Flash 所生成的 SWF 文件格式是相同的。FlashPaper SWF 文件通常比其他格式的文档要小得多，可以使用任何支持 Flash 的浏览器查看它们，或者可以直接使用 FlashPlayer 查看。可以将 FlashPaper SWF 文件嵌入到网页中，这样就能够使得许多用户通过网格查看原来不容易查看的一些文件类型，如 Microsoft Project、Microsoft Visio、QuarkXPress、AutoCAD 文件。当用户打开这样的网页时，FlashPaper SWF 文件能够立即打开，用户不必离开网页就能查看文档内容。

在使用 FlashPaper 之前需要先把准备在网页中浏览的可打印文件转换为 SWF 文件格式，制作过程如下。

首先下载 FlashPaper2.2 绿色版.rar，解压后运行"初始化"文件，如果计算机上没有安装 Flash Player

播放器，则单击"get FlashPlayer"文件，在 Adobe 官方网站下载最新的播放器并安装，如图 6-66 所示。通过以上简单的操作，FlashPaper 工具就能发挥作用了，在任何可打印的文档上单击鼠标右键，都会增加如图 6-67 所示的选项，这样就可以轻松地把其他文档转换成 SWF 和 PDF 文档使用，图 6-67(a)、(b)、(c)分别是选中 PPT 文档、WORD 文档和 JPG 图片单击鼠标右键后的显示项。

图 6-66　FlashPaper2.2 使用前的初始化

| (a) | (b) | (c) |

图 6-67　不同格式文档转换 FlashPaper 的方法

(a) PPT 文档右键菜单；(b) WORD 文档右键菜单；(c) JPG 格式图片右键菜单。

　　制作好 FlashPaper 文件后，放在站点子文件夹"swf"下，选择"插入记录"→"媒体"→"Flash Paper"命令，将文件插入到确定的位置，然后在"属性"面板中设置 FlashPaper 文件的属性，具体设置项同 Flash 动画，插入后的 FlashPaper 文件被装载于 FlashPaper 播放器中，播放器具有设置文字显示大小、文档翻页、打印及从文中查找关键词的功能，但不能进行文档编辑，图 6-68 中插入了由 Word 文档转换的 FlashPaper。

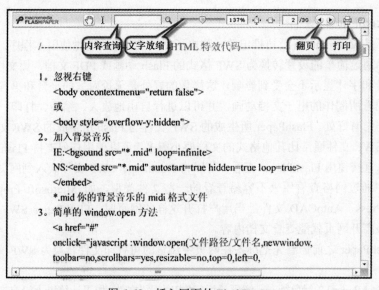

图 6-68　插入网页的 FlashPaper

210

6. 插入 Flash 视频(.flv)

FLV 是 Flash video 的简称，是一种体积小、下载快的视频格式文件。FLV 流媒体格式是随着 Flash MX 的推出发展而来的视频格式。由于它形成的文件极小、加载速度极快，使得网络观看视频文件成为可能，它的出现有效地解决了视频文件导入 Flash 后，使导出的 SWF 文件体积庞大，不能在网络上很好的使用等缺点。生成 FLV 文件有以下两种方法。

(1) 利用 flash MX 制作 Flash video，Flash MX 2004 及更高级的 Flash 版本都对其提供了完美的支持。下面介绍如何在 Flash MX 2004 中建立小巧的 FLV 流媒体文件。

① 首先打开 Flash MX 2004，新建一个 Flash 文档。

② 将准备好的 AVI 格式的视频文件导入到库中。导入过程会出现向导提示，总共分两步，分别是"编辑"和"编码"的处理。按照默认值进行处理，选择"导入整个视频"，单击"下一步"按钮，然后单击"结束"按钮完成导入过程。

③ 按 Ctrl+L 组合键打开库，双击刚刚导入的 AVI 文件图标，打开"嵌入视频属性"界面，单击"导出"按钮生成 FLV 格式文件。

通过以上操作就将视频 AVI 格式转换成为了 FLV 格式，使 23MB 的 AVI 文件变成了 541KB(1MB=1024 KB)的 FLV 文件，让一个大块头"瘦"下来，这就可以轻松地放到网络中使用了。

(2) 利用视频转化工具。目前大家常用的有飓风视频转换工具、视频转换大师专业版、超级 FLV 视频转换器等，这些工具可以将几乎所有流行的视频格式如 RM、RMVB、VOB、DAT、VCD、DVD、VCD、ASF、MOV、MPEG、WMV、MP4、3GP、AVI、MKV 等文件转换为 FLV/SWF 网络视频格式，也可以把 FLV 视频文件转换成 AVI、VCD、SVCD、DVD 等视频格式，图 6-69 是采用飓风视频转换工具 V2009 转换文件的截图,选择输出格式区列出了可以互相转化的文件格式，可以对文件做剪切操作，右侧显示了文件的其他设置。

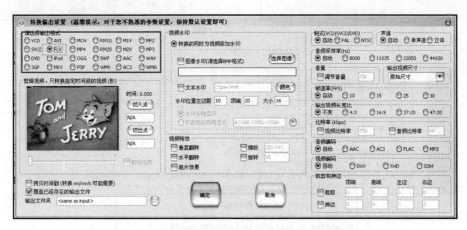

图 6-69　采用飓风视频转换工具生成 FLV 文件

生成的 FLV 文件保存在"站点"子文件夹"flv"下，然后选择"插入"→"媒体"→"FLV"命令，如图 6-70 所示，就会弹出"插入 FLV"对话框，对话框中"视频类型"参数有两个设置项："累进式下载视频"，将 FLV 文件下载到站点访问者的硬盘上，然后播放，但是与传统的"下载并播放"视频传送方法不同，累进式下载允许在下载完成之前就开始播放视频文件；"流视频"，对 Flash 视频内容进行流式处理，并在一段可确保流畅播放的很短的缓冲时间后在 Web 页面上播放该内容。此处直接选定"累进式下载视频"。在"URL"中选择要插入的 FLV 文件，播放 FLV

视频文件的播放器形式可以在"外观"选项设置，可以设置FLV视频文件的高度、宽度和播放形式，如图6-71所示。图6-72是经转换的FLV文件插入到网页中的效果，可以使用播放控制条控制视频文件，图6-73是"代码"窗口对应的FLV播放代码。

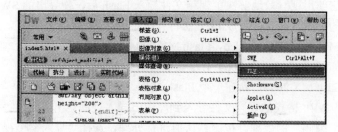

图6-70　通过菜单插入FLV文件

图6-71　导入FLV文件的对话框

图6-72　网页中播放FLV文件

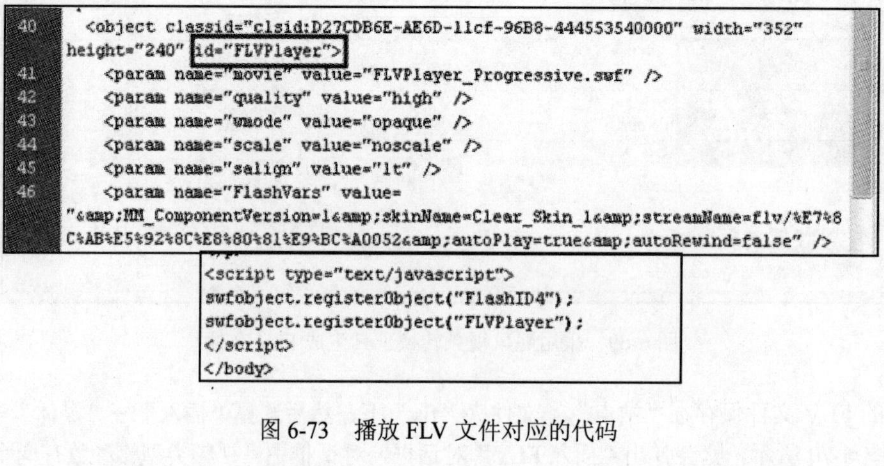

```
40    <object classid="clsid:D27CDB6E-AE6D-11cf-96B8-444553540000" width="352"
      height="240" id="FLVPlayer">
41      <param name="movie" value="FLVPlayer_Progressive.swf" />
42      <param name="quality" value="high" />
43      <param name="wmode" value="opaque" />
44      <param name="scale" value="noscale" />
45      <param name="salign" value="lt" />
46      <param name="FlashVars" value=
      "&amp;MM_ComponentVersion=1&amp;skinName=Clear_Skin_1&amp;streamName=flv/%E7%8
C%AB%E5%92%8C%E8%80%81%E9%BC%A0052&amp;autoPlay=true&amp;autoRewind=false" />
      <script type="text/javascript">
      swfobject.registerObject("FlashID4");
      swfobject.registerObject("FLVPlayer");
      </script>
      </body>
```

图6-73　播放FLV文件对应的代码

6.3.3　插入音频

声音和图片、Flash动画一样，也是网页设计时必备的网页元素，插入声音可以更好地烘托网页气氛。一般可以插入到网页中的声音文件格式有：

(1) WAV 格式。未压缩的声音格式，文件体积与声音采样率有关，一般文件都很大。

(2) WMA 格式。Microsoft 公司专用的声音格式，可用 Windows Media Player 播放，压缩率较高。

(3) MP3 格式。压缩率较高，网上很流行。

(4) RM 格式。Real 公司的专用声音格式，压缩率较高，以前网上较流行。

(5) MID 格式。只能保存乐器的声音，不能录其他声音，文件超小。一般用于背景音乐。

虽然音频格式很多，常用的播放器有两个，Microsoft 公司的媒体播放器 Windows Media Player 可以放除 RM 格式以外的大多数音频文件；Real 公司的 RealPlayer 或 RealOne 可以放除 WMA 格式以外的大多数音频文件。插入声音的方式和插入图片相似，一种是作为背景插入，页面打开后不可再控制；另一种是作为嵌入音频插入到网页中，可以由用户自己控制。

1. 添加背景音乐

在网页中添加背景音乐主要是 MP3.wma、midi 类型的音乐文件，插入的方法多以手写代码为主，通过<bgsound>标签完成。首先找来一首 MP3 歌曲，保存在网页文件夹下，然后新建一个网页。在 Dreamweaver 中切换到"拆分"视图，单击代码窗口，按 Ctrl+End 组合键，这样光标就到了代码的最下方，然后单击</body>的前一行并回车。接下来在新的一行中输入"<bgsound>"代码后按空格键，代码提示框会自动将<bgsound>标签的属性列出来以供选择使用，"<bgsound>"标签共有五个属性，具体含义见表 6-4，在代码中输入<bgsound src="***.MP3" loop="1" />，如图 6-74 所示，其中***.MP3 是要做为背景音乐的 MP3 文件路径，loop 设置为"1"代表重复一次，如果改为"0"则是不重复，设置为"-1"就是无限重复。将<bgsound>标签放在</body>前一行的原因是考虑如果音频文件过大则会造成页面加载速度缓慢，放在页面底部可以等页面全部加载完毕再加载音频文件。单击 F12 键就可以听听背景音乐的效果了。

特别说明的是用<bgsound>制作的背景音乐有两个特点：

(1) 当窗口最小化时，声音就没了。

(2) <bgsound>是 Microsoft 公司的私有网页标记，只被 IE 所支持，其他浏览器可能不支持。

表 6-4   <bgsound>标签属性

可以设置的参数项	含　义
balance	设置音乐的左右均衡
delay	进行播放延时的设置
loop	循环次数的控制,取值-1 为无限循环
src	音乐文件的路径
volume	音量设置

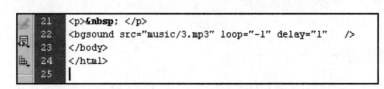

图 6-74　设置 MP3 声音文件为背景音乐

2. 嵌入音乐

嵌入音乐可以让用户自己控制网页中的音频，但也有一定局限性，因为这种音频要求网页浏览器装有相应的插件。方法是：新建一个页面，将光标固定到要插入声音文件的位置，然后单击"插入"→"媒体"→"插件"命令，在"选择"对话框中选择要嵌入的音乐文件，最后单击"确定"按钮，如图 6-75 所示。这样插入的音频是一个 32×32 像素的小图标，如果需要让它显示出"开始"按钮、"暂停"按钮、声音控制和进度条，需要将它的尺寸改大一些，将"属性"面板中宽高设置为 300 和 100 较为适宜，然后保存并按 F12 键预览一下。这样没有经过其他属性设置的音乐是不能控制是否自动播放的，单击已经嵌入的音频文件图标，在"属性"面板中单击"参数"，单击参数下的"空白框"，输入"autostart"，值处填写"false"。再预览一下，就会自动播放。如果想改成自动播放，将"autostart"的值改为"true"即可，图 6-76 是"代码"窗口中显示的嵌入"插件"及设置属性的对应的代码。

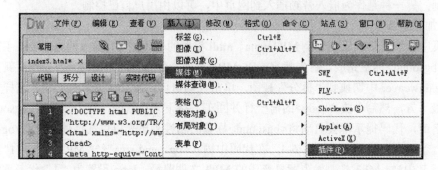

图 6-75　通过"嵌入插件"播放音乐文件

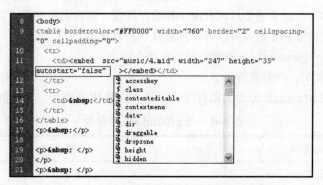

图 6-76　"嵌入插件"播放音乐文件的代码

6.4　Flash 资源集成课件实例

本节将给出一个由 Flash 资源组成的课件制作实例，把前面介绍的内容进行一个整合，也方便读者可以快速地搭建一个类似的网络课件，因为 Dreamweaver CS 3.0 版本中可以使用的 Flash 资源的类型较全面，所以选用这个环境完成本实例的制作。

6.4.1　课件首页设计

课件首页在图 6-45 的布局基础上做适当的修改，打开图 6-45 对应的实例文件，页眉部分的设置保持不变，正文区变化为左右两部分组成的表格，如图 6-77 所示。

1. 页眉部分制作

在已经设计好的图像区中根据"图像占位符"的大小在确定位置插入图片，"banner"区插入

214

Flash 动画后设置对应的属性，操作过程如图 6-78 所示。

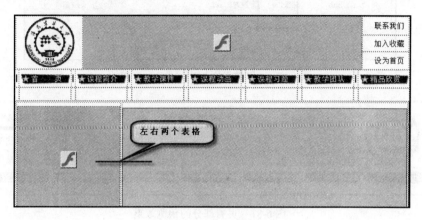

图 6-77　修改布局后的页面

图 6-78　页眉 Flash 播放设置

导航条区各个导航栏目采用 Flash 按钮，图 6-79 和图 6-80 显示了首页插入 Flash 按钮时设置的属性及链接情况，采用相同的方法插入其他按钮作为导航，页眉部分制作完成，预览效果如图 6-81 所示。

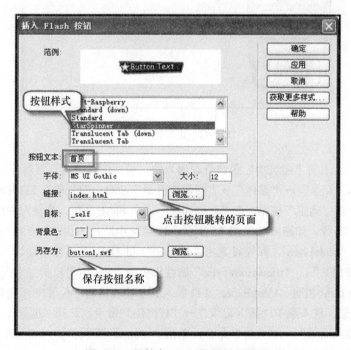

图 6-79　导航条 Flash 按钮插入设置

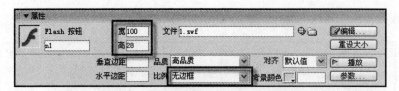

图 6-80 "属性"面板中设置 Flash 按钮

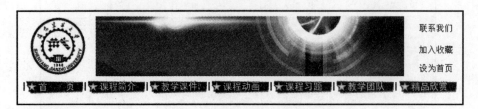

图 6-81 页眉部分的预览效果

2. 正文区设计与制作

正文区是插入一个 1 行 2 列的表格,总宽度 760,边框为 1,设置左侧表格宽度为 138,高度为 642,右侧表格宽度为 606。在左侧的表格里插入 4 行 1 列的嵌套表格,布局如图 6-82 所示。根据布局设计,下一步的任务是搜集素材分别制作各个区域需要的"图像查看器"(又称 Flash 相册)和 "FlashPaper"文件,制作完成后放置在"站点"的对应子文件中。

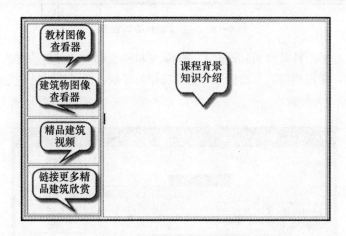

图 6-82 正文区的布局

下面以布局中显示的"建筑物"图像查看器为例,说明制作过程,鼠标选定左侧嵌套表格的第 2 行,选择"插入记录"→"媒体"→"图像查看器"命令,首先弹出 Flash 相册的"保存"对话框,命名以后单击"确定"按钮。在"浮动面板"选中 Flash 元素,修改对应的设置,先设置相册中的图片个数和路径,如图 6-83~图 85 所示。按照表 6-3 中介绍的方法将"slideAutoPlay"属性设置为"是","slideLoop" 属性设置为"是","slideDelay"属性设置为"3","frameColor" 属性设置为"#FFFFFF", "transitionsType"属性设置为"Iris"(可以根据个人喜好设置)。

将制作好的 Flash 相册、FlashPaper 文件插入到左侧表格对应位置中,在右侧的表格中插入"iframe"浮动框架,进入菜单"插入记录"→"HTML"命令,选择"框架"→"IFRAME"命令,或者选择"插入面板"→"布局"命令,单击"iframe"工具按钮,如图 6-86 所示,打开代码窗口对"iframe"浮动框架进行设置,设置内容如图 6-87 所示。

图 6-83 "浮动面板"中设置 Flash 相册

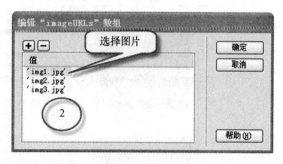

图 6-84 设置 Flash 相册中的图片个数及编辑链接

图 6-85 在站点文件中选择图片

图 6-86 布局中插入 iframe 内部框架

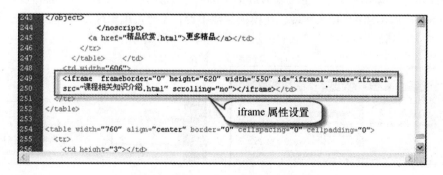

图 6-87 "iframe"浮动框架的属性设置

正文区制作完成后，预览效果如图 6-88 所示。

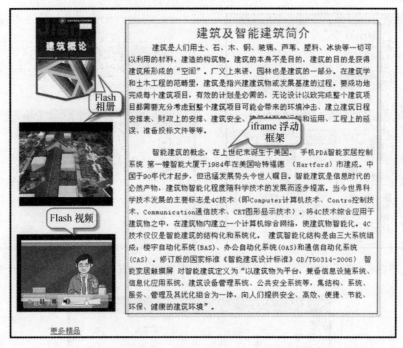

图 6-88　首页正文区预览效果

3. 页脚部分制作

建立一个 2 行 1 列的表格，总宽度设置为 760，第 1 行单元格内无任何内容，作用是占位，设置其属性 height="3"，选中第 2 行单元格，单元格设置为"居中对齐"，设置"背景颜色"为 bgcolor="#666666"，添加简单的版权信息内容，页脚效果如图 6-89 所示。

图 6-89　页脚效果

6.4.2　课件内容页设计及制作

首页制作完成后，其他页设计时保持首页的设计结构，页眉和页脚部分和首页中的一致，正文区可以根据页面展示内容重新布局，这样就可以将首页另存为成"模板"文件"index-mo.dwt"，正文区设置为"可编辑区域"，也可以通过菜单来创建"模板"，设置"可编辑区域"的方法可以通过图 6-90 显示的菜单项来实现。在模板文件中设置了"可编辑区域"后的代码，如图 6-91 所示。

图 6-90　通过菜单创建模板

图 6-91　模板代码中显示的"可编辑区域"

从导航条可以看出本课件实例包含 6 个模块，制作时分析了各个模块的特点，将 6 个模块分为 3 组，其中"教学课件"与"课程习题"为一组，"精品欣赏"与"课程动画"为一组，"课程简介"与"教学团队"为一组，每组的正文区采用相同的布局。

1."教学课件"模块的布局

"教学课件"模块制作时要考虑教学内容显示区域要足够大，显示的信息清晰，尽量做到按需求缩放，"教学内容"可以随时灵活切换，为了适应以上要求，此模块设计采用"T"字形布局，制作步骤如下。

(1) 单击"文件"→"新建"命令，在弹出的"新建文档"对话框中选中"模板中的页"，其他的操作按照图 6-92 所示顺序，创建一个基于"模板"的页面，页眉和页脚部分继承首页，正文区需要重新布置。

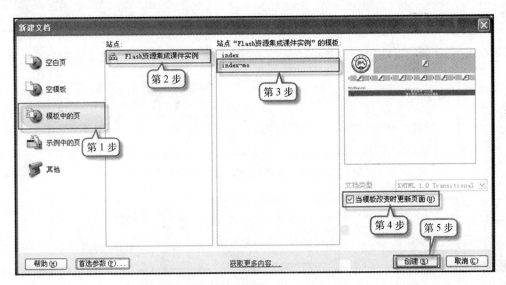

图 6-92　利用"模板页"创建文件

(2) 新建页中仅有标记为"EditRegion3"的区域可以编辑，如图 6-93 所示，在此插入一个 1 行 2 列的表格，设置其总宽度为 760 像素，第 1 列的宽度为 151，第 2 列的宽度为 599。

(3) 在第 1 列中插入 8 行 1 列的嵌套表格，设置"border=0"，在每个表格中写上教学内容的章题目。将教学课件的 PPT 文档转换为 FlashPaper 文件，保存在"站点"下的"flashpaper"文件夹里，选中每个嵌套表格的文字内容，建立"超级链接"，链接到对应的 FlashPaper 文件。

(4) 正文区的左侧表格中插入一个名为"iframe"浮动框架，默认链接到一个空白页面，正文区的布局如图 6-94 所示。

(5) 在"代码"视图下修改"iframe"浮动框架的设置，并设置链接的属性，使得链接与"iframe"浮动框架建立联系，可以通过单击不同的链接在右侧的浮动框架中显示相应的教学课件内容，设置内容如图 6-95 和图 6-96 所示，"教学课件"页面的正文区预览效果如图 6-97 所示。

2. "精品欣赏"模块的布局

课程的一些精彩的视频一般采用的 FLV 的形式嵌入到网页中，"精品欣赏"模块制作时采用了视频平铺的方式，及类似于其他提供视频浏览的网站显示视频的方式，设定一个页面内要显示视频文件的行列数以及行列之间的间距，插入的视频文件可以直接在页面内进行预览，如果需要放大观看，可以链接到新的页面"放大"播放。此模块的制作步骤如下。

```
191  <tr>
192    <th scope="row"> </th>
193    <td> </td>    <td> </td>    <td>&nb
194    <td> </td>    <td> </td>
195    <td> </td>    <td> </td>
196    <td> </td>    <td> </td>
197    <td> </td>    <td> </td>
198  </tr>
199  </table>
200
201  <!-- InstanceBeginEditable name="EditRegion3" -
202
203  EditRegion3          仅此区域
204                       可以编辑
205  <!-- InstanceEndEditable -->
206
207  <table width="760" align="center" border="0" ce
208    <tr>
209      <td height="3"></td>
210    </tr>
211    <tr>
212      <td align="center" valign="middle" bgcolor=
213        <span class="STYLE6">建议使用1024*768分辨
214      </td>
215    </tr>
```

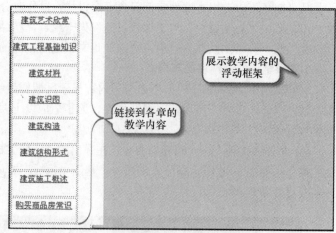

图 6-93 新页面在"可编辑区域"设计   图 6-94 教学课件模块正文区的布局

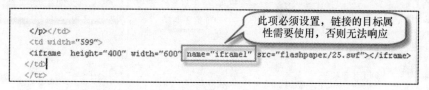

图 6-95 在代码中的"iframe"的属性设置

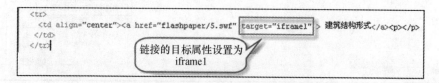

图 6-96 与"iframe"响应超链接的目标设置

图 6-97 "教学课件"页的正文区的预览效果

(1) 采用与"教学课件"模块相同的方法创建一个基于"模板"的页面,命名为"精品欣赏.html"。

(2) 新建页中的正文区删除文本"EditRegion3",在此插入一个 1 行 1 列的表格,设置其总宽度为 760 像素，在其内部插入一个 4 行 3 列的嵌套表格，设置"border=0"。

(3) 搜集及整理课程精品视频文件保存在"站点"下的"flv"文件夹里，在"奇数"行的每个单元格中按要求依顺序(自己定义规则)添加视频文件，插入 FLV 视频的方法见 6.3.2 节，在"偶数"行的对应位置与插入与视频相匹配的名称。

(4) 先根据页面显示的视频名称建立一系列同名的文件，如名称为"建筑漫游"对应建立"建筑漫游.html"文件，文件内容是以大尺寸播放视频。接下来选中题目名称文字，分别建立"超级链接"，目标属性设置为"_blank"，分别链接到同名的 HTML 文件。如果希望单击不同的"名称"超链接后，大尺寸的视频会在同一个新的页面动态变化显示，建议采用 Javascript 代码控制。经过以上步骤，"精品欣赏"模块制作完成，正文区的布局预览效果如图 6-98 所示，单击"建筑漫游"超链接展开的新页面的显示效果如图 6-99 所示。

图 6-98 "精品欣赏"页的正文区的预览效果

图 6-99 大尺寸显示的"建筑漫游"FLV 视频

221

3. "课程简介"模块的布局

这个模块的布局比较简单，步骤如下。

(1) 采用与"教学课件"模块相同的方法创建一个基于"模板"的页面，命名为"课程简介.html"。

(2) 新建页中的正文区删除文本"EditRegion3"，在此插入一个 1 行 1 列的表格，设置其总宽度为 760 像素，高度为 700，在其内部插入 FlashPaper 文件——"课程简介.swf"，预览的部分页面效果如图 6-100 所示。

图 6-100   "课件简介"的上半部分页面

本节实例是本章编者用于实践教学的由 Flash 资源集成的课件，仅是实现了基本功能，下一步读者可以根据需求进行完善和扩充，页面元素也可以进行进一步的美工，希望读者在以上简单实例的基础上，结合参考其他的 Dreamweaver 设计书籍，使制作网页的技术越来越娴熟，制作的网页越来越精致。

6.5   本 章 小 结

本章主要介绍了利用 Dreamweaver 软件集成 Flash 资源的方法，本章采用实例制作来说明工具的使用方法，其中 6.1 节中介绍了 Dreamweaver 软件常用的版本及特点，新版本 CS 5.5 的工作环境及工具的使用方式，网页文件的基本操作，站点的建立与管理方法，在设计网页时使用的基本 html 语法。

6.2 节是围绕 Flash 资源集成课件的规划与设计展开，介绍了常用的课件页面布局的形式，并给出了"国"字形和综合框架形布局的实例，接着对页面色彩选择进行了分析，结合实例简要地说明了 CSS 样式基本操作。

6.3 节主要介绍了超级链接、Flash 多媒体元素和音频文件等资源在 Dreamweaver 环境中的使用方法，其中重点说明了 Flash 按钮、Flash 相册、FlashPaper、Flash 动画、Flash 视频、Flash 文本多媒体元素制作及使用。

6.4 节通过一个完整的 Flash 资源集成课件实例的制作过程，把 6.1 节～6.3 节的内容贯穿起来，读者可以结合光盘的源文件搭建这样的一个简单课件的框架，根据自己的需要修改加工，形成更完善、更美观的课件，用于辅助教学。

Flash 经典实例素材介绍

7.1　城市风貌实例素材介绍

7.1.1　城市风貌实例素材 FLA 文件制作

(1) 启动 Flash CS 5.5，选择"文件"→"打开"命令，打开素材文件 20.1。

(2) 单击"插入"→"新建元件"命令，打开新建一个电影剪辑，命名为"图像动画"。单击
"确定"按钮，进入影片剪辑编辑窗口，如图 7-1 所示。

图 7-1　影片剪辑设置

(3) 在库面板中，将图形元件 1 拖拽至舞台，如图 7-2 所示。

图 7-2　图形元件 1

(4) 在图层 1 的第 15 帧和第 2 帧分别插入关键帧。选择第 25 帧对应的实例,在属性面板中设置 Alpha 的值为 0,如图 7-3 所示。

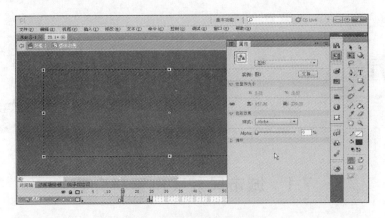

图 7-3　第 25 帧实例属性

(5) 在图层 1 的第 15 帧和第 25 帧之间创建补间动画,如图 7-4 所示。

图 7-4　创建补间动画

(6) 新建图层 2。在图层 2 的第 20 帧插入空白关键帧,在库面板中将图形元件 2 拖拽至舞台合适的位置,与图层 1 中图形 1 重合,如图 7-5 所示。

图 7-5　图层 2

(7) 在图层 2 第 30 帧插入关键帧。选择第 20 帧对应的实例，在属性面板中设置 Alpha 的值为 0，如图 7-6 所示。

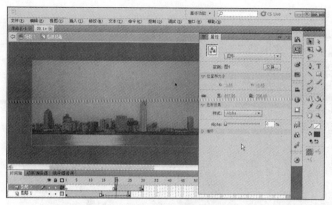

图 7-6　第 20 帧实例的属性

(8) 在第 20 帧和第 30 帧之间创建传统补间动画。在第 45 帧和第 55 帧插入关键帧，将第 55 帧对应实例的 Alpha 的值设置为 0。在第 45 帧和第 55 帧之间创建传统补间动画，如图 7-7 所示。

图 7-7　时间轴面板

(9) 新建图层 3。在图层 3 的第 50 帧插入空白关键帧，在库面板中将图形元件 3 拖拽至舞台合适的位置，与图层 2 中图形 2 重合。在第 60 帧插入关键帧，并将第 50 帧对应实例的 Alpha 的值设置为 0，如图 7-8 所示。

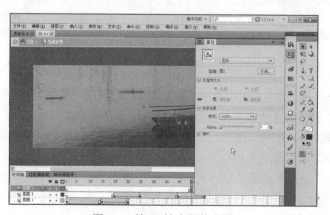

图 7-8　第 50 帧实例的参数

(10) 在图层第 75 帧和第 85 帧插入关键帧，将第 85 帧对应实例的 Alpha 的值设置为 0。在第 50 帧和第 60 帧、第 75 帧和第 85 帧之间创建传统补间动画，如图 7-9 所示。

图 7-9　时间轴面板

(11) 在图层 1 第 80 帧和第 90 帧插入关键帧，并将第 90 帧对应实例的 Alpha 的值设置为 100。在第 80 帧和第 90 帧之间创建传统补间动画，如图 7-10 所示。

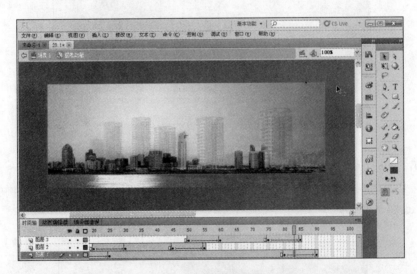

图 7-10　时间轴面板

(12) 单击"插入"→"新建元件"命令，新建一个电影剪辑，命名为"图像动画 1"。单击"确定"按钮，进入影片剪辑编辑窗口。在库面板中，将图形元件 4 拖拽至舞台，如图 7-11 所示。

(13) 复制图形元件 4，使其与图形元件 4 并列，并首尾相连。在第 50 帧插入关键帧，将舞台对应的实例向左平移，调整至适当的位置。在关键帧间创建补间动画，如图 7-12 所示。

(14) 单击"插入"→"新建元件"命令，新建一个电影剪辑，命名为"图像动画 2"。单击"确定"按钮，进入影片剪辑编辑窗口。选取工具箱中的矩形工具，在舞台中绘制一个边框为棕色的灰色矩形框，如图 7-13 所示。

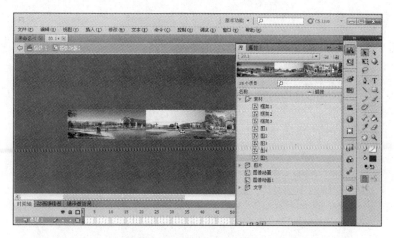

图 7-11　图像动画 1 编辑舞台

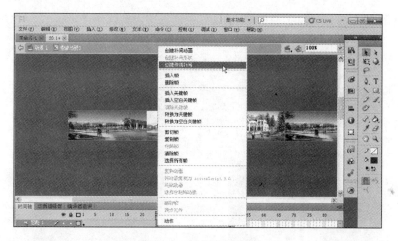

图 7-12　创建补间动画

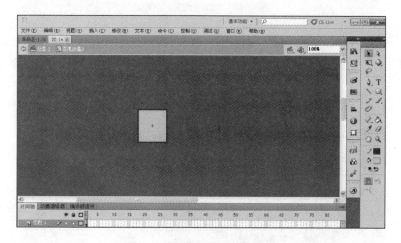

图 7-13　图像动画 2 编辑舞台

(15) 在库面板中，将图形元件 5 拖拽至舞台适当位置。在第 40 帧插入关键帧，将第 40 帧对应的实例向下移动。在第 1 帧～第 40 帧之间创建传统补间动画，如图 7-14 所示。

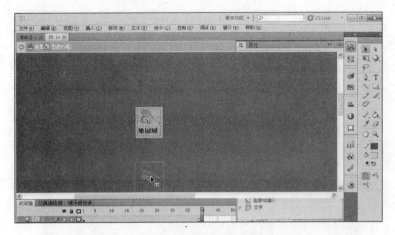

图 7-14　创建传统补间动画

(16) 选择第 40 帧，按 F9 键，在弹出的动作帧面板中添加代码"stop( )"，如图 7-15 所示。

图 7-15　第 40 帧动作代码

(17) 单击"插入"→"新建元件"命令，新建一个电影剪辑，命名为"文字动画"。单击"确定"按钮，进入影片剪辑元件编辑窗口。在库面板中，将文字 1 拖拽至舞台，如图 7-16 所示。

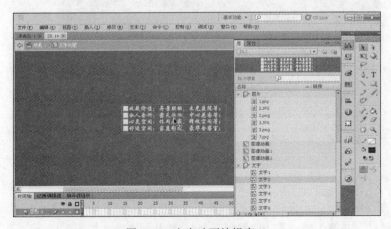

图 7-16　文字动画编辑窗口

(18) 在第 40 帧插入关键帧。新建图层 2，在文本上方绘制一个黑色矩形。在图层 2 的第 15 帧插入关键帧，选取工具箱中的任意变形工具，将第一帧中对应的图形缩小，如图 7-17 所示。

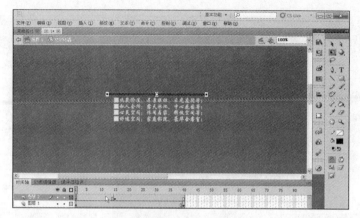

图 7-17　图层 2 第 1 帧设置

(19) 在图层 2 关键帧之间创建动画，并为图层添加遮罩动画，如图 7-18 所示。

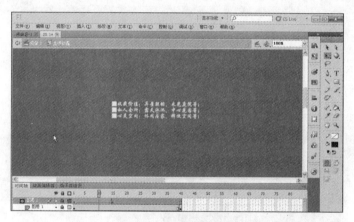

图 7-18　创建补间动画

(20) 新建图层 3、4。类似图层 1、2 制作方法，在图层 3、4 的第 41 帧到第 80 帧之间创建遮罩动画，如图 7-19 所示。

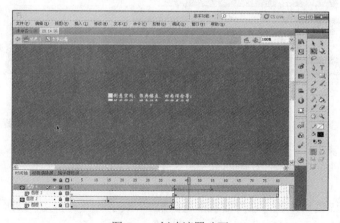

图 7-19　创建遮罩动画

(21) 单击场景 1 超级链接，返回到场景一编辑窗口。在时间轴面板中新建 6 个图层，如图 7-20 所示。

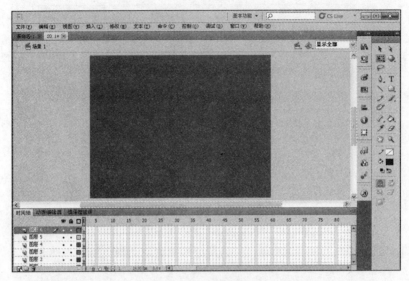

图 7-20　新建图层

(22) 单击图层 2 的第 1 帧，在库面板中将框架 1 和框架 2 拖拽至舞台适当位置，如图 7-21 所示。

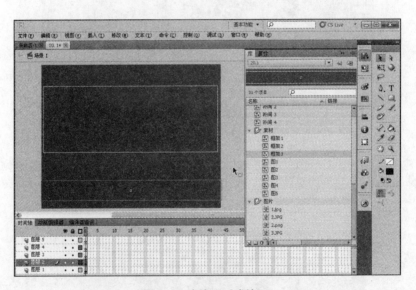

图 7-21　框架 1 和框架 2

(23) 选择图层 3 的第 1 帧，在库面板中将图像动画和图像动画 1 拖拽至舞台适当位置，如图 7-22 所示。

(24) 选择图层 4 的第 1 帧，在库面板中将文字动画和文字动画 1 拖拽至舞台适当位置，如图 7-23 所示。

(25) 选择图层 5 的第 1 帧，在库面板中将框架 2、文字动画 4 和文字动画 5 拖拽至舞台适当位置，如图 7-24 所示。

图 7-22 图像动画位置

图 7-23 文字动画位置

图 7-24 文字动画 4 和 5

(26) 将库面板中的图像动画 2 拖拽至图层 6 的第 1 帧，如图 7-25 所示。

图 7-25　图像动画 2

(27) 将库面板中的文字动画 6 拖拽至图层 7 的第 1 帧。单击"控制"→"影片测试"→"测试"命令，测试动画效果，如图 7-26 所示。

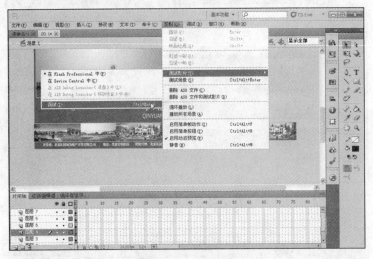

图 7-26　影片测试

7.1.2　城市风貌实例素材 SWF 文件、EXE 文件和 HTML 文件的发布

建议读者参照第 1 章和第 4 章相关知识，将上述制作的 FLA 文件发布成 SWF 文件、EXE 文件和 HTML 文件。

7.2　雪花飘飘实例素材介绍

7.2.1　雪花飘飘实例素材 FLA 文件制作

本节使用 ActionScript 制作一个随机飘雪花的动画，其瞬间效果如图 7-27 所示。

图 7-27　动画的瞬间效果

（1）启动 Flash CS 5.5 软件，在欢迎画面中单击"Flash 文件(ActionScript 3.0)"选项，创建一个新文档。

（2）按 Ctrl+J 组合键，在"文档属性"对话框中设置尺寸为 800×600 像素、背景颜色为红色(#FF0000)、帧频为 12fps。

（3）在"时间轴"面板中将"图层 1"的名称更改为"图片"，按 Ctrl+R 组合键，将"雪人.jpg"文件导入到舞台的中央位置，如图 7-28 所示。

图 7-28　导入的图片"雪人.jpg"

（4）创建一个新的图形元件"雪片" 如图 7-29 所示，并进入其编辑窗口中。

（5）将舞台放大到 800%，运用"椭圆工具" 绘制一个笔触颜色为无色的图形，如图 7-30 所示。

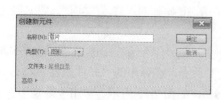

图 7-29　创建新元件

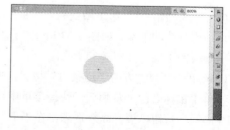

图 7-30　调整后的图形

233

(6) 按 Shift+F9 组合键打开"颜色"面板，设置类型为"放射状"，然后设置左、右两个色标均为白色，设置左侧色标的 Alpha 值为 100%、右侧色标的 Alpha 值为 30%，如图 7-31 所示。选择工具箱中的"颜料桶工具"，在绘制的椭圆图形上单击鼠标，填充渐变色。

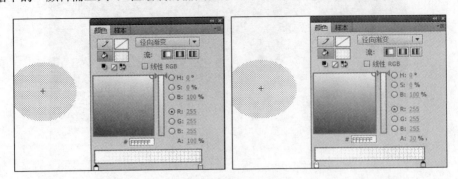

图 7-31 【颜色】面板

(7) 按 Ctrl+F8 组合建，再创建一个新的影片剪辑元件，命名为"飘动的雪花"，并进入其编辑窗口中，然后将"雪片"图形元件从"库"面板中拖动到舞台。在"时间轴"面板中选择"图层 1"的第 30 帧，按 F6 键插入关键帧。

(8) 在"图层 1"的第 1 帧至第 30 帧之间任选一帧，单击鼠标右键，在弹出的快捷菜单中选择"创建传统补间"命令，创建传统补间动画。在"图层 1"上单击鼠标右键，在弹出的快捷菜单中选择"添加传统运动引导层"命令，在该层的上方创建一个运动引导层。选择工具箱中的"铅笔工具"，在舞台中绘制一条曲线，作为"雪片"运动的轨迹，如图 7-32 所示。

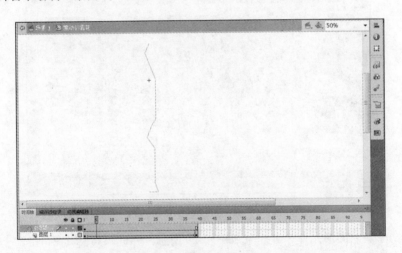

图 7-32 雪片运动轨迹

(9) 选择"图层 1"第 1 帧处的"雪片"实例，激活工具箱中"紧贴至对象"按钮，将实例吸附到运动引导线的上端，如图 7-33 所示。选择"图层 1"第 30 帧处的"雪片"实例，将其吸附到运动引导线的下端，如图 7-34 所示。

(10) 单击舞台上方的"场景 1"按钮，返回到舞台中。在"库"面板中选择"飘动的雪花"元件，单击鼠标右键，从弹出的快捷菜单中选择"属性"命令，在弹出的"元件属性"对话框中单击"高级"按钮，展开高级选项，在"类"中输入"xl"，如图 7-35 所示。单击"确定"按钮，关闭对话框。

234

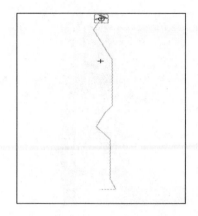
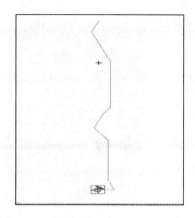

图 7-33 吸附"雪片"实例到引线的上端　　　　图 7-34 吸附"雪片"实例到引线的下端

图 7-35 "元件属性"对话框

(11) 如图 7-36 所示，在"时间轴"面板中"图片"图层的上方创建一个新图层，命名为"代码"，按 F9 键打开"动作"面板，输入如下代码：

```
var i:Number=1;
addEventListener(Event.ENTER_FRAME,xx);
function xx(event:Event):void
{
    var x_mc:xl=new xl();                //定义变量 x_mc
    addChild(x_mc);
    x_mc.x=Math.random()*1024;
    x_mc.scaleX=0.2+Math.random();       //X 轴上产生 0.2~1.2 的随机数
    x_mc.scaleY=0.2+Math.random();       //Y 轴上产生 0.2~1.2 的随机数
    i++;
    if (i>100)
    {
        this.removeChildAt(1);           //删除已经加载的对象
        i=100;
    }
}
```

图 7-36　在"图片"图层的上方创建一个新图层输入代码

(12) 按 Ctrl+Enter 组合键测试动画，可以看到随机飘落的雪花。

(13) 关闭测试窗口，单击菜单栏中的"文件"→"保存"命令，将文件保存为"雪花飘飘.fla"。

7.2.2　雪花飘飘实例素材 SWF 文件、EXE 文件和 HTML 文件的发布

建议读者参照第 1 章和第 4 章相关知识，将上述制作的 FLA 文件发布成 SWF 文件、EXE 文件和 HTML 文件。

7.3　电子相册实例素材介绍

影片回放控制命令比较简单，是 ActionScript 中最基本的命令，它们非常实用且使用频率极高，如制作电子相册、图片浏览、动画的播放控制等都需要用这些基本命令。在 ActionScript 3.0 中，影片回放控制命令的使用方法有所改变。下面通过制作一个"电子相册"的实例来学习并体会 ActionScript 3.0 中各命令与以前版本的不同之处，动画的瞬间效果如图 7-37 所示。

图 7-37　动画的瞬间效果

7.3.1　电子相册实例素材 FLA 文件的制作

(1) 启动 Flash CS 5.5 软件，在欢迎画面中单击"Flash 文件(ActionScript 3.0)"选项，创建一个新文档。按 Ctrl+J 组合键，在"文档属性"对话框中设置尺寸为 1024×768 像素、背景颜色为白色、帧频为 5fps，如图 7-38 所示。

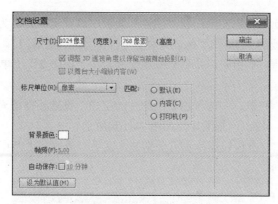

图 7-38 文档设置

(2) 单击菜单栏中的"插入"→"新建元件"命令，创建一个名称为"元件 1"的影片剪辑元件，并进入其编辑窗口。

(3) 按 Ctrl+R 组合键，导入 5 张风景图片到库，在图层 1 中连续插入 5 个空白关键帧，将库中 5 张图片分别放入 5 帧中。然后在每个关键帧之间插入 4 帧，如图 7-39 所示。

图 7-39 调整后的关键帧

(4) 单击舞台上方的"场景 1"按钮，返回到舞台中。

(5) 将"元件 1"从"库"面板中拖动到舞台中，调整其大小及位置，如图 7-40 所示。

图 7-40 第 1 帧内容

(6) 在舞台中选择"元件 1"实例，在"属性"面板中设置实例名称为"mov"。

(7) 在"时间轴"面板的"图层 1"的上方创建一个新图层"图层 2"。在第 1 帧绘制一个长方形，大小和图层 1 中图片大小相同，并完全覆盖图片。在"图层 2"上单击鼠标右键，选"遮罩层"，设置图层 2 为遮罩层。

(8) 新建图层 3，绘制相框，中间预留显示图片的空白，设置相框填充如图 7-41(a)所示。

(9) 新建图层 4，绘制按钮背景图片，如图 7-41(b)所示。

(10) 新建图层 5，在 5 个按钮图片上方分别键入文字"播放"、"停止"、"向前"、"向后"和"最后"，如图 7-41(c)所示。

(a)

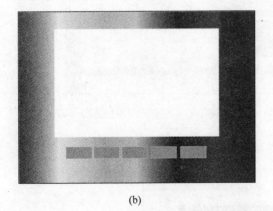

(b)

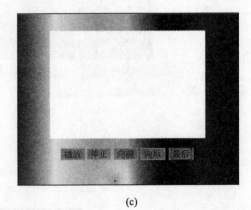

(c)

图 7-41

(a) 填充属性；(b) 按钮背景图形；(c) 按钮文字。

(11) 单击菜单栏中的"插入"→"新建元件"命令，创建一个名称为"隐形按钮"的按钮元件，并进入其编辑窗口，如图 7-42 所示。在"时间轴"面板中选择"单击"帧，按 F6 键插入关键帧。选择工具箱中的"矩形工具"，在窗口中绘制一个矩形，颜色任意(实际上该矩形是隐形按钮的触发区，运行动画时是不可见的)，如图 7-43 所示。

(12) 单击舞台上方的"场景 1"按钮，返回到舞台中。将"隐形按钮"元件从"库"面板中拖动到舞台中，调整其大小，使其覆盖在"播放"按钮上，然后将其复制 4 个，放置在其他按钮上，如图 7-44 所示。

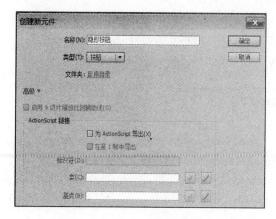

图 7-42 隐形按钮属性设置

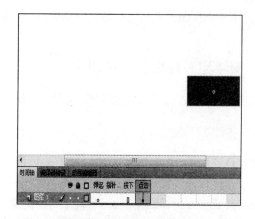

图 7-43 绘制的矩形

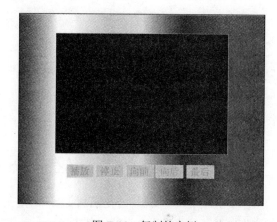

图 7-44 复制的实例

(13) 在"属性"面板中依次为每一个按钮实例命名，从左到右分别为"P"、"S"、"B"、"F"和"E"。在"图层 6"的上方创建一个新图层"图层 7"，然后按 F9 键打开"动作"面板，输入如下代码：

```
mov.stop();                                    //让影片开始是静止的
function playmov(event:MouseEvent):void        // 创建 playmov 函数
{
    mov.play();                                //播放 mov 影片剪辑实例
}
P.addEventListener(MouseEvent.CLICK, playmov)  //为按钮添加单击的事件
function stopmov(event: MouseEvent): void
{
    mov.stop();
}
S.addEventListener(MouseEvent.CLICK,stopmov)
function backmov(event:MouseEvent):void
{
    mov.prevFrame();                           //向前播放 1 帧并停止
```

```
}
B.addEventListener(MouseEvent.CLICK,backmov);
function frontmov(event:MouseEvent):void
{
    mov.nextFrame();                                    //向后播放 1 帧并停止
}
F.addEventListener(MouseEvent.CLICK,frontmov);
function endmov(event:MouseEvent):void
{
    mov.gotoAndStop(5);                                 //跳转到第 5 帧并停止
}
E.addEventListener(MouseEvent.CLICK,endmov);
```

按 Ctrl+Enter 组合键，观看动画效果，可以测试每一个按钮的效果。最后关闭测试窗口，将文件保存为"可控制电子相册.fla"。

7.3.2 电子相册实例素材 SWF 文件、EXE 文件和 HTML 文件的发布

建议读者参照第 1 章和第 4 章相关知识，将上述制作的 FLA 文件发布成 SWF 文件、EXE 文件和 HTML 文件。

7.4 本章小结

本章从城市风貌实例、雪花飘飘实例和电子相册实例三个方面详细介绍了 Flash 经典实例素材的制作，每节又分为两个小节，其中第一小节用简练的语言分步骤向读者介绍了素材的详细制作过程，第二小节是关于 SWF 文件、EXE 文件和 HTML 文件的发布，考虑到读者已经学会了前面的相关知识，因此，第二小节留给读者自行练习，不做详细说明。

第8章

Flash 多媒体课件编程制作实例

8.1 ActionScript 的基本常识

ActionScript 是 Flash 中所使用的程序语言。通过 ActionScript，可以控制电影的播放、制作互动游戏以及一些动态效果。实际上，要实现 Flash 的互动效果，基本上都需要 ActionScript 的协助。当然，如果仅仅是制作一个简单的 MTV,可能用到的 ActionScript 就会只有几句，如 gotoandPlay、stop、play 等。需要说明的是，由于 ActionScript 3.0 不能添加在按钮和电影剪辑上，因此，本节主要以 ActionScript 1.0 和 ActionScript 2.0 为主。

8.1.1 在关键帧上编程

在关键帧上面添加 ActionScript，当时间轴上的指针走到这个关键帧的时候，写在这个帧上面的 ActionScript 就被触发执行了。常见的例子有在影片结尾的帧写上"stop( );"等。操作方法就是点选关键帧，然后打开 ActionScript 面板，加入代码。

8.1.2 在按钮上编程

与加在帧上面的 ActionScript 不同，按钮上面的 ActionScript 是要有触发条件的。要把 ActionScript 写在按钮上，操作方法是单击目标按钮，然后打开 ActionScript 面板，加入代码。

例如，现在有一个动画，要让它在播放完同时停止，那么，就需要在这个动画的最后一帧写"stop( ); "。

再如，假设有一个按钮，效果是按下按钮后停止播放，那么就要做一个按钮，放到主场景，单击按钮，然后打开 ActionScript 面板。现在如果也在按钮上写"stop();",那么，输出的时候就会提示错误。正确的应该写

```
on(release){
stop();
}
```

这里要比帧的动画多这些代码"on(release){}"，整个代码翻译过来就是"当(松开){停止}"，这里用的 release 是松开的意思，按钮的常用事件有：

  release：松开。

  releaseOutside：在按钮外面松开。

  press：按下。

  rollOver：鼠标进入按钮的感应区。

rollOut：鼠标离开按钮的感应区。

写在按钮上面的 ActionScript 格式一定是"on(事件){要执行的代码}"。

8.1.3　在电影剪辑上编程

如果你看懂了上面的内容,那么写在电影剪辑上面的 ActionScript 和写在按钮上的 ActionScript 大同小异。操作方法就是单击电影剪辑,然后打开 ActionScript 面板,加入代码即可。例如:

```
onClipEvent(Load){
stop();
}
```

同样,电影剪辑需要一个事件来触发 ActionScript 的执行。翻译这段代码就是:

```
当剪辑(载入){
停止
}
```

电影剪辑常用的事件有:

load：载入,当电影剪辑出现的时候执行。也就是除非卸载这个电影剪辑,否则 load 事件内的代码只执行一次。

unload：卸载,当电影剪辑卸载的时候执行。

enterFrame：存在的每个帧。在电影剪辑存在的每个帧都要执行一次代码。如果场景中有 200 个帧,有一个电影剪辑从第 41 帧开始出现到第 200 帧才消失,那么这个电影剪辑上面的代码执行了 160 次。

mouseDown：按下鼠标,在场景内任何地方都算,这和按钮不一样。

mouseMove：移动鼠标,只要移动鼠标就执行代码。

mouseUp：松开鼠标。

写在电影剪辑上的代码的格式一定是:

"onClipEvent(事件){代码}"。

8.1.4　ActionScript 对象

本节重点介绍点语法、绝对路径和相对路表达对象。虽然 ActionScript 不是真正的面向对象的编程,但是它也有对象的概念。这个概念贯穿整个 ActionScript 的始终,所以,对于对象的理解,比对语法或者其他的理解更为重要。

(1) 点语法。例如,表示"房间里的桌子上的一本",用点语法表示即"房间.桌子.书";如果要再细化到书上的页上面的字,即"房间.桌子.书.页面.字"。点语法就是这样表示对象的,点的前面是其后面的父级。如房间是桌子的父级,桌子的子级就是书。

(2) 路径和对象。路径分两种,即绝对路径和相对路径。

① 绝对路径。例如,新建一个 Flash(ActionScript 2.0)文件,然后创建一个 MovieClip(电影剪辑),命名为"MC",放在主场景里面,再创建一个按钮,放在"MC"里面,然后从库里面拖一个出来放在主场景,分别给这两个元素实例命名(Instance Name ,注意是实例名,而不是电影剪辑的名字)：myMC 和 myBtn。现在假设主场景是房子,MC 是桌子,按钮是书,表达房子、桌子和书的方法是

_root：房子。

_root.myMc：房子.桌子。

_root.myMc.myBtn: 房子.桌子.书。

这里的 _root 是 Flash 的关键字，表示主场景的 Timeline (时间线)。这里的房子、桌子、书都是"对象"。

找到对象后，才能对对象进行操作，才能给对象施加方法。例如，现在要打扫房子，打扫是方法，但对象是房子，表达式是：

房子.打扫()

如果不能正确地表达"房子"这个对象，打扫就不能正确实施了。在打扫后面加"()"是因为打扫是方法不是对象，要想让 Flash 知道这是一个方法，必须加上()，否则 Flash 会以为房子里面有"打扫"这个对象。现在，可以很容易地对房间里面的各个物品进行操作，例如：

房子.打扫();

房子.木桌子.整理();

房子.玻璃桌子.打碎();

房子.书桌.书.看();

如果想要主场景停止播放，就是：

_root.stop();

要 MC 停止播放，就是

_root.myMc.stop();

② 相对路径。还是上面的例子。假如有一个命令是"修理房子里面的红色的椅子"，表达方法是：

房子.红色椅子.修理()

无论下命令的人在哪里，都能知道要修理的椅子是哪一张。但是命令是"修理你现在坐的这张椅子"，那么相对的表达式就是：

我坐的椅子.修理();

如果写成：

房子.我坐的椅子.修理()

就是错误的，因为"我坐的椅子"是不固定的，不一定在房子里。换过来用 Flash 实例说明，现在想让主场景下的 myMC 在一开始就不要播放，而是先停止。那么，办法可以是在主场景放入这个 MC 的那个帧：

_root.myMc.stop();

这样写的缺点是，一旦 myMc 的名字改变，就得跟着修改这句话。有没有一个办法，不管这个"MC"的实例名怎么改变，都会被某一句话找到？当然可以，前提是 ActionScript 必须"坐在这个 MC 上"。进入 MC 的编辑状态，在 MC 的 Timeline 的第一帧写：

this.stop();

这里的 this 也是 Flash 的关键字，指 ActionScript 所在的这条 Timeline。现在不管这个 MC 放在哪里，命名是什么，都会停下来。因为 ActionScript 正"坐在 MC 上"。如果在这里写：

_root.stop();

那就错了。因为这个 this 就是相对路径的关键字之一。另外一个关键字就是 _parent。如果理解了 this,那么 _parent 并不难理解。如例，还是那个假设，房子(_root)、桌子(mc_zhuozi)、书(mc_shu)，它们的关系是(括号内为 mc 实例名)"房子.桌子.书"，即

_root.mc_zhuozi.mc_shu

在 mc_zhuozi 的 timeline 里面写"_parent.打扫();",意思就是打扫房间；在 mc_shu 的 timeline

243

里面写"_parent.打扫( );",意思就是打扫桌子。_parent 也就是父级。桌子的 _parent 就是房子的 timeline,书的_parent 也就是桌子的 timeline。"."后面的对象的_parent 就是"."前面的对象。

8.2　ActionScript 语法结构

首先要注意的是,ActionScript 语法的大小写是敏感的。例如,gotoAndPlay( )正确,gotoAndplay( ) 错误。关键字的拼写必须和语法一致,要做到很容易,因为在 Flash 的 ActionScript 面板里面,关键字会有不一样的颜色显示。而且从开始就要养成编程的好习惯,如在每个语句后面都加上分号,尽量给复杂的语句加上注释。"//"是注释,但是只能有一行;"/*"也是注释,可以写很多行。

8.2.1　控制场景的语法

几个常用的控制场景的方法:

play( ); //让时间轴的指针播放

stop( ); //停止时间轴的指针在程序触发时候的那个帧

gotoAndPlay( ); //让指针跳转到某个帧,然后继续播放

gotoAndStop( ); //让指针跳转到某个帧,停止在那个帧

nextFrame( ); //往下走一帧

prevFrame( ); //往前走一帧

stop( )叫做一种方法,用来解决时间轴指针停下来的问题,上述语法也叫方法,用来解决时间轴指针运动的问题。

8.2.2　控制属性的语法

控制属性的语法,有很多,例如:

_x

_y

_alpha

_width

_name

这些语法都是属性。_x 用来标识目标的 X 轴坐标,_alpha,用来标识目标的透明度,等等。

8.2.3　控制语句的语法

控制语句流程的语法,例如:

```
if (条件){
//条件满足执行这里的代码
  }else{
//条件不满足执行这里的代码
}
for(i=0;i<N;i++){
//执行这里的代码 N 次
}
```

```
    while(条件){
    //当条件满足时一直执行这里的代码
    }
```

这些都是基本的语法，也是 ActionScript 的基础。

8.2.4 自己定义的语法

function，中文的意思是"函数"，可以用它创建属于自己的函数。通俗地说，函数就是一个能够完成特定的操作(如常见的 duplicateMovieClip)，或者用来进行计算一个结果值(如 getProperty,Math.Sin)等功能的独立的语句块。 它的定义格式为：

```
function function name (varible1,varible2.){function body;}
```

其中：function name 是自己定义的任何有效字符；varibale 是函数的参数，也叫形参，名字也是可以自己随便定义的。注意，形参并不是必需的。function body 是函数的主体内容。例如：

(1) function goplay(){_root.gotoAndPlay(3);}

这可以说是最简单的一个函数了，它没有形参，也不返回值，只是有跳转到祯数 3 的功能。所以,goplay()=_root.gotoAndPlay(3)。

(2) function goplay(n){_root.gotoAndPlay(n);}

这个函数的功能比上面的有所增强,它具有一个形参 n, 所以, goplay(3)=_root.gotoAndPlay(3)。

(3) function count(var1,var2){if(var1>var2){return var1;}else{return var2;}}

这个 count 函数不但有形参，还可以通过计算返回一个值。它的功能是先让用户输入两个值，然后 count 函数返回值较大的一个。例如，count(2,3)返回 3，count(9,5)返回 9。

下面给出一个任意画线函数：

```
    function drawLine (x1, y1, x2, y2, i) {
    duplicateMovieClip ("/line", "line" add i, 20000+i);
    _root["line" add i]._x = x1;
    _root["line" add i]._y = y1;
    _root["line" add i]._xscale =x2-x1;
    _root["line" add i]._yscale =y2-y1;
    }
```

其中 x1，y1 是线的起点，x2,y2 是线的终点。line 是放在主场景的一条线的实例名。

Flash 定义函数大概可以分为三类，第一类是定义普通函数，第二类是定义成员函数，第三类是事件触发函数(注意：function 可以定义函数，也可以定义类，要与此分别开来)。定义普通函数有两种方式，例如：

程序 1：

```
//普通函数1:
//根据两点坐标来计算两点间距离并返回:
function Distance1(c_x0,c_y0,c_x1,c_y1)
{ var dx = c_x1 - c_x0;
    var dy = c_y1 - c_y0;
    var d = Math.sqrt(dx*dx + dy*dy);
return d;
}
```

程序 2：

```
//普通函数 2:
//另一种定义方式，作用同上:
Distance2 = function(c_x0,c_y0,c_x1,c_y1)
{
var dx = c_x1 - c_x0;
 var dy = c_y1 - c_y0;
    var d = Math.sqrt(dx*dx + dy*dy);
    return d;
   };
```

两种方式定义的函数功能是完全相同的，只不过写法上有一些不一样。这种写函数的方式非常方便，尤其是第二种方式，可以在程序的任何地方写入函数，但是这样写出来的函数要想调用必须写正确路径，否则就不能运行。另外就是必须先加载函数然后再进行调用，就是必须先定义函数再调用函数，尤其是当函数写在一个 mc 中却要在外部调用的时候，一定要等到 mc 加载完成后再调用(在同一帧里 flash 是先执行外部程序然后再执行 mc 内部程序的，所以这时候要注意)。这两种函数的调用方法相同，都是直接写函数名加上参数，如计算从(0,0)点到(100,100)间的距离的程序:

```
Distance1(0,0,100,100);
```

ActionScript 是面向对象的编程语言，所以 flash 支持类的定义及使用，所以 ActionScript 可以定义类的成员函数。

程序 3：

```
//成员函数 1:
//利用 MovieClip 定义，作用同上:
MovieClip.prototype.Distance3 = function(c_x0,c_y0,c_x1,c_y1)
{
        var dx = c_x1 - c_x0;
        var dy = c_y1 - c_y0;
        var d = Math.sqrt(dx*dx + dy*dy);
        return d;
}
```

程序 4：

```
//成员函数 2:
//利用 Object 定义，作用同上:
Object.prototype.Distance4 = function(c_x0,c_y0,c_x1,c_y1)
{
        var dx = c_x1 - c_x0;
        var dy = c_y1 - c_y0;
        var d = Math.sqrt(dx*dx + dy*dy);
        return d;
}
```

本来类的成员函数是要类的对象才能调用，但是这两种函数可以像普通函数一样调用，其实可以把 Flash 的所有组件都看做 MovieClip 与 Object 的对象，所以在整个 Flash 中都可以直接调用。

定义事件触发函数：可以直接定义 MC 或按钮的事件触发函数，当一个 MC 或按钮被按到的时候运行。这种功能使得所有的 ActionScript 可以完全写在时间轴上了，这样给管理程序带来了很大的方便。

8.3　ActionScript 常见用法

关于 Flash 的 ActionScript 脚本语句的用法，有些很简单的命令就能实现某种功能。

8.3.1　for 的用法

关于 for 的用法，基本格式如下：

```
for (init;condition;next) {
Statement;
}
```

其中：inti 表示只执行一次，用来控制循环执行次数的变量初值；condition 是条件判断式，如果条件满足，便开始执行以下的程序，直到条件不符合为止；next 表示当一个循环执行完成以后，会执行叙述的表达式，通常都是利用++或者--来递增或者递减变量值。

8.3.2　fscommand 命令的用法

关于 fscommand 的用法，举例解释如下：

```
fscommand("fullscreen","true/false");
```

其中："fullscreen"表示全屏设置，"true"表示开，false 表示关。

```
fscommand("showmenu","true/false");
```

其中："showmenu"表示右键菜单的设置，"true"表示显示，false 表示不显示。

```
fscommand("allowscale","true/false");
```

其中："allowscale"表示缩放设置，"true"表示自由缩放；false 表示调整画面不影响影片本身的尺寸。

```
fscommand("trapallkeys","true/false");
```

其中："trapallkeys"表示快捷键设置；"true"表示快捷键打开；false 表示快捷键关闭。

```
fscommand("exec");
fscommand("quit");
```

其中："fscommand("exec");"表示调用 exe 可执行文件的设置；"fscommand("quit");"表示退出并关闭程序。

8.3.3　拖动影片剪辑的方法

可以使用 startDrag 动作或方法使影片剪辑在影片播放时能够被拖动。除非使用 stopDrag 动作明确停止或使用 startDrag 将另一个影片剪辑作为目标，否则，影片剪辑一直可以拖动。一次只能拖动一个影片剪辑。

例如，若要创建可以放在任何位置的影片剪辑，可将 startDrag 和 stopDrag 动作附加到该影片剪辑内的某个按钮上。代码如下：

```
On(press){
```

```
startDrag(this,true);
}
On(release){
stopDrag();
}
```

8.3.4 Flash 调用外部的 SWF 文件的方法

可以使用 loadMovieNum 命令把外部影片装载入主场景。具体做法是：在主场景中制作一个按钮，选中按钮，打开动作面板，加入如下代码：

```
On(release){
loadMovieNum ("waibuwenjian.swf",0);
}
```

以上代码把外部影片"waibuwenjian.swf"装入了第 0 层，也就是以链入的影片当做主场景。

也可以使用 loadMovie()把电影装载到一个 MovieClip 实例中。具体做法是：新建一个 MovieClip,内容为空。即是建立了一个空电影剪辑，把这个电影剪辑从库中拖入主场景，在属性面板中设定实例名为 mc,然后在主场景中制作一个按钮，并在这个按钮上添加如下代码：

```
On(release){
loadMovie ("waibuwenjian.swf","mc");
}
```

以上代码把外部影片"waibuwenjian.swf"载入到了空电影剪辑"mc"中。

8.3.5 用 Flash 打开 EXE 文件的方法

可以使用 fscommand 的 exec 命令打开 EXE 可执行文件。如在影片的第 1 帧中输入以下代码：

```
fscommand("exec","notepad.exe");
```

当用 Flash 播放器播放影片时，记事本程序 notepad.exe 就会弹出来。再如通过如下代码：

```
on (release) {
    fscommand("exec", "BrowserFolder.exe");
}
```

可以通过单击加有该代码的按钮，打开可执行文件"BrowserFolder.exe"，但是可执行文件"BrowserFolder.exe"必须与影片文件处在同一目录下，并且可执行文件"BrowserFolder.exe"要放在取名为 fscommand 的文件夹中。

8.3.6 刷新页面时显示不同动画的方法

可以使用 loadMovieNum ("movie"+random(5)+ ".swf")实现刷新页面时随机显示几个不同的 SWF 文件中的某一个动画。假设有 6 个 SWF 文件，分别命名为 movie0.swf, movie1.swf, …, movie5.swf，那么通过前面的代码，每刷新一次，出现的界面就可能不一样。

8.3.7 loadmovie 命令的用法

首先是 loadMovie 的使用问题，然后就是加载之后属性的设置问题。loadMovie 的格式如下：

```
loadMovieNum(url, level, method);
```

其中：url 就是要加载的 SWF 文件的相对或绝对 url，强烈建议把要加载的 SWF 都放在同一目录下；level 指定被加载的 SWF 放入到哪个层级(level)里，若为 0 则被加载的 SWF 动画会完全取替原来的动画，数字越大，就越在原动画的上面；method 是传递参数的形式，有 "post" 和 "get" 两种。通过 loadMovie 加载进来的动画，不需要时可以用 unloadMovie 命令把它卸除。例如：

```
loadMovieNum ("rain.swf", 1); //加载 rain.swf 到第一层
```

接下来可以用 getBytesLoaded( );命令获得下载进度。例如可以在第 1 帧上添加代码：

```
Bytesload=_level1.getBytesLoaded();
Bytestotal=_level1.getBytesTotal();
Loadbar._xscale=int(bytesload/bytestotal*100);
```

当下载完成后，就可以对它进行控制了，如可以设置属性、播放、停止等。如果在第 5 帧上添加代码：

```
If
(_level1.getBytesLoaded()>=_level1.getBytesTotal(){
_level1.play();
Play();
}else{
gotoAndPlay(1):
}
```

通过 loadMovie 加载进来的动画不需要时可以用 unloadMovie 命令把它卸除，如前面的 rain.swf，卸除代码为 "_level1.unloadMovie();"。关于加载 swf 到 target 的方法，可以使用如下代码：

```
loadMovie(url, target, method);
```

假若已经有一个空 MC 存在，可以使用代码 "loadMovie("rain.swf", mc);" 将 rain.swf 加载到 MC 中，也可以使用 mc.loadMovie("rain.swf")。

8.3.8 让动画全屏播放的做法

设计思路：通过利用代码 "fullscreen" 和 "quit"，实现动画的全屏播放和退出。

新建 Action 2.0 文件，一共创建三个图层，图层 1 中第 1 帧的舞台上放退出按钮，图层 2 中第 1 帧的舞台上放全屏播放按钮，图层 3 中第 1 帧上加上代码：

```
getURL("FSCommand:allowscale", false);
getURL("FSCommand:showmenu", false);
getURL("FSCommand:trapallkeys", true);
```

在退出按钮上加上代码：

```
on (release){
fscommand("quit");
}
```

在全屏播放按钮上加上代码：

```
on (release){
getURL("FSCommand:fullscreen", true);
}
```

制作完成后，保存文件。可参照光盘中的源程序 "让动画全屏播放的做法.fla"。当然也可以直接在动画第 1 帧上加上代码 "fscommand("fullscreen","true");" 来实现全屏效果。

8.3.9　看完动画自动关闭的做法

设计思路：通过将代码"quit"加在时间轴最后一帧上，实现动画播放到最后一帧上自动退出。

新建 Action 2.0 文件，一共创建两个图层，图层 1 中创建一个形状渐变动画。图层 2 中在图层 1 的动画对应的最后一帧上加上代码"fscommand("quit")"。制作完成后，保存文件。可参照光盘中的源程序"看完动画自动关闭的做法"。

试验一下，如果将代码"fscommand("quit")"加在时间轴的第 1 帧上会得到什么效果？

8.3.10　使 SWF 只能播放固定次数的做法

设计思路：在动画最后一帧上设置判断语句，判断动画是不是等于播放的固定次数，如果是就让动画转向某一帧并停止播放。

新建 Action 2.0 文件，一共创建两个图层，图层 1 中创建动画"小球从左向右运动"。图层 2 中设置代码：在第 1 帧中加入代码"repeat=0;"，最后一帧上加上代码：

```
repeat++;
n=5//重复的次数
if (repeat<5) {gotoAndPlay(2);
}
if (repeat>=5) {gotoAndStop(2);
}
```

制作完成后，保存文件。可参照光盘中的源程序"使 swf 只能播放固定次数.fla"。

想一想：如果不加判断语句，动画会是什么效果？

8.3.11　加载外部影片的做法

设计思路：通过代码"loadMovieNum（url，level，method）;"加载外部影片。

新建 Action 2.0 文件，一共创建 2 个图层，图层 1 中加入一个按钮，并在按钮上添加如下代码：

```
on (release){
loadMovie("t.swf", _root.movie);
}
```

图层 2 中加入另一个按钮，并在按钮上添加如下代码：

```
on (release){
loadMovieNum("t.swf", 1);
}
```

制作完成后，保存文件。请参照光盘中的源程序"加载外部影片的做法.fla"。

想一想：两种加载方法有什么区别？

8.4　本　章　小　结

本章从 ActionScript 基本语句开始，依次介绍了在关键帧上编程、在按钮上编程、在电影剪辑上编程、ActionScript 对象、控制场景的语法、控制属性的语法、控制语句的语法、自己定义的语法，并对 ActionScript 常见问题作了详细说明；主要介绍了 for 的用法、fscommand 命令的用法、拖动影片剪辑的方法、Flash 调用外部的 SWF 文件的方法、用 Flash 打开 EXE 文件的方法、刷新页面时显示不同动画的方法、loadmovie 命令的用法、让动画全屏播放的做法、看完动画自动关闭的做法、使 SWF 只能播放固定次数的做法、加载外部影片的做法。关于利用 ActionScript 语言进行编程，本章只是做了简单的介绍，因为在利用 Flash 软件创建多媒体课件时，用到的代码并不多。如果要进行项目开发，制作游戏，建议进一步学习 ActionScrip 1.0，ActionScrip 2.0 和 ActionScrip 3.0 相关的教程。

第9章

Flash 多媒体课件实例网站制作及作用

9.1 网站制作基础

9.1.1 Visual Studio 环境使用

1. Visual Studio 介绍

Visual Studio 是一套完整的开发工具集，用于生成 ASP.NET Web 应用程序、XML Web Services、桌面应用程序和移动应用程序。Visual Basic、Visual C++和 Visual C#全都使用相同的集成开发环境 (IDE)，利用此 IDE 可以共享工具且有助于创建混合语言解决方案。通俗的说法就是，Visual Studio 是一种软件，如果将它安装在计算机上，就可以使用 VB、VC++、VC#等软件编程，给生活带来更多的方便。这种程序由于具有跨平台性，因此它可以运行在计算机、手机和网络上。

从 1998 年 Microsoft 公司发布 Visual Studio 6.0 开始，这个系列的软件已经经历了 Visual Studio 6.0、Visual Studio .NET、Visual Studio 2003、Visual Studio 2005、Visual Studio 2008、Visual Studio 9、Visual Studio 2010 等七次版本更替，每一次都对程序开发者的工作带来了巨大的改变。

最新版本的 Visual Studio 2010 的发布完全配合了 Windows 7 系统，因此，被人誉为即将成为可以和 Visual Studio 6.0 媲美的经典版本。

2. Visual Studio 2010 下载和安装

目前 Microsoft 公司提供 Visual Studio 2010 的免费使用版下载，直接进入中文版 Visual Studio 2010 官方网站 http://www.microsoft.com/visualstudio/zh-cn/，即可找到 Visual Studio 2010 各种版本的使用版下载链接，如图 9-1 所示。

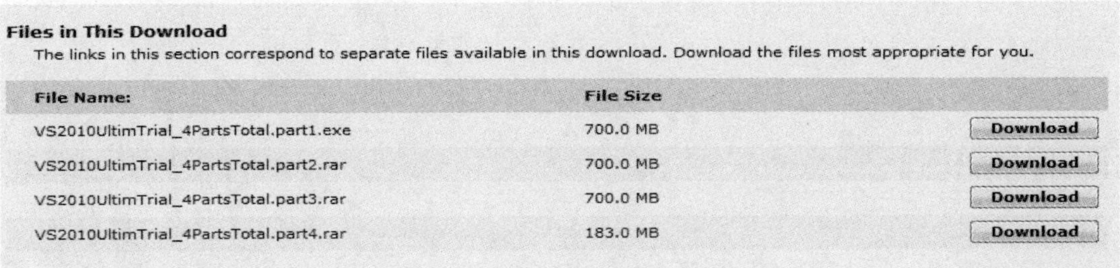

Files in This Download

The links in this section correspond to separate files available in this download. Download the files most appropriate for you.

File Name:	File Size	
VS2010UltimTrial_4PartsTotal.part1.exe	700.0 MB	Download
VS2010UltimTrial_4PartsTotal.part2.rar	700.0 MB	Download
VS2010UltimTrial_4PartsTotal.part3.rar	700.0 MB	Download
VS2010UltimTrial_4PartsTotal.part4.rar	183.0 MB	Download

图 9-1　Visual Studio 2010 下载链接图

安装 Visual Studio 2010 需要.NET Framework 4 的支持，建议在全新安装的 Windows 7 下安装，而 Microsoft .NET Framework 4 (Standalone Installer)下载地址可以在 Microsoft 公司下载中心网站上找到：http://www.microsoft.com/downloads/en。

Visual Studio 2010 的四个分卷下载完成以后，双击第一个文件 VS2010UltimTrial_4PartsTotal .part1.exe，即可打开压缩包，得到 ISO 安装文件，用虚拟光驱或者刻盘在光驱中打开后，双击安装程序即可安装成功。WPF 界面如图 9-2 所示。

图 9-2　Visual Studio 安装图

3. Visual Studio 2010 新功能

(1) 更适宜 Web 开发。Visual Studio 2010 采用了全新的 WPF 技术重新打造了它的编辑器，新的编辑器以及 Visual F#获得了更加强大的功能，成为更好的 Web 开发工具，如代码的无级缩放、多窗口即时更新、代码的自动产生等，这些新的 IDE 特性都会极大地提高程序员的开发效率。

(2) 应用程序生命周期管理(ALM)。isual Studio 2010 新增的 ALM 功能，涵盖了系统设计到测试阶段的工具，包括新的架构检查工具(Architecture Explorer)，增加了对统一建模语言(UML)的支持。如支持使用案例图、活动图、循环图等，另外还提供新的测试工具(Test Impact View)，可供开发人员收集更多的测试资料。

(3) 为开发者提供更好的工具和框架。isual Studio 2010 是开发者可以针对众多的应用程序进行开发，如 Windows7、Office、Web、智能手机、云应用框架等。Microsoft 公司除了支持其基本平台外，也准备提供对新兴应用趋势的工具支持，即云计算和并行设计，以充分利用高性能的多核系统。例如，为并行编程提供了更多支持，包括增加调试窗口，增加对 NET Framework PLINQ、本地 Parallel Pattern Library 和 Concurrency Runtime 并行扩展编码的支持。

(4) 不同规模开发团队的应用。可以将在不同规模的开发团队中创建应用，跨度从单个部门到整个企业。Visual Studio 2010 将确保在这么宽泛的范围内的应用开发都得到支持。

(5) 随云而动。云计算的基本原理，就是通过资源的负载均衡来提高数据检索、处理的能力，提高业务的灵活性。虽然 Azure 平台可以满足大部分的云计算工作，但是其有一个缺陷，就是开发的周期比较长。而 Visual Studio 2010 就是用来解决这个关键问题。在 Visual Studio 2010 平台中，已经集成了 Azure 的项目模型。

(6) 增强对 C++支持。在 Visual Studio 2010 中，无论是从 C++语言本身还是从 IDE 方面，都带来了很多新特性。

9.1.2　C#简单语法

1．C#程序结构

1) C#程序的组成要素

(1) 关键字。在 C#代码中常常使用关键字，关键字也叫保留字，是对 C#有特定意义的字符串。关键字在 Visual Studio 环境的代码视图中默认以蓝色显示。例如，代码中的 using、namespace、class、static、void 等，均为 C#的关键字。

(2) 命名空间。命名空间既是 Visual Studio 提供系统资源的分层组织方式，也是分层组织程序的方式。因此，命名空间有两种，一种是系统命名空间，一种是用户自定义命名空间。

系统命名空间使用 using 关键字导入，System 是 Visual Studio .NET 中的最基本的命名空间，在创建项目时，Visual Studio 平台都会自动生成导入该命名空间，并且放在程序代码的起始处。

(3) 类和方法。C#中，必须用类来组织程序的变量与方法。

C#要求每个程序必须且只能有一个"Main"方法。"Main"方法必须放在某一个类中。"Main"方法是应用程序的入口。

(4) 语句。语句就是 C#应用程序中执行操作的指令。C#中的语句必须用分号";"结束。可以在一行中书写多条语句，也可以将一条语句书写在多行上。

(5) 大括号。在 C#中，括号"{"和"}"是一种范围标志，是组织代码的一种方式，用于标识应用程序中逻辑上有紧密联系的一段代码的开始与结束。大括号可以嵌套，以表示应用程序中的不同层次。

2) C#程序的格式

(1) 缩进与空格。缩进用于表示代码的结构层次，这在程序中不是必须的，但是缩进可以清晰地表示程序的结构层次，在程序设计中应该使用统一的缩进格式书写代码。

空格是语法要求，必须遵守，其作用是使语句不至于太拥挤。例如：

```
int ia = 3;
```

(2) 字母大小写。C#中的字母可以大小写混合，但是必须注意的是，C#把同一字母的大小写当做两个不同的字符对待，如，大写"A"与小写"a"对 C#来说，是两个不同的字符。

(3) 注释。C#中的注释基本有两种，即单行注释和多行注释。单行注释以双斜线"// "开始，不能换行。多行注释以"/*"开始，以"*/"结束，可以换行。

2．基本数据类型

1) 数值类型

(1) 整数类型。整数类型又有有符号整数与无符号整数。有符号整数可以带正负号，无符号整数不需带正负号，默认为正数。

有符号整数包括 sbyte(符号字节型)、short(短整型)、int(整型)、long(长整型)。

无符号整数包括 byte(字节型)、ushort(无符号短整型)、uint(无符号整型)、ulong(无符号长整型)。

(2) 实数类型。实数类型包括 float(单精度浮点型)、double(双精度浮点型)、decimal(十进制型)。

2) 字符类型

(1) Unicode 字符集。Unicode 是一种重要的通用字符编码标准是继 ASCII 字符码后的一种新字符编码，如 UTF-16 允许用 16 位字符组合为一百万或更多的字符。

C#支持 Unicode 字符集。

(2) char(字符型)。即数据范围是 0～65535 之间的 Unicode 字符集中的单个字符，占用 2B。char 表示无符号 16 位整数，char 的可能值集与 Unicode 字符集相对应。

254

(3) string(字符串型)。指任意长度的 Unicode 字符序列，占用的字节根据字符多少而定。string 表示包括数字与空格在内的若干个字符序列，允许只包含一个字符的字符串，甚至可以是不包含字符的空字符串。

3) 布尔类型和对象类型

(1) bool(布尔型)。表示布尔逻辑量。bool 数据范围是"true"(真)和"false"(假)。bool 占用一个字节。bool 的值"true"(真)和"false"是关键字。

(2) object(对象型)。可以表示任何类型的值，其占用字节视具体表示的数据类型而定。

object 是所有其他类型的最终基类。C#中的每种类型都是直接或间接从 object 类型派生的。

3. 变量与常量

1) 变量

(1) 变量命名规则。在 C#中，变量命名规则如下：

① 变量名的第一个字符必须是字母(包括汉字)或下划线，其余字符必须是字母(包括汉字)、数字或下划线。

② 变量名不能是 C#的关键字或库函数名。例如，sum，_S，都是合法的变量名，而 int，2A，Number Of Student 是非法变量名。

(2) 声明变量。最简单的格式为：

数据类型名称 变量名列表;

例如：

```
int number;          // 声明一个整型变量
bool open;           // 声明一个布尔型变量
decimal bankBlance;// 声明一个十进制变量
```

可以一次声明多个变量，例如：

```
sbyte a , b;         // 声明两个有符号字节型变量
```

如果一次声明多个变量，变量名之间用逗号分隔。

(3) 变量赋值。C#规定，变量必须赋值后才能引用。为变量赋值需使用赋值号"="。例如：

```
int number;
number = 32;         // 为变量赋值 32
```

也可以使用变量为变量赋值，例如：

```
bool close;
close=open;          //为变量赋值 true(假设 open 为已声明的 bool 型变量，其值为 true)
```

可以为几个变量一同赋值，例如：

```
int a , b , c;
a = b = c = 32;
```

可以在声明变量的同时为变量赋值，相当于将声明语句与赋值语句合二为一。例如：

```
double area , radius = 16;
```

2) 常量

(1) 直接常量。

① 整型常量。整型常量即整数，整型常量有三种形式。十进制形式，即通常意义上的整数，如 123、48910 等。

八进制形式，输入八进制整型常量，需要在数字前面加"0"，如 0123、038 等。

十六进制形式，输入十六进制整型常量，需要在数字前面加"0x"或"0X"，如 0×123、

0X48910 等。

② 实型常量。实型常量即带小数的数值，实型常量有两种表示形式：一是小数形式，即人们通常的书写形式，如 0.123、12.3、123 等；二是指数形式，也叫科学记数，由底数加大写的 E 或小写的 e 加指数组成，例如 123e5 或 123E5 都表示 $123×10^5$。

③ 字符常量。字符常量表示单个的 Unicode 字符集中的一个字符，通常包括数字、各种字母、标点、符号和汉字等。

字符常量用一对英文单引号界定，如 'A'，'a'，'+'，'汉' 等。

在 C#中，有些字符不能直接放在单引号中作为字符常量，这时需要使用转义符来表示这些字符常量，转义符由反斜杠 "\" 加字符组成，如 '\n'。

④ 字符串常量。字符串常量是由一对双引号界定的字符序列，例如：

"欢迎使用 C#！"

"I am a student. "

需要注意的是，即使由双引号界定的一个字符，也是字符串常量，不能当做字符常量看待，例如，'A' 与 "A"，前者是字符常量，后者是字符串常量。

⑤ 布尔常量。布尔常量即布尔值本身，如前所述，布尔值 true(真)和 false(假)是 C#的两个关键字。

(2) 符号常量。符号常量使用 const 关键字定义，格式为：

        const 类型名称 常量名=常量表达式;

常量定义中，"常量表达式"的意义在于该表达式不能包含变量及函数等值会发生变化的内容。常量表达式中可以包含其他已定义常量。

由于符号常量代表的是一个不变的值，所以符号常量不能出现在赋值号的左边。如果在程序中非常频繁地使用某一常量，可以将其定义为符号常量。

3) 类型转换

数据类型的转换有隐式转换与显式转换两种。

(1) 隐式转换。隐式转换是系统自动执行的数据类型转换。隐式转换的基本原则是允许数值范围小的类型向数值范围大的类型转换，允许无符号整数类型向有符号整数类型转换。

(2) 显式转换。显式转换也叫强制转换，是在代码中明确指示将某一类型的数据转换为另一种类型。显式转换的一般格式为：

    (数据类型名称)数据

例如：

```
int x=600;      short z=(short)x;
```

显式转换中可能导致数据的丢失，例如：

```
decimal d=234.55M;      int x=(int)d;
```

(3) 使用方法进行数据类型的转换。

① Parse 方法。Parse 方法可以将特定格式的字符串转换为数值。Parse 方法的使用格式为：

数值类型名称.Parse(字符串型表达式)

例如：

```
int x=int.Parse("123");
```

② ToString 方法。ToString 方法可将其他数据类型的变量值转换为字符串类型。ToString 方法的使用格式为：

变量名称.ToString( )

例如：

```
int x=123;    string s=x.ToString( );
```

4. 运算符与表达式

1) 运算符与表达式类型

(1) 算术运算符与算术表达式。算术运算符有一元运算符与二元运算符。

① 一元运算符：-(取负)，+(取正)，++(增量)，--(减量)。

② 二元运算符：+(加)，-(减)，*(乘)，/(除)，%(求余)。

由算术运算符与操作数构成的表达式叫算术表达式。

"-"与"+"只能放在操作数的左边。增量与减量量符只能用于变量。

二元运算符的意义与数学意义相同，其中%(求余)运算符是以除法的余数作为运算果，求余运算也叫求模。例如：

```
int x=6,y=2,z;
```

```
z=x%y; // x 除以 y 的结果不是 3(商)，而是 0(余数)
```

要注意数据类型。例如：

```
int a,b=39;        a=b/2;    // a 的值为 18
```

(2) 字符串运算符与字符串表达式。字符串运算符只有一个，即"+"运算符，表示将两个字符串连接起来。例如：

```
string connec="abcd"+"ef";
 // connec 的值为"abcdef"
```

"+"运算符还可以将字符型数据与字符串型数据或多个字符型数据连接在一起，例如：

```
string connec="abcd"+'e'+'f';
// connec 的值为"abcdef"
```

(3) 关系运算符与关系表达式：

```
>, <, >=, <=, ==, !=
```

依次为大于、小于、大于等于、小于等于、等于、不等于。

用于字符串的关系运算符只有相等"=="与不等"!="运算符。

(4) 逻辑运算符与逻辑表达式。在 C#中，最常用的逻辑运算符是"!(非)"、"&&与"、"||(或)"。例如：

```
bool b1=!true;        // b1 的值为 false
bool b2=5>3&&1>2;      // b2 的值为 false
bool b3=5>3||1>2      // b3 的值为 true
```

(5) 条件运算符与条件表达式。条件运算符是 C#中唯一的三元运算符，条件运算符由符号"?"与":"组成，通过操作三个操作数完成运算，其一般格式为：

布尔类型表达式?表达式 1:表达式 2

(6) 赋值运算符与赋值表达式。在赋值表达式中，赋值运算符左边的操作数叫左操作数，赋值运算符右边的操作数叫右操作数。左操作数通常是一个变量。

复合赋值运算符如"*="、"/="、"%="、"+="、"-="等。

2) 运算符的优先级与结合性

(1) 优先级。

① 一元运算符的优先级高于二元和三元运算符。

② 不同种类运算符的优先级有高低之分，算术运算符的优先级高于关系运算符，关系运算符

的优先级高于逻辑运算符，逻辑运算符的优先级高于条件运算符，条件运算符的优先级高于赋值运算符。

③ 有些同类运算符优先级也有高低之分，在算术运算符中，乘、除、求余的优先级高于加、减；在关系运算符中，小于、大于、小于等于、大于等于的优先级高于相等与不等；逻辑运算符的优先级按从高到低排列为非、与、或。

(2) 圆括号。可以使用圆括号明确运算顺序。例如：

```
string s=x>y?"greater than":x==y?"equal to":"less than";
string s=x>y?"greater than":(x==y?"equal to":"less than");
```

括号还可以改变表达式的运算顺序：

```
b*c+d
b*(c+d),
```

(3) 结合性。在多个同级运算符中，赋值运算符与条件运算符是由右向左结合的，除赋值运算符以外的二元运算符是由左向右结合的。例如，x+y+z 是按(x+y)+z 的顺序运算的，而 x=y=z 是按 x=(y=z)的顺序运算(赋值)的。

5. C#常用方法与属性

1) 日期时间类常用方法与属性

C#中的 DateTime 类提供了一些常用的日期时间方法与属性，该类属于 System 命名空间，在使用模板创建应用程序时，该命名空间的引用已自动生成，因此可以直接使用 DateTime 类。对于以当前日期时间为参照的操作，可以使用该类的 Now 属性及其方法。

日期时间类的 Now 属性的常用方法格式为：

DateTime.Now.方法名称(参数列表)

日期时间类的 Now 属性的常用属性格式为：

DateTime.Now.属性名称

2) 常用数学方法与字段

C#中的 Math 类提供了一些常用的数学方法与字段，该类属于 System 命名空间。Math 类是一个密封类，有两个公共字段和若干静态数学方法。

3) 字符串的方法与属性

任何字符串变量与常量对象都具有字符串的方法与属性，可以使用这些方法与属性来处理字符串。

4) 类型转换方法

Convert 类提供了常用的字符串转换为其他数据类型，其他数据类型转换为字符串的方法。

5) 随机方法

Random 类提供了产生伪随机数的方法。产生随机数的方法必须由 Random 类创建的对象调用。Random 类创建对象的格式为：

Random 随机对象名称=new Random( );

如果要声明一个随机对象 rn，则代码为：

```
Random rn = new Random( );
```

9.1.3 前期准备工作

1. Widows XP 下安装 IIS

(1) 打开添加删除程序，并选中添加/删除 Windows 组件，双击，如图 9-3 所示。

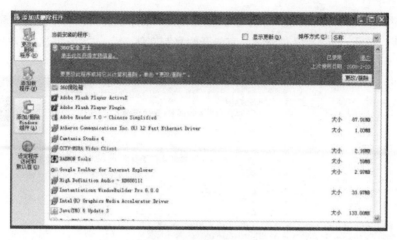

图 9-3　添加或删除程序

(2) 选中并双击添加/删除 Windows 组件后，弹出组件安装向导，可以看到"Internet 信息服务(IIS)"项开始并未选中，如图 9-4 所示。

说明： 如果计算机并没有安装 IIS，则勾选"Internet 信息服务(IIS)"项，如图 9-5 所示，接下来"单击""详细信息"按钮。

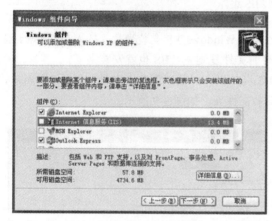

图 9-4　Windows 组件向导

图 9-5　Windows 组件向导选中 IIS

(3) 弹出 IIS 的子组件，此时所有选项均未被选中勾选全部选项，如图 9-6 所示。

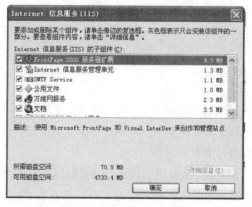

图 9-6　IIS 相关组件选择

259

(4) 单击图9-6窗口的"确定"按钮,弹出如图9-7所示的窗口,再单击其"确定"按钮,再单击"下一步"按钮,开始IIS的安装,首先开始复制文件。

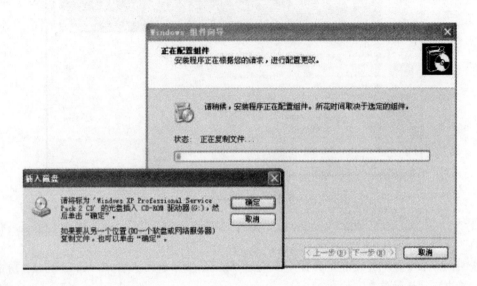

图9-7 安装IIS组件

(5) 复制文件一开始后,过一会儿就要提示请插入Windows XP安装光盘。插入Windows XP安装光盘后,单击"确定"按钮就可以了。待所有的文件复制完,IIS也就安装完了。

(6) 正常情况下,做到第(5)步,即可安装完IIS,但如果一时找不到安装光盘,如图9-8所示,则可单击图中的"浏览"按钮,可以定位到IIS安装文件夹,如图9-9所示。

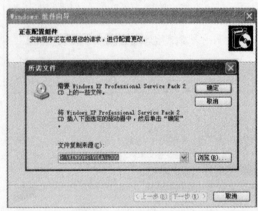

图9-8 复制IIS组件

图9-9 找到IIS安装文件

这样文件的复制来源就定位到指定的IIS安装文件夹,如图9-10所示,单击"确定"按钮。

在文件复制过程中,需要反复定位到IIS文件夹中指定的文件,只需单击"浏览"按钮,再单击"确定"按钮即可,可能要反复执行几次。

(7) 文件复制完成后,出现如图9-11所示界面,此时IIS已经安装成功。

(8) 单击图9-11中的"完成"按钮,打开管理工具,并双击"Internet信息服务"图标,可以看到安装成功的IIS服务器,如图9-12所示。